Research on the Legal Governance of Community
Social Organizations in Western China

西部地区社区社会组织法律治理研究

刘 芳 等著

人民出版社

前　　言

党中央统筹中华民族伟大复兴战略全局和世界百年未有之大变局,必须坚持全面依法治国,必须坚持推进国家治理体系和治理能力现代化。

随着中国特色社会主义现代化建设全面发力,国家经济和社会转向高质量发展,社区社会组织作为民众自发组织成立的社会组织、"第三部门"、非政府组织,在公共管理、国家安全、社会服务领域发挥着至关重要的作用,构成社会治理的最基层单元。基层治理关乎治国理政和"依法治国"战略的贯彻落实。立足中华民族大发展大作为的新阶段,我国政府瞄准社会稳定和长治久安总目标,迫切需要将治理体系和治理能力现代化扩展到基层社会治理各项工作,发挥法治对基层社区社会组织治理的引领、规范、保障作用,助推基层社会治理事业高质量发展,实现历史性跨越和全方位跃升,形成具有中国特色的社会主义现代化国家治理新格局,在中国特色社会主义的赶考路上取得辉煌成就。

2016 年 7 月 28 日,习近平总书记在河北唐山市考察时强调,"社区是党和政府联系、服务居民群众的'最后一公里'"。2017 年 12 月 27 日,民政部发布《关于大力培育发展社区社会组织的意见》指出:"社区社会组织是由社区居民发起成立,在城乡社区开展为民服务、公益慈善、邻里互助、文体娱乐和农村生产技术服务等活动的社会组织。培育发展社区社会组织,对加强社区治理体系建设、推动社会治理重心向基层下移、打造共建共治共享的社会治理格局,具有重要作用。"西部地区社区居民对社区服务的多元化、个性化需求日趋明显,培育发展社区社会组织,是加强和创新基层社会治理、增强基层为民

1

服务能力的内生动力。西部地区社区社会组织在以习近平同志为核心的党中央坚强领导下,不断健全体制、完善政策、搭建平台,取得长足进步,作用不断显现,推动社区社会组织规模由小变大、覆盖范围由窄变宽、作用发挥由弱到强,为加强基层社会治理体系和治理能力现代化建设提供支撑,全力构建区域统筹、上下联动、共建共享的基层社会治理局面,推动西部地区在新起点上乘势开创高质量发展新格局,迎来更有作为的广阔未来。

本书由绪论和九章组成。绪论主要包括写作意义,国内外研究现状和述评,研究方法,研究思路和创新,研究的宗旨和目标。旨在建立和完善西部地区基层社会治理体系,丰富我国基层社会治理的理论基础。为西部地区社区社会组织发展提供依据和参考,解决西部地区基层社会治理基础理论问题,构建社区社会组织可持续发展的法律治理模式。

第一章西部地区社区社会组织基本概述。主要包括社会组织和社区社会组织概念、发展历程、发展趋势、基本原则和特点。我国社会组织和社区社会组织进步和成长所面临的机遇和挑战,西部地区社区社会组织当今发展的状况、未来发展模式构建等内容。

第二章西部地区社区社会组织政策导向。西部地区社区社会组织要取得更好更快的发展,需要强有力的国家政策、民族政策、地方政策作为支撑和支持。从西部地区社区社会组织的特征、发展状况出发,明晰其政策选择困境,确定适合西部地区社区社会组织进步的政策选择路径,提出西部地区社区社会组织政策培育和扶持建议。

第三章西部地区社区社会组织准入条件。社区社会组织是为适应人们日益发展的生活需要的产物,我国目前还未对西部地区社区社会组织的核准进入条件设立法定标准。针对我国当前西部地区社区社会组织的核准进入条件,提出改进建议。

第四章西部地区社区社会组织财税调控。立足于财政视角,通过总结社区社会组织财务管理的特点、相关税收制度、西部地区社区社会组织的资金来源和审计工作,就如何优化西部地区社区社会组织的财税管理制度,合理有效地进行财税调控，提出了可行性对策。

第五章西部地区社区社会组织人才培养机制。主要对西部地区社区社会组织的人力资源现状展开研究，分析和整理目前西部地区社区社会组织的人才队伍组成情况，总结西部地区社区社会组织人才队伍组成中存在的问题，以补足人才队伍短板、优化人员结构为初衷，为完善西部地区社区社会组织人才培养机制提供参考。

第六章西部地区社区社会组织绩效考评机制。实现社会共建共治，需要整合社会各方资源，动员社区社会组织共同参与社会事务。通过对西部地区社区社会组织绩效评价体系的研究，总结绩效考核制度在激励社会工作者、调动相关人员工作积极性的过程中发挥的积极作用，完善西部地区社区社会组织绩效考核制度的调整方案。

第七章西部地区社区社会组织法律监督体系。西部地区社区社会组织开展日常工作，需要社区居民热情参与，社区居民的积极性取决于对社区社会组织的兴趣和了解。向社会公开社区社会组织财务等相关信息，并定期公开相关部门的监督检查情况，有利于民众了解社区社会组织具体情况，增加公众信赖度。主要就西部地区社区社会组织的法律监督，从负责登记管理的部门、负责业务管理的部门、其他行政部门三个层面展开论述。

第八章西部地区社区社会组织法律救济机制。社区社会组织作为非政府部门，日常工作的开展受业务主管部门的监督和指导，处于被管理者地位，因此，很容易从行政部门接订单并成为行政部门的下属部门。为西部地区的社区社会组织制定法律救济制度，保护其合法权益，能够有效避免社区社会组织附属于业务主管部门的情况发生。结合西部地区社区社会组织的具体情况，提出了适合西部地区社区社会组织发展的法律救济建议和措施。

第九章西部地区社区社会组织法律治理研究。基层是依法治国的基础所在，要充分发挥法治在基层社会治理中的保障作用。西部地区社区社会组织的法律治理，是转变传统治理观念，用现代化观念和法律治理方式实现高质量发展的动态过程。构建西部地区社区社会组织参与社区治理的法治模式，进而有效推动社区社会组织服务功能的拓展,促进西部地区社区社会组织治理法治化、规范化、现代化。

"上面千条线,下面一根针"。基层社会治理是国家治理的重点、难点和热点。完善西部地区社区社会组织法律治理是关系我国治理全局的变革,必须深刻认识其重大现实意义。西部地区社区社会组织通过深化对党和国家的政治认同、思想认同、理论认同和情感认同,强化新时代建设法治中国的信念伟力、思想定力和前进动力,按照建设中国特色社会主义法治体系的要求进行顶层设计,系统部署、统筹推进基层社会治理领域改革各项任务,发挥法治对国家治理体系和治理能力现代化的促进作用,建设人人有责、人人尽责、人人享有的基层社会治理共同体,提升基层社会治理社会化、法治化、专业化水平,推动国家改革各个领域、各个方面、各个环节蹄疾步稳向前推进,不断巩固和发展全体中华儿女大团结大联合,为全面建成社会主义现代化强国、实现中华民族伟大复兴,汇聚起万众一心、无坚不摧的磅礴伟力!

目　　录

绪　　论

西部地区的社区社会组织经过近些年来的不断发展,取得了丰硕成果。西部地区的社区社会组织专注提高自身能力的同时,继续扩大辐射范围,推动西部地区经济发展、教育水平提升,促使西部社会更加和谐,文化建设更加完善,医疗技术更加高超,社区社会组织已变成文明社会不可或缺的工具,在与西部地区社会发展有关的领域中发挥着越来越重要的作用。同时,西部地区的社区社会组织也积极扩大社会就业渠道,提供各种技术服务,加强对外合作和文化交流。同时西部地区社区社会组织在重点扶贫、化解社会矛盾、维护公共利益和提升社会幸福感等方面也展现出不可取代的地位。

由于我国社区治理水平的社会化和专业化,社会组织治理的持续发展变得不可避免。社区受政府影响的程度不断减小,社区从"垂直行政"向"自我治理"的过渡亦成为社区社会组织治理高质量发展的必然趋势。从社会整顿治理向社会化的转变,专业学科支撑着专业化的有效发展与社会组织的实际活动息息相关。2015 年,民政部门建议加强社区、社会组织和专业社会工作的"三个社会联系",促使社会基层管理方面的创新。2017 年,中央政府为社区治理的改善和发展提出了综合性指导意见,要发挥社会力量的协调作用。我国政府开始明确关注社会组织工作,并为社会组织工作的正确发展给予了政策指引,明晰社会组织在社会治理中有促进各方力量融合、保证社会积极发展的显著作用。与此同时,社会组织参加社会治理需要理论引导,其理论引导和社会实践均来自于社会治理与社会工作在价值和目标上的一致性。社会治理的宗旨和使命是推进社会健康发展,而社会工作彰显生活价值,提倡社会文明与关爱。当下,满足居民的基本要求,增强人民的社会意识和参与能力,解决社会中存在的不足,必须保证多个社会主体一起参与协议商讨的过程,加快政府一元主体管理社会事务向社会组织多元化管理转变,为社会组织和政府的合作提供平等协商平台,创新社会治理新征程的良好局面,增强人民的参与感、满足感、幸福感。

一、西部地区社区社会组织法律治理的研究意义

为适应新时代建设中国特色社会主义的基本要求,推动西部地区和谐发展进入新阶段,必须科学判断和准确把握新形势下我国社会组织的发展趋势和历史任务,并继续加深对区域情况的了解,建立强烈的机会意识、风险意识、责任意识。在新时代,各族人民将凝聚一起,充分利用各种有利条件,研究西部地区社区社会组织的发展现状,解决有关西部地区社区社会组织治理的法律问题。继续做好西部地区基层社会组织的法治工作,增强基层预防和化解各种风险的能力,促进区域协调发展。坚持以人民为中心,加强政策支持和组织安全保障,增强人民的获得感、幸福感和安全感。到 2035 年,基本公共服务、基础设施建设、人们的生活水平与东部地区大致相同,西部地区将基本实现社会主义现代化。

(一) 西部地区社区社会组织治理的理论价值

1.丰富和发展中国特色社会主义的西部地区社会治理理论体系

西部地区社会治理研究成果将进一步丰富和发展中国特色社会主义国家理论体系。为实现西部地区社区社会组织的政府管理和法治治理,我们积极开展西部地区社会组织和社区社会组织的前瞻性、针对性和战略性法治决策,有效提高服务工作效率,凝聚智慧,锐意进取,加强和改进民族工作,筑牢中华民族共同体意识,防范化解民族领域风险隐患,提升西部地区社区社会组织治理法治化水平,推动新时代西部地区经济工作和民族工作高质量发展,动员全党全国各族人民为实现全面建成社会主义现代化强国的第二个百年奋斗目标

而团结奋斗。

2. 建立和推动中国社会基层治理理论基础

基层治理理论提到，社会治理是由社会的全体人员、社会组织、政府自行组织的网络体系，其中政府和社会组织是核心力量。用各种各样的方法搭建起社会管理体系，政府和社会组织在这个体系中肩负起各自的职责，对该体系进行多元化管控治理，由此构成"网状"闭环管理系统。针对这一智能化管理系统，目前，我国对西部地区社区社会组织法律治理的研究现状、研究成果，多集中于"智慧城市"、社区安全网络系统化管理领域，缺乏相关的理论研究成果。在对西部地区社区社会组织进行实地调查的基础上，我们分析了陕西省、甘肃省、宁夏回族自治区、内蒙古自治区、新疆维吾尔自治区、青海省等地社区社会组织精准管理和"网格管理"的创新方法，意图为中国社区社会组织的法律治理提供实践样本和理论参考，提升我国基层治理体系和治理能力现代化水平。

3. 为西部地区社区社会组织法律治理发展提供实践参考

从法学、社会学、管理学角度，对西部地区社区社会组织进行深入、细致的研究。根据不同地区、不同民族实际情况，对特定地区、特殊问题、特别事项制定实施差别化区域支持政策。坚持问题导向，突出区域化和精准性，有的放矢推进社区社会组织改革与创新，促进西部地区社区社会组织高质量发展。不断激发西部地区社会组织各类主体活力，培育开放型西部地区社区社会组织主体，营造开放型社会环境，推动社区社会组织发展取得新的突破，以提高社会治理现代化水平，确保我国社会发展既生机勃勃又井然有序。

（二）西部地区社区社会治理的实践意义

1. 为西部地区社区社会组织发展提供现实借鉴

坚持遵循《中华人民共和国国民经济和社会发展第十四个五年规划和2035年远景目标纲要》，全面落实十九届六中全会决议、中央民族工作会议决议精神，全面推进西部地区社会治理制度化、规范化、程序化，加强对西部地区社会组织的登记管理,把社会组织治理纳入法治化轨道,维护西部地区社会组织的合法权益,促进社会组织健康有序发展,促进各民族紧跟时代步伐,共同团结奋斗、共同繁荣发展,携手迈进社会安定有序、人民安居乐业的社会主义新征程。希望尽快起草、公布"社会组织法"、"社会组织发展法"及相配套的地方性法律法规,落实《社会组织登记管理条例》,为提升西部地区社会治理整体效能提供有力的实践支撑。

2.为西部地区社区社会组织发展提供范本和优质服务

由于经济发展缓慢和人口众多的限制,西部地区社区社会组织发展较为落后,与发达地区尚存在一定的差距。此课题的研究,有利于将西部地区等经济欠发达地区,同发达地区社区社会组织之间形成对比,取长补短,完善差别化区域支持政策,支持西部地区全面深化改革开放,优化经济社会发展和生态文明建设整体布局。立足不同民族、不同地区的实际,统筹西部地区社会组织布局整体规划和公共服务资源配置,完善政策举措,营造环境氛围,不断增强各族群众获得感、辛福感、安全感,共同促进社区社会组织发展,谱写我国社区社会组织发展新篇章。

二、西部地区社区社会组织法律治理研究现状

(一)国外研究现状

1994 年,美国约翰霍普金斯大学(Johns Hopkins University)的莱斯特·M.萨拉蒙教授经过长期深入、细致的研究得出著名的结论,即世界正在崛起为"全球协会革命"(global associational Revolution)。在世界的各个角落,有组织的私人志愿活动正在肆虐。他的著作包括《全球公民社会:非营利部门的愿景》《政府工具:新治理指南》等。他坚信:"社会组织可以创造生产力,创造GDP 并具有巨大的社会功能"[①]。1998 年,朱莉·费希尔(Julie Fisher)出版

[①] [美]莱斯特·M.萨拉蒙:《政府工具:新治理指南》,肖娜译,北京大学出版社 2016 年版,第 312 页。

了《NGO 与第三世界的政治发展》,作者详细介绍了非政府组织对全球政治体系的影响及其发展带来的可持续性希望。①2000 年 4 月,前联合国秘书长安南发表了题为《我们的人民:二十一世纪联合国的作用》的千年报告。《千年报告》说,全球治理得到了"世界和平组织"的参与。国家、私营企业、民间社会(由非政府组织代表)和地方当局被认为是人类应对全球化挑战的主要手段。西方学术界对非政府组织的研究主要集中在:解释国际非政府组织的成因,描述非政府组织的出现和发展对社会的作用和影响,以及非政府组织与国家和政府之间的关系。

综上,国外学者对非政府组织的研究具有比较鲜明的国际特色和时代特征,对促进中国社区社会组织科学发展,解决社会矛盾和纠纷,参与地方政府公共治理,提高民众参政议政水平,对传承世界优秀文化遗产产生一定影响。至此,凝聚国际社会关于社会组织治理新的共识,以共商共建共享的全球治理理念,引领国际社会组织的治理和发展,有力推动世界社会组织治理体系的发展进步,彰显人类命运共同体意识,是全世界的共同价值追求。

(二) 国内研究现状

中国学者和专家对社会组织和社区社会组织的研究始于 20 世纪 90 年代中期。2010 年 6 月,民政部"中国社会组织促进会"副秘书长张高陵指出:"城乡社会组织的发展将加快政府改革的步伐,转变政府职能,并提供良好的社会发展环境。"②2012 年 3 月,浙江农林大学教授鲁可荣指出:"必须建立和完善《社会组织法》和《社会组织发展法》,为发展我国农业社会组织提供实质性和程序性的法律。"③国内学者的研究内容主要集中在一般社区社会组织的基本含义、法律属性、基本功能和社会价值上。而对社区社会组织发展、法律治理

① 参见[美]朱莉·费希尔:《NGO 与第三世界的政治发展》,邓国胜、赵秀梅译,社会科学文献出版社 2002 年版,第 70—98 页。
② 张高陵:《社会组织信息化建设若干思考》,《社会管理研究》2010 年第 5 期。
③ 鲁可荣:《城乡基层社会组织发展管理中存在的问题分析与对策建议》,《武汉科技大学学报(社会科学版)》2012 年第 3 期。

的问题,如社会组织在社区治理中的作用没有得到充分发挥,部分社区社会组织发生违法违规现象,政府对社区社会组织的引导和支持力度不够,社区社会组织配套法律法规滞后,使社会组织在社区治理中本身建设不完善、管理体制不成熟,治理功能没有得到有效彰显,对这些问题的成因、政策和理论,缺乏深入的分析和研究。

课题组以政治学、社会学、法学为视角,深入考察调研,选取陕西省、内蒙古自治区、青海省、宁夏回族自治区、新疆维吾尔自治区、甘肃省、广西壮族自治区等省、区及23个市、县具有典型西部地区特点的社区社会组织,结合西部地区发展规律及特点,对西部地区社区社会组织法律治理进行逻辑化、系统化研究,力图从西部地区社会组织的分布特点、现状,结合社会组织的属性、功能、作用,就如何建设西部地区社区社会组织的法律治理模式展开探讨,提出构建西部地区社区社会组织法律治理的理念及政策支持,形成西部地区社区社会组织法律治理理论体系和实践模式。

(三) 国内外研究评述

(1)从研究的内容上看,目前学术界对于社区社会组织的关注焦点主要是社区社会组织如何创新社会管理模式,社区社会组织在其从初步培育到后期发展中所产生的难点、堵点问题以及如何解决这些问题的对策。特别是社区社会组织治理法治化是社会治理现代化的重要方面。从目前的研究成果看,学术界对社区社会组织的法律治理研究需要更深入、更精细的考察和研究。

(2)从研究的社会角度看,课题组成员大部分是相关领域的专家,理论知识丰富,从宏观角度观察国家社会、社会组织的发展。但是缺乏基层社会工作经历,对基层社会组织问题了解不够深入,没有真正地融入社区中,以一个社区内部人员的角度来观察和了解社区社会组织的发展过程。同时与社区管理部门、管理人员和社区居民接触的过程中,不能及时、准确发现社会组织治理法律法规不完善及法治保障缺失环节,难以及时地解决社会组织法律治理难题。

三、研究方法、研究思路与创新之处

(一) 研究方法

1. 文献检索方法

针对西部地区社区社会组织存在的各类问题,以北京大学王名教授,全国人大监察和司法委员会副主任委员徐显明教授,对于社会组织治理学说为理论基础,结合国际上以萨拉蒙教授为代表等社会学者的译著主要观点,参考国内有关社会组织治理的专著 57 部、论文 230 余篇,综合把握国内外社会组织前沿研究成果,结合西部地区关于社会组织的专项政策,归纳西部地区社区社会组织的发展现状,提出西部地区社区社会组织法律治理的理论构想。寻求解决西部地区社会组织法律治理的建议对策,构建西部地区社区社会组织的法律治理基本模式。

2. 比较研究方法

根据西部地区社区社会组织在不同西部地域的活动及特点,比较借鉴如:陕西省《进一步加强社区社会组织的培育发展与规范管理工作》,云南省《持续放宽民族地区社区社会组织核准条例》,甘肃省甘南藏族自治州《甘南州社会组织重大事项报告制度》,宁夏回族自治区《宁夏社会组织履行社会责任评价办法》《宁夏社会组织履行社会责任评价体系》等,结合国际、国内社会组织不同情形,分析借鉴以"世界和平组织"为代表的国际组织参与全球社会治理的基本措施,进而从不同文明系统下的社会组织发展历程中锤炼人类社会共同价值,顺应人类文明进步的历史趋向,筑牢中华民族共同体建设,构建人类命运共同体。

3. 实证分析方法

针对社区社会组织的总体规划和发展趋势,确定受访者的组织级别,包括基层居委会和街道办事处、区级民政局的有关负责人以及负责社会组织的街道办事处工作人员,厘清社区社会组织人员的组成结构、社区社会组织财务制度、该地区社区社会组织建设或发展的意义、社区居民的参与活动度及其他制度现状。如内蒙古自治区包头市昆都仑区对于社区社会组织大力开展注册和备案注册的"二级注册"机制,对社区社会组织办公空间、会员人数、资金规模进行一定程度的实际调查。进一步总结西部地区社区社会组织典型案例的模式和特征,研究社区社会组织发展过程中的主要经验和现实问题,提出解决西部地区社会组织法律治理难题的具体对策及西部地区社会治理的发展方向。

4. 数据分析方法

根据西部地区特色社区文化,重点制作陕西省、青海省、新疆维吾尔自治区、内蒙古自治区、宁夏回族自治区、甘肃省、广西壮族自治区等西部地区主要省份调查问卷。通过收集、分析和挖掘调查数据并整合问卷,针对西部地区社区社会组织发展现状生成数据图表并得出具有示范性和有说服力的统一结论。

5. 田野调查方法

结合西部地区发展规律及特点,选取陕西地区的 7 个社区、西藏自治区的 10 个社区、内蒙古自治区的 12 个社区、甘肃地区的 8 个社区、新疆维吾尔自治区的哈密市西河区街道中山南路社区、库尔勒市新城街道南湖社区等 14 个社区、宁夏回族自治区的 18 个社区、青海地区的 15 个社区,共计 84 个社区的社会组织进行广泛问卷调查,并对新疆库尔勒新城街道南湖社区舞美协会、西藏拉萨市城关区俄杰塘社区关爱老人协会、吴忠市利通区金星镇金塔社区棋牌协会、隆德县六盘山街道东关社区秧歌协会、广西桂林市七星花园拥军拥属协会展开深入访谈,对西部地区社区社会组织的模式进行系统化研究。

6. 案例分析方法

从新时代西部地区社区社会组织的法律治理的视角,运用归纳法,集中分析西部地区社区社会组织发展过程中法律保障及治理模式,不同地区社会组织发展模式的现实差异。以云南省昆明市社会组织"孵化园"为例,该社区街道社会组织服务中心致力于培养工作骨干,有效防范化解冲突的案例,以期对西部地区社区社会组织的未来发展前景具有借鉴意义。

（二）研究思路

坚持社会组织相关研究理论,自上而下、自下而上双向互动推进治理能力现代化的有机统一,从西部地区社区社会组织与一般地区社区组织的特点和差异入手,坚持社区社会组织连续性与发展创新性的有机结合,深入比较国内社区社会组织与西部地区社区社会组织法律治理的异同。兼顾各地区特殊区情,引导西部地区各族群众在思想观念、精神情趣、生活方式上向现代化迈进,创建西部地区社区社会组织法律治理指导思想、根本目标、法律属性、社会功能等,在实现中华民族共同体整体利益进程中兼顾各民族具体利益,为解决我国社会组织法治现代化过程中面临的法治保障困境提供理论指导和实践借鉴。

（三）创新之处

1.采用政治学理论。坚持马克思主义的科学立场,坚持以习近平新时代中国特色社会主义思想为指导,全面贯彻新发展理念,加快构建社会组织治理的新发展格局。运用习近平法治思想最新理论成果,聚焦西部地区社区社会组织的实际能效,运用法治手段,立足西部地区发展所遇到的瓶颈、难题,着力深化内涵、丰富形式、创新方法,解决西部地区社会组织发展过程中存在的突出问题,加快西部地区现代化建设步伐,推动西部地区社会组织法律治理高质量发展。

2.运用社会学原理。实地考察、深入调查西部地区的社区社会组织,重视政策的运用,充分考虑不同地区社会组织的发展实际,统筹社会组织布局规划及公共资源配置,完善相应政策举措,积极营造社会组织持续良好发展的新氛围、新格局;以提升社会组织治理体系和治理能力现代化水平为目标,对比一般地区社区社会组织和西部地区社会组织的不同情况,加大对西部地区基础设施建设和社会组织发展支持力度,给予西部地区社区社会组织更多关注,增强西部地区人民群众获得感、幸福感、安全感。以陕西省、宁夏回族自治区、新疆维吾尔自治区、内蒙古自治区、广西壮族自治区、甘肃省为重点考察对象,立足于我国社会组织发展实际,结合国外社会组织经验,寻找正确的方法培育和支持西部地区社区社会组织的发展。

3.建议利用地方立法权制定各地《社会组织发展条例》。贯彻新发展理念,降低西部地区社会组织的核准进入门槛,加大扶持西部地区社会组织的力度,给予一定程度的政策倾斜。如规定"登记备案制度",提高在西部欠发达地区投资和返还资金,给予非营利社会组织更大生存空间,完善政府相应配套政策支持,给予特殊的税收优惠,为进一步推动西部地区社区社会组织法律治理开创新局面,形成新格局。

4.制定西部地区社会组织法律治理的长远规划。鉴于对西部地区社区社会组织的法律治理模式缺乏全面、系统的理论和实践研究,为此应深入分析、探讨、研究西部地区社区社会组织的社会功能和现实价值,深入探寻西部地区社区社会组织法律治理的战略目标、重点任务、政策举措,深刻认识构建西部地区社会组织法律治理格局的历史必要性、极端重要性和现实针对性。以科学态度,精准提出西部地区社会组织问题的基本路径,制定相应规划,加强政策引导,压实具体责任,搞好协调发展,运用法治思维和法治方式解决社会治理领域的矛盾和问题,促进我国社会治理能力现代化和高质量发展迈入新征程,为全面建成社会主义现代化国家,实现中华民族伟大复兴而努力奋斗。

四、研究的宗旨和目标

以中共十九届六中全会精神为指导,在《中华人民共和国国民经济和社会发展第十四个五年规划和2035年远景目标纲要》的基础上,从政治建设、经济建设、文化建设、社会建设、生态文明建设、人才建设和制度建设等方面,把握"十四五"时期经济社会发展的历史机遇,坚持以人为本的发展思想,坚持新发展理念,坚持和完善治理西部地区社区社会组织的法律体系和制度安排,推进社会治理法治化、智能化、专业化水平,巩固西部地区安定有序的良好局面,续写社会长期稳定奇迹,引导各族人民牢固树立休戚与共、荣辱与共、生死与共、命运与共的共同体理念,构建维护国家统一和民族团结的坚固长城,维护国家安全和社会稳定,全方位改善人民生活,实现各族人民对美好生活的殷切期盼。

（一）解决西部地区社区社会组织法律治理基础理论问题

1. 完善西部地区社区社会组织法律治理体系

"治国无其法则乱,守法而不变则衰。"形势在发展,时代在前进,推进全面依法治国以及建设法治社会,必须加强在社会组织治理的重点领域立法。针对西部地区社区社会组织法律治理基本原则、指导思想、根本目标、政策理念、法律属性等基本问题深入分析、研究,充分利用西部地区特殊的社会发展区位、区情及政策优势,统筹谋划和整体推进西部地区社会治理的规范设计和制度安排,加快完善社会治理的法律体系,提升西部地区社会治理法治化水平,推动西部地区加快现代化建设步伐,为党和国家兴旺发达、长治久安提供理论保证。

2. 立足"实然"视角,结合地区域需要提供可行性对策

纵观人类思想发展史,凡是科学理论都必然扎根于实践,即从"实然"角度考虑人类社会的发展问题。而现有的大多数关于社会组织治理研究都是基于"应该"的观点,缺乏实践基础田野考察。本书以"现状"为基础,结合西部地区经济社会发展的地区域需求与发展规划,综合考虑西部地区社区社会组织治理过程中的法治化问题,立足于西部地区的现实条件及政策导向,制定具有前瞻性、可预测性和可操作性的解决方案,形成对西部地区社区社会组织治理法律保障的理论分析和实践指导。

3. 丰富和充实社区工作知识体系建设

在社区工作中社区社会组织的培育是一个全新的领域,它主要的工作切入点是进行组织培育,并且结合个案和小组工作的优缺点,进行更加全面细致的组织培育和社区发展工作。社区社会组织服务对象是社区内的群众,如何促进群众参加社会组织活动,提升社区治理能力,链接社区内外的资源,社区

社会组织的法律治理都起着非常关键的作用。我国社区管理与国外相比具有浓重的本土化色彩,所以在其发展活动中要因地制宜,加快社区工作的本土化进程,促进社会工作人员本土化培养,为丰富社区工作的内容提供宝贵的实践经验。

(二) 构建西部地区社区社会组织可持续发展法律治理模式

1. 为西部地区社区社会组织良性发展提供法律依据

全面贯彻习近平新时代中国特色社会主义思想,运用习近平法治思想的最新理论成果观察时代、把握时代、引领时代。坚持社会治理和治理现代化的系统理念,立足新发展阶段,针对西部地区社区社会组织发展过程所存在的法律问题进行一揽子梳理,构建社会组织领导管理机制,加强政府引领,进一步完善西部地区社区社会组织科学完备的核准进入制度、组织机构。以解决社会治理领域的法治突出问题为着力点,为西部地区社区社会组织健康、可持续发展的法律治理提供科学、可行的治理模式,推动西部地区社会治理体系和治理能力高质量发展。

2. 调动社会力量,共同促进社区社会组织攻坚克难、开拓奋进

梳理西部地区社区社会组织的发展状况,深入研究西部地区社会组织治理发展的整体脉络,提出改善社区社会组织良性发展的措施和建议,引导西部地区社区社会组织更加重视自身的社会管理和社会服务建设,凸显以人民为中心的价值导向,促进社区社会组织回归服务特色,提高西部地区社会凝聚力与向心力,完善社会组织建设的相关政策支撑,支持引导西部地区社会组织加强自我管理、自我约束、自我完善,进一步丰富我国法律治理体系和治理能力的现代化建设架构,谱写中华民族治理智慧及人类制度文明的新篇章。

第一章 西部地区社区社会组织基本概述

第一节 社会组织概述

一、社会组织基本概况

我国社会组织萌芽、发展的历史非常悠久。从我国古代历史发展看，早期社会组织形式，从伏羲氏部落的创始开始稳定下来，伏羲文明即成为华夏文明社会组织制度，开始标准化、规范化建设的起源。中国近代意义上的社会组织同样出现较早，比如1902年成立的沈阳"奉天商务总会"。1925年，第一次国共合作建立之后，社会上掀起了国民革命的热潮，同时各种社团也纷纷建立起来，有以反对不平等条约为目的的群众团体，如北京学生联合会、社会主义青年团等。妇女社会团体也纷纷涌现，如全国各界妇女联合会、北京"妇女之友社"等。1949年10月，中华人民共和国成立后，我们开始对传统意义上的社会组织进行了比较彻底和全面的改造，对其中的部分社会组织，形式上予以保存，其余部分社会组织被其他的相关组织形式所吸收。[1]随着我国经济和社会的快速发展以及改革开放的提质创新，20世纪70年代末，我国开始孕育和发展出现代意义上的社会组织。

---

[1] 参见李宇丹：《社会组织参与城市社区治理研究》，河北大学硕士学位论文，2019年。

（一）社会组织的内涵

随着自然科学、社会科学的发展、繁荣,社会组织的含义也在不断发展,并有广义、狭义的差别。广义的社会组织是包括家庭单元、行政机构和医院等团体,人们在其中一起工作和从事各种活动的松散型共同体。狭义的社会组织则是为着完成某种特殊的任务和目的,而自发形成的、有比较清晰的任务,共同在一起合作、相对固定的社会团体,如企业协会、社区组织、慈善组织和新型社会团体等。它多指伴随人类社会发展而产生的一种或几种组织形式,是人们基于特定目的而创设的相对比较稳定的合作组织形式。目前,我们所说的社会组织,是指社会公民经过自愿协商,相互联合成立的一种社会共同体。其所从事的各种活动并不以营利作为自身发展目标,其行为也不受政府制约和管理。由于它是自发形成,旨在帮助社会中的弱势群体或其他需要帮助的人群,所以它的特性包含非政治性、公益性及社会性。

（二）社会组织的基本属性

从社会组织的内涵和外延看,社会组织的基本属性主要包含各种社会群体在从事基础行为、基本活动时禀赋自发性、基层性、自治性、无偿性和公益性等多个方面。禀赋自发性和自治性的特点在于社会组织成立的前提和基础是成员以自主、自愿的方式参加,成员之间呈现松散的联系与组合。基层性是相对于公共与行政权力部门而言,主要以国家、公民和社会之间的不同层次作为基础,即指在民间为了达成特定的目标和任务而自发组织起来的人的集合体。无偿性及公益性突出了建立社会组织的基本目标和根本方针,旨在强调社会组织进行各种活动时,不能够把获得利润和收益作为主要目的,其主要意义是为激励社会组织开展各项公益事业,满足和实现社会的公共利益,服务社会发展和国家战略。社会组织的自发性、基层性、自治性、无偿性和公益性,使其与政府机构和社会企业有着显著的差别,使之成为支持我国社会治理和文明发展的首要社会力量。①

（三）社会组织的基本分类

我国社会组织分为三种类型，即社会团体、非企业性质的民办组织和各种慈善组织。社会团体最主要的特征是，由社会成员或者不同性质的单位，在自发前提之下组织成立的，依照内部订立的规章制度展开各种活动，形成的群体性社会组织。包括研究性社团和实践性社团等。非企业性质的民办组织主要包括社会上已经存在的一些团体组织、一些公民在募集到资金后开展公共活动的社会团体，还包括一些进行公共服务的社会组织，从事的内容涉及人民生活的方方面面，比如民政、体育以及法律援助类的社会组织。慈善组织是使用募集和捐赠到的资金从事公益事业、非营利性的社会组织，主要包括基金会。基金会是利用自然人、法人或者其他组织捐赠的财产，以从事公益事业为目的非营利性法人。主要存在公募和非公募基金会这两种形式，通过其公益运作将社会资源的支配权下放社会公民，以此发挥吸纳资源、扩大交流的功能，推动公民社会实现自我约束、自我管理的社会治理新模式。

（四）社会组织的基本功能

1. 参与基层治理与社会治理

各级政府以支持、激励社会组织参加多种多样社会服务性质的活动和社会建设的有益于公共的事业，建立了行政管理机构与社会自治组织，互通、互联、互助的机制。② 通过政府和基层社会工作之间的相互补充、政治强制力和社会自发配置的资源能够相互配合的可持续发展的一种和谐机制，解决了一系列复杂、疑难的社会矛盾和社会问题，保障了社会的安全和稳定，完善社会治理结构，推动国家治理体系和治理能力逐步高质量发展。

---

① 参见王名：《社会组织论纲》，社会科学文献出版社 2013 年版，第 7—9 页。
② 参见李璐：《社会组织参与社会管理》，中国计划出版社 2015 年版，第 23—34 页。

2.作为各级政府与不同社会阶层之间的桥梁

和谐社会的推进和建设,需要有畅通、多元化的沟通、协调渠道。不同社会组织代表了其内部不同成员的利益和需求,在政府制定法律、法规和政策之时发挥自治、协助作用,对相关法律规范和不同时期所发布的政策的可行性和可延续性等优势起到保障作用,彰显了社会公平与正义。各级政府应将社会组织作为联系桥梁的优势作用充分施展起来,使社会组织内部的领导者和广大民众有相对直接和深入的交流,创新、完善社会组织和广大基层公民之间民主协商的新机制。

3.促进社会资源充分、有效配置和全面整合

和谐社会需要将各种社会资源进行全面、有效配置。社会组织作为联通政府和市场的缓冲地带,在配置各种社会资源,进一步推动生产力水平持续提高,推进国民经济实现高质量发展等过程中,均可以发挥积极作用。政府应全面、充分利用各类社会组织具有行业专业指导、协调和监督的各种功能,保证其全面贯彻新发展理念,加快构建新发展格局,在推动经济发展中不断发展和完善社会治理,才能实现好、维护好、发展好全体人民根本利益。

4.提供丰富、优质的社会公共服务

社会组织是各式各样的社会服务产品的主要供给端口,也是政府相关部门在供应社会公共服务产品不足之时的重要填充。政府应当善于利用各类社会组织,让其参与到多种多样的社会公益事业和社会服务活动,帮助调节社会存在的问题和矛盾,特别是某些社会边缘性问题,如关注各类弱势群体、帮助政府整合基层社区资源、解决社区业主生活难题、精准扶贫、捐资助学、社会养老等,让人民群众享受到经济社会发展带来的便利和好处。

5.反映广大群众诉求、协调各种利益关系

随着国民经济的繁荣和社会的快速发展,人民群众对于利益的诉求日渐多元化,对与各级政府之间拥有畅通沟通渠道的需求更加强烈。社会组织应当充分吸纳不同利益主体、来自不同方面的合理诉求和建议,搭建一条

顺畅、有效的沟通桥梁,为党和政府以及不同社会成员提供一个重要平等的沟通渠道,有效促进各级政府的管理能够和基层人民群众自治组织顺畅连接。

二、社会组织的发展历程

社会组织的发展可分为五个不同时期:萌芽阶段、停滞阶段、复兴阶段、高速繁盛发展阶段和平稳快速发展阶段。①

（一）社会组织产生的萌芽阶段(1600 年左右—1949 年)

1. 国外以群众团体及公益组织为特征的民众组织

国外的社会组织产生和发展经历了漫长的时间,其形成和发育的过程离不开所在国家的经济和社会等各个方面发展带来的影响。在 17 世纪出现了内涵与现代互助的社会精神相契合的组织。主要为英国、法国、美国等主要资本国家,对弱势群体进行帮助的慈善活动组织。时间递进到 19 世纪,一批在国际上具有很大影响力且不追逐利润的组织在一些资本主义国家陆续出现。这些组织所进行活动的领域十分宽广,其类型也是各式各样。

2. 国内以各层面、多视角为特征的社会组织

从 20 世纪初到 1949 年新中国成立,中国的社会状态的发展并不是一帆风顺,而是一直处于各种组织相互斗争之中,许多社会组织开始在中国不断建立和发展,大致存在六种不同的类型:带有政治性质的团体组织、有关不同行业发展的组织、文化娱乐性质的组织、互相帮助互助的组织、学术性组织以及民间结社结党组织。总体上看,处于萌芽阶段的社会组织活跃在近代中国社会的不同层面,其活动特征有着比较鲜明的政治色彩。在 1970—1980 年发展过程中,体现出一种从上到下、从管理到基层自治的特征。

---

① 参见马全中:《中国社区治理研究:近期回顾与评析》,《新疆师范大学学报(哲学社会科学版)》2017 年第 2 期。

（二）社会组织发展的停滞阶段（1970—1980 年）

1. 国外以 NGO 为特征的社会组织涌现

1972 年初,世界上第一次以非政府组织为主体在瑞典举行了"联合国人类环境大会",它标志着社会组织开始主动介入国际重大社会事务决策。这些国际非政府组织不是由各国政府派官方代表组成,而是由宗教、科学、文化、慈善事业、技术或经济等方面的民间团体组成,表现为单一功能组织和多功能组织,并逐步发展成国际政治舞台上一支重要的新生力量。

2. 国内以时代性为特征的社会组织发展

在 1966 年到 1978 年改革开放前的十几年中,中国社会产生了剧烈动荡。在不同的社会秩序中,民主与法制被损毁得十分严重,导致社会组织基本消灭,无法在正常环境生存、发展。各种社会组织以及社会团体开展的活动几乎全部停止,其根基也遭受了严重损失,导致错失了发展的良机。

（三）社会组织复兴阶段（1980—1992 年）

1. 国外以广泛的社会影响力为特征的社会组织出现

从 20 世纪 70 年代开始,与国际之间的交流和往来开始逐渐密切和趋于日常化的形式相适应,社会组织在世界范围内的发展赢得了长足的进步。一大批旨在从事自然资源、环境保护、应对各种灾难的救援维护以及世界和平的团体组织随之产生。同时,在国际和平安全的环境治理中,联合国及各种专业性社会组织也发挥了极大的优势作用,动员大批社会组织参与到对全球环境的维护和不断修复之中,推动社会经济发展和文明进步、促进人权保护和儿童权益的维护,以及维护国际贸易更好发展等有关全球发展的大型会议召开,使得大批社会组织、社会团体开始关注并积极投身于解决全球正在面临的共同问题,标志着社会团体、社会组织开始自觉主动地参与有关国际重大事务的相关决策,成为国际政治、经济舞台上的一支重要活跃力量。

2. 国内以团体数量激增为特征的社会组织快速涌现

1978 年至 1992 年,我国社会组织的发展经历了一个由点及面的快速发育和成长的阶段。源于改革开放所释放出的巨大能量,社会组织的增长几乎呈现为爆炸式的发展模式。其中各专业学会和专业研究会占比较大,基金会从无到有,各种各样的协会也逐步增长,显示了在这一阶段我国社会组织发展数量总体激增的特征。截至 1992 年底,就有 1270 个全国性社团经过民政部审批,最终合法登记;有关地方性社团的指导管理事务也在有序的开展之中,有 15.3 万个群团、社团组织经由省级及地方各级民政部门批准并登记,但同时也有 7654 个社团被注销。

(四) 社会组织呈现高速、繁盛的发展阶段(1992—2008 年)

1. 国外各领域、各行业以国际性为主的社会组织新平台出现

20 世纪 90 年代开始,一种全新的社会组织发展态势在各个国家内部的组织和许多的国际性的组织中涌现出来。根据萨拉蒙教授的分析和研判,在不同的国家,基本上都有很多的非营利组织,这些组织为了开展活动会拥有十分庞大的非营利部门,根据对美国、新加坡等 42 个国家的调查数据显示,这些非营利部门的平均规模约为:在 GDP 中占 4.6%,在非农就业人口中占 5%,在服务业就业人口中占 10%,甚至相当于公共部门就业人口的 27%。值得我们关注的是,这些社会组织正在发挥着至关重要的作用,对于社区的各种设施的建设和内部卫生、安全、文化、教育事业的发展以及慈善组织的发展都发挥了积极的作用。[①]

2. 国内以数量增加为特征的社会组织起步

从 1993 年到 2008 年,社会组织的发展随着我国市场经济发展不断增强、在改革开放更加深化以及我国全面开展的社会转型的进程中迈向了一个新的

① 参见方静:《治理理论视野下的城市社区非营利组织研究》,山东大学硕士学位论文,2007 年。

高度。为推动社会团体的登记注册,在民政部设立了专门为社会团体进行登记注册和信息管理的相关部门,并且国务院在 1988 年和 1998 年颁布了《基金会管理办法》《社会团体登记管理条例》。我国的社会组织开始走上一条规范而漫长的发展道路。民政部和相关部门联合发布了关于社会组织工作人员养老保险的有关政策,不断完善社会组织的管理机关以及配套设施的建设,推动建立有关公益组织在进行捐赠时的税前扣除资格的认定和监督管理体制。组织召开全国社会组织第一次执法监察会议,部署规范社会组织的执法监察。开展评估社会组织的活动,探索制定与我国社会组织相适应的评估等级动态管理机制。

截至 2008 年 12 月,我国登记、成立了 41.2 万个全国性社会组织,范围涉及环境保护、科技、教育、文化、法律等社会生活不同领域,为 475.8 万人创造了就业岗位,产生的资金达到 805.8 亿元。全国性社会团体 23 万个,1781 个全国及跨省的社会团体,22810 个省级、省内跨地域的社会团体,572 个国际涉外类社会组织,32882 个其他社会团体。详细情况可见下表:

表　我国全国性社会组织发展数量基本情况(2001—2008 年)

指标(年)	2001	2002	2003	2004	2005	2006	2007	2008
社会团体(万个)	12.9	13.3	14.2	15.3	17.1	19.2	21.2	23.0
民办非企业(万个)	8.2	11.1	12.4	13.5	14.8	16.1	17.4	18.2
基金会(个)			954	892	975	1144	1340	1597

(五) 社会组织呈现平稳快速的发展阶段(2000 年至今)

1. 国外区域性社会组织活动更加频繁

20 世纪后期至 21 世纪,国外社会组织设置非常活跃,其所发挥的作用也在不断显现之中。各国的社会组织也开始在机构之中成立协商理事会,共同发起了"千年论坛",向世界各地的社会组织发出参加的邀约,并在欧洲、加拿大、澳大利亚、东亚、美国、中亚等地举行了一系列区域性会议,扩大了"千年论坛"的声誉和影响力,并赢得了联合国的赞赏和支持。在非洲,社会组织使用媒体和报刊以及各种信息管理系统帮助因为受到旱灾影响而陷入危难的人们。中国基金会和有些国家的社会组织携手为非洲筹募到了很多用于救助的资金、发展教育和医疗项目,为非洲人民大众带来了至关重要的扶持和帮助。

此外,如世界发展合作会(国际)、国际劳工组织、世界贸易组织、美国援外合作社、世界卫生组织、上海合作组织、国际生态安全合作组织、博鳌亚洲论坛等,使用不同的方式对需要帮助的国家进行支持,对这些国家的社会、文化等对社会事务的发展产生了积极的影响。特别是在参加国际活动和决策时非常活跃,在国际事务发挥的作用也变得多样化。

2. 国内服务领域广泛的社会组织多方向发展

(1)21 世纪以来至 2010 年之前

清华大学 NGO 研究所 2000 年进行了一项调查,显示中国的社会组织主要存在于我国社会的各个主要领域之中,其最主要的一些领域为专业化的组织机构、有关法律法规的普及和帮助、有关不同性质的文化和科学艺术的发展、对于社会问题进行的调查和研究、帮助贫困地区的发展领域等。而在经过合法登记程序的社会组织之中,社会团体主要在三个领域十分活跃,分别是:提供各式各样的社会服务、有关与农业及农村发展的前景问题调查机构、文娱和科技研究等方面的社会组织;如民办非企业就分布在五个领域:科技服务、文化、教育行业、卫生健康、社会服务。我国的社会组织虽然涉及范围十分广泛,但同时又相对集中,集中的活动领域则是公共物品供给不足、社会需求旺盛,政府政策允许和鼓励其发展的领域。在长期的发展过程中,出现了类别更加丰富、符合不同层面的需要、拥有更加广泛的覆盖面积的社会组织体系。截至 2009 年底,近 42.5 万个社会组织,有 1780 个基金会,有 18.8 万个民办非企业单位,有 23.5 万个社会团体。

(2)2010 年至今

根据中华人民共和国 2016 年的有关社会服务的统计数据看,全国存在

33.5 万个全国社会团体,5523 个基金会,35.9 万个民办非企业,社会组织以一种新的上升态势涌现、发展起来。

表 我国全国性社会组织发展数量基本情况(2008—2015 年)

指标(年)	2008	2009	2010	2011	2012	2013	2014	2015
社会团体(万个)	23	23.9	24.5	25.5	27.1	28.9	31	32.9
民办非企业(万个)	18.2	19	19.8	20.4	22.5	25.5	29.2	32.9
基金会(个)	1597	1843	2200	2614	3029	3549	4117	4784

随着社会组织发展的加快,很多没有合法登记的组织开始不断出现,中国社会组织网自 2018 年起,曝光了包括"中国公益总会""世界奢侈品协会"等 200多家"山寨社团"。其中,很多都用国家作为名称,甚至有些还冠以国际字眼。

三、社会组织发展趋势

(一) 政府和社会组织的关系明显发生了转变

随着中国政府不断加大提升、支持和促进社会组织发展的政策力度,中央财政机构支付专项资金,支持社会组织进行各种各样的社会服务。北京、深圳、南京等城市,由政府统一支付资金,成立了孵化社会组织的培育基地、起到支持中心产业、培育中心等社会组织机制的发展。为了培育社会组织产业公开透明的发展,政府发布有关政府职能具体转移支付的清单,政府向社会组织购买服务等不同措施。这些向社会组织进行转移的具体职能,有助于推进社会组织参与社会治理的高效化和公共服务的优质化。很多城市每年都会有上亿元的资金预算用于向社会组织购买服务。同时,各级政府为使社会组织能够得到更好的发展,发布和实施如税收减免等方面的优惠政策,以支持社会组织快速发展。[1]同时,城乡社区社会组织备案制等工作也在陆续开展,政府与

---

① 参见闫海、张天金:《政府购买公共服务的法律规制》,《唯实》2010 年第 6 期。

社会组织之间的关系也发生了非常明显的变化,形成了一种友好的、互相帮助的合作伙伴关系,二者合力推动社会治理能力现代化建设的进程。

（二）社会组织观念与意识发生显著变化

改革开放产生的巨变对公民、社会组织的发展带来了深远影响。而且有关非政府组织和公民社会观念意识的增强,对社会组织发展产生了有利的作用。1978年以后,很多城市居民从"受单位管理的人"开始转变为"生活在社会管理中的人"。这种生活方式带来了人的意识和观念的解放,也影响个人和群体对于社会治理模式转变所要求的物质需要与精神追求。民众为了表现自己对于组织和接受管理权利的要求,他们在与自己没有利益冲突的前提下,受到他人或其他组织的邀请参与社会组织相关社会活动。至此个体和群体观念与意识的提高对社会组织发展变化都发挥着举足轻重的作用。

（三）改革已成为社会组织发展的优先主题

2006年,广东省将深化改革社会组织的双重管理体制提到了政府审议的"负面清单",同时,用立法手段将原来行业协会业务主管的方式取消。在2011年"十二五"规划纲要中,明确提出创新社会管理体制机制。要求新的社会管理体制能做到统一登记和分工合作,达到依法管理和职责到位的目标导向,以激活社会组织的活力,发挥其真正的功效。2012年7月,广东省率先进行了双重管理体制的社会组织形式试点改革,建立健全社会组织直接登记的新模式。随之,民政部也启动跨不同行业和不同部门的社会组织直接登记程序新形式。

截至2012年底,在我国进行社会组织直接登记的有19个省份,将私营基金会合法登记权限进行下放的有9个省份,同时8个省下放了对不同地域的商会进行合法登记的权限,对国外的民办非企业进行试点登记的有4个省,形成了与社会组织全面改革相呼应的局面。在不断推进改革的过程中,将取消行政管理对行业协会发展所产生的制约的同时,也逐步消除政府机构对社会团体过度干预的局面。同时,在推进社会公益组织规范治理等方面取得了一定的成效。总之,我国社会组织的改革、发展获得了社会的积极认同,丰富了我国社会治理体制改革的实践成果,指明了未来社会组织的发展方向。

（四）社会组织资源平台发生显著变化

2008 年,志愿者服务组织与公益性的"慈善热潮"告别前几年的发展困境,迎来"井喷式"发展。从近年来的发展看,我国社会组织的供给端口发生明显改变。这种变化主要体现在三个方面:一是主体的改变,多元化主体被单一制主体所替代。除大量出现的私营基金会之外,社会组织的资金来源有很大一部分也是基于与政府合作而得到的报酬。大型国有企业、国际公司、资金充沛的个人等也在建立和恢复与社会组织的伙伴关系。二是资源供给的数量和质量在不断地变化和改进,开始出现体量十分巨大的基金会组织,与政府各方面的合作得到了很大提升。三是社会组织在社会资源层面的束缚有所减轻,其发展模式有望在将来得到根本性的变革。

（五）社会组织内部结构的优化

2005 年以前,社会组织在量的方面,呈现出急速增加的趋势。从 1999 年到 2005 年增加了 21 万家合法登记并注册的社会组织。同时,社会组织出现了对于内部结构改革优化的趋势:一是慈善项目组织等支持型和资助型组织的成长发育速度和规模增长的十分迅速,以企业家等为主体的非公募基金会呈指数性增长,其原始基金规模、资金集中度和组织数量均多于公募基金会。在社会组织中,被称为"资源中心"的基金会的快速发展引起人们广泛关注。二是城市中的基层社区社会组织十分活跃,尽管没有官方统一数据,但是从有关政府部门和调研过程实地采集的各种数据所反映的情况看,这五年社区社会组织呈现出爆炸式的增长,引起社会各界十分密切的关注。三是社会组织之间的交流更加频繁密切。随着社会组织智能化的不断增强,尤其在一些有关于社会民生的重要方面,比如老年人服务领域、流行病防治、环境治理与保护,出现了许多提升服务能力的培训产业,成立了很多全国性或区域性的网络平台。四是提供各种不同专业服务类型的社会组织正在快速地发展。一些没有被关注的领域得到了很多公益资源的资助,比如疾病的防治和救治、儿童文娱产业的发展、"空巢老人"的护理和照顾、残疾人的相关服务等公益性领域。[①]其中,政府也会发挥引领作用,在和社会组织进行合作的时候,多选取服务水平较好的社会组织。

（六）社会组织引入法人治理结构机制

完善社会组织治理体系,一要健全其内部的管理以及资格认定制度,不断加强政府和社会的监督力度。二要不断推动社会组织法人治理结构机制,使其更加科学化、高效化和规范化。尽快建立法人管理、法人治理的相关制度,为构建社会组织生态系统提供良好的法治保障。三要不断深入有关社会组织税收优惠相关政策的改革,推动公益性组织税前扣除规则和程序的正规化进程,严格落实各种捐款活动的免税资格认定。四要不断改革社会组织内部审查的规范办法,让不同主体参与监督环节,加快构建社会组织整体化协作平台,使之更加灵活高效,内部信息更加公开透明。五要明确社会组织的公共服务职能,优化公平竞争的社会治理环境,对社会组织的服务购买实行公开监督和绩效评价。

（七）社会公众对社会组织的信任程度发生明显的变化

近年来,一些公益性社会组织内部出现贪污腐败的情况,公益组织的信誉受到了严重破坏,在公众心中的可信度开始滑落。同时,公众希望能够得到更多关于社会组织内部资金流向和运行状况的信息。这些质疑和不信任促使社会组织开始探索改革机制的新方式。如在基金会中心网建立了含有各种基金

① 参见金家厚:《现代性视阈下的中国社会组织发展研究》,华东理工大学硕士学位论文,2015年。

会信息的发布平台。这些举措让公民对社会组织的运行情况有深入了解,信息公开方式出现了多样化和透明化。社会组织有关公益项目等方面的创新形式也出现了迅猛的发展,文化创意、市场竞争等被引入公益创新的实践,新媒体平台的建立逐步成为提升社会组织发展的有利保障措施。

(八) 全球化带动社会组织国际化发展

随着全球化的进程的不断加快,社会组织外部形势的国际化也出现四种新模式。一是不同国家的社会组织能够和国际间的社会组织建立一种良好的合作伙伴关系。二是社会组织在人才培养上,注重人才本土化和组织内部的任务落实。三是社会组织的外部业务开始向区域化和国际化的方向转化。四是社会组织的工作平台从以本国为发展基点转变为区域性、国际性组织平台。同时社会组织在国际化发展的进程中出现五个特点:一是社会组织受网络发展的影响逐步增强影响力;二是社会组织价值观的形成容易受到对其进行资助的一方社会组织的影响;三是社会组织自律联盟的增加;四是社会组织自主性和不依赖他人的特性更加明显;五是社会组织的资金来源方面更加广泛。我国社会组织也受到全球化的影响,开始表达"中国声音"和提供人道主义帮助,与各国政府部门展开各种合作,积极参与国际事务。

四、我国社会组织发展的机遇与挑战

(一) 政策与制度创新为社会组织建设创造良好环境

为了深化改革成果,从 2013 年开始,国家实施有关社会组织变革的整体规划。20 多个国务院部委参加并制定相关规范性文件,其内容主要包括:一、社会组织管理制度改革指导意见。二、社会组织登记管理机关的职能调整。三、社会组织转移职能目录指引。四、购买社会组织公共服务的意见或建议。五、社会组织税收减免制度等。到 2015 年,《行业协会商会与行政机关脱钩总体方案》颁布,预示着社会组织在政社分开方面,有进一步实质结构性和专业性的变化。

2013 年,全国约 30000 个社会组织经过了直接登记,在同期登记的社会组织中占比将近一半。同期,我国近三分之一的省份下放了对于私募基金会的登记管理权限,同时放宽对异地商会的管理方法。到 2014 年,开展社会组织直接登记的二十多个省市陆续出台了相关制度改革政策。这些办法和措施,为繁荣发展社会组织和基层社会治理创造了良好的激励机制和社会环境。

(二) 改革与创新为社会组织发展带来巨大空间

随着政府职能转变的加快,充分激发了社会组织在公共治理领域的能量,加快提升公共服务的质量和效益。能够让社会组织得到足够多的信息和资源,由此激发社会组织的活力和创造力,让社会组织有足够的发展空间。政府在转变职能的同时,也为行业协会等社会组织创造了有利机会,提供更优质的行业服务。在明确政府、社会组织与市场的界限后,政府采取尽量少的管理,而对于社会组织的发展来讲,其独立性也会随之加强。加快政府职能转变,建设服务型政府,不仅创新了提供公共服务的方式,还为社会组织提供了公共服务的空间。如今,公共服务模式开始由过去政府直接提供向委托专业机构提供的方向转变。今后,有能力、有资质的社会组织,可以在政府履职所需的辅助性服务、基本公共服务等方面,积极与政府展开合作,共同推进社会治理能力的现代化进程。

(三) 经济利益的驱动为各种社会问题博弈提供机遇

当前,我国已经步入一个社会转型升级的新阶段。伴随着经济发展与社会转型升级,我国社会的主要矛盾也在发生改变。当下人们想要参与到公共事务的各个过程之中,但是却缺乏足够渠道。①这个变化所带来的影响,就是

---

① 参见郑杭生:《中国社会转型与社区制度创新》,北京师范大学出版社 2008 年版,第93 页。

实现行政管理的升级改革以及执政理念的转变。社会组织的可持续发展,不论是在量的增加还是质的提升方面,都备受社会和公众的期待,在社会治理的进程中具有举足轻重的地位。

（四）法治化的外部环境为社会组织开辟依法治理通道

党和国家从建设社会主义法治国家的全局出发,提出了加强和完善有关社会组织的法律规范,引导不同种类的社会组织健康、快速的发展,充分施展社会组织在我国法治社会建设中的促进作用。随着经济社会的健康发展,社会组织在行业自律、服务供给、监督评价等方面的实际效果日益突出。当前和今后一个时期,有效发挥我国社会组织在公共管理中的作用,必须从加强社会组织法制建设着手,从而推动社会组织健康、快速发展。

政府要尽快健全、完善针对城乡社区服务类、公益慈善类等不同种类的社会组织规范性文件,降低相关社会组织的登记条件,完善管理细则。对于重点培育和加快发展的城市社区服务类、公益慈善服务类、乡村社区服务类、贫困地区帮扶类等四类社会组织,有关政府部门应加快建立健全注册登记相关制度,形成各负其责、相互协调、依法监管的社会组织管理新体制。社会组织应健全法人结构治理,完善组织内部的各项管理体制机制,增强信息透明度,以规范的方式开展各种类型服务项目,尤其是要建立健全把诚实守信作为"重中之重"的信息公开透明制度、违反诚信规范的处罚配套制度,不断增强社会组织的法治观念以及责任意识,形成良好的管理运行机制。同时,政府应强化执法队伍建设,加强日常监管和定期年检,建立由政府主要部门做出表率,其他有关部门能够相互协作的执法监察及责任追究制度,为社会组织的依法治理提供有效制度保障。

（五）社会志愿服务引领社会组织参与进入新高度

在新的历史时期,充分依赖市场机制,发挥社会组织的治理优势,才能更高效、灵活地开展基层治理活动。虽然行政部门也在不断改善其职能行使的范围和领域,但是一些起着重要纽带、连接作用的社会组织,比如妇女联合会,特别是志愿者团队在弘扬社会核心价值观、维护社会和谐文明等方面,作用更显突出。现阶段,国内相关的志愿者队伍大多数还处于建设的初期阶段,职能、职责定位要清晰明确,并通过专业的理论知识和技术,提升其服务的质量和专业的水准。

要发挥好"软引领"作用,保证规范的志愿者组织架构及其专业化服务机制。互联网时代,志愿者通常以新的群体连接方法结成专业广泛、数量庞大的力量,要提升服务效能,肩负与街道等行政组织联络的桥梁纽带作用,要尽量整合具有同一服务类型的志愿者组织队伍。对志愿者团队的人员构成要进行精挑细选。挑选具有一定的专业水平的志愿人员,这些具有高水平的人员能够充分发挥其价值和作用。在组织能力行使、基层行政管理方面,发挥着重要作用,开展志愿者队伍自主、自律式服务,加快建立标准化、专业化、科学化的有效志愿者服务运行机制。

（六）大数据时代引发社会关系与社会组织新变革

随着信息技术的不断革新与进步,特别是互联网和人工智能的普及,人们的行为方式和交流模式发生了巨大的变化。智慧城市、物联网等各种新兴的方式,正在使数据呈指数的增长,数字空间正在逐渐形成。大数据对于社会组织的发展前景和转型升级进行了重新塑造,大数据不仅助推社会组织的发展和进步,对社会组织的社会治理和法治治理更是一个全新的挑战。目前,中国多个省市发布了有关大数据发展的战略方针。大数据时代的社会治理,既要研究"社会",又要研究"治理",更要研究有关"小数据""大数据"以及二者的更新与升级问题。第一,要研究有关大数据的基本情况,通过不同职业和水平的人们使用互联网、微信等平台交流互动的过程,在使用互联网平台时所发送的各种图片和视频等非结构化、半结构化的数据,分析其背后所体现的人们的不同兴趣和情感趋势等现实趋向。第二,要研究政府在其中所能够发挥的各种作用,通过研究提供保障和服务,创新社会治理等方面的各种数据信息,并将信息做各种层面的对比,从中得到政府对于社会的治理水平和能力以及未来发展的一个预估,从而推动社会治理能力走向高质量发展。为了进一步提升"智慧技术"的创新和应用,更加充分地发挥信息共享的效能,2017 年 3 月 10 日至 12 日在北京召开第二届大数据分析国际会议,此次会议目的在于提升社会治理大数据分析等领域的学术交流与合作。

（七）国际化环境为社会组织发展提供对接机制

当今世界,国际组织已经在全球治理、提升综合国力等层面成为一股重要的推动力量。受到国际化趋势的影响,不同种类的国际组织发展迅速,在国际范围内产生深远影响。它们又分为政府间国际组织和非政府间国际组织,比如联合国、欧盟、亚投行、北非联盟等政府间国际组织。国际足联、国际红十字会、国际环保协会等属于非政府间国际组织。为与国际化发展目标相一致,我国应建立专门机构,负责联络、协调社会组织"走出去"的措施与机制,并统一协调我国社会组织在国际事务中的地位和作用。在社会组织工作中,政府以购买服务等方式,将一些对外援助项目委托给社会组织,达成实现政府目标的同时,扩大我国社会组织在全球范围的影响力。如国家外汇管理局应减少相应的审批程序;国家税务部门应对从事社会组织国际化海外工作的人员免收个人所得税,减少双重征税;国家人力资源和保障部要对从事国际化的组织成员的薪酬标准等要给予落实。

当前,我国社会组织的全球化、国际化工作刚起步,很多公众、媒体不认同我国的社会组织走出国门,认为我国的社会组织应首先治理好本国的社会事务,不应到海外实施公益慈善活动。针对近年社会上比较热议的事件和舆论,政府需要利用媒体,尤其是新媒体平台进行释疑。利用政府部门,扩展其对社会组织全球化、国际化的宣传力度,对优秀的社会组织、个人、项目等要进行表彰,引导社会舆论,提高社会共识,让公众理解中国社会组织全球化、国际化的必要性和紧迫性。① 中国的社会组织积极参加热点的国际事务,与联合国粮

---

① 参见王廷青:《国内外社区治理模式比较研究》,上海交通大学硕士学位论文,2009 年。

食与农业组织、亚洲开发银行、联合国开发署等建立民间组织中心和网络,通过与它们建立良好的合作伙伴关系,从而推进社会组织的国际化。一些社会组织通过直接加入国际组织成为会员,或建立国内的社会组织网络与相关国际组织进行接洽,建立跨国倡议网络,如中国国际组织民间合作促进会,基于中国民间气候变化行动网络作为基点,派代表参与"联合国气候变化的框架会议",青年行动网络、亚洲基金会和组织会议等,因相同议题和理念而构建跨国网络等。

第二节　社区社会组织基本情况

一、社区社会组织基本概述

社区社会组织是社区组织体系中发挥作用非常显著的一个组成部分,是社区建设的具体实行组织。社区社会组织通过各种活动和服务,来填补政府管理能力不足,照护不到,从而化解社会矛盾,成为社区建设的主要力量。大多数发达国家,社区治理发展的主要组织形式是社区社会组织,它们依据相关法律,参与推进社区的基础服务建设及其他相关事务。

(一) 社区社会组织的概念

社区是一个生活、生产活动上互相有所联系的,集中在某一个专业层面的群体或组织所形成的大组织体。社区作为一种基础性范域,存在于社会有机体中,同时也是大社会的一种体现。①对于社区最基本的要素,社区的内涵和定义有相对一致的观点。多数学者认为,一个社区应该拥有一定数量的人口、一定特征的文化、一定规模的设施,由居住在一定地域范围内的居民所组成的共同体。社区具有如下特点:一是有地域范围的限制以及人口数量的制

---

① 参见郭珅:《社区社会组织参与社区治理研究》,南京大学硕士学位论文,2012年。

约。二是居民之间有共同的意识和利益。三是能够进行较密切的社会交往。社区在我国国内的具体表现形式与范围,就是居民委员会和街道办事处所辖区域。

目前,理论界采用较多的是相对狭义的概念,认为社区社会组织至少包括以下几个方面的基本要素:

1. 只有社区内部的居民才能成为社区社会组织成员,非本社区的居民无权参与。在本社区内居住,是成为本社区社会组织成员的首要因素。按照这一原则,其他社区居民不能被吸纳为本社区社会组织成员。

2. 活动范围通常包括本社区,一般都是本社区内部成员进行活动。特殊情况下不同社区之间开展交流、共同举办活动,其活动范围才会相应扩大。

3. 在不违反法律法规及政策的前提下,社区社会组织的建立,是从社区居民的现实需要出发,社区居民需要什么组织,就成立什么组织。

4. 社区社会组织是居民根据自身意愿成立。其行为不会受到其他组织和成员的干扰,可以充分按照自己的意志进行社会交流与社会活动。

5. 社区社会组织是处于居民与社区管理部门之间的联络性组织。

(二) 社区社会组织的类型

关于我国社区社会组织,因区分标准不同,大致分为四类。

1. 根据社区社会组织的登记情况

根据社区社会组织的登记情况分成三种类型:经过正式登记注册的社区社会组织,已经通过备案申请的社区社会组织,没有任何手续尚处于萌芽过程之中的社区社会组织。相比于经过注册和备案的社区社会组织,未经注册和备案的社区社会组织更多。经过注册的社区社会组织比通过备案的社区社会组织更为稀少。经过注册的社区社会组织,多是民办非企业组织。

2. 根据社区社会组织领导人的身份类型

根据社区社会组织领导人的身份类型分为政府主导型社区社会组织和居民自发型社区社会组织。政府主导型社区社会组织,其领导人或责任人由基层政府直接任命,如街道办事处主任和居委会负责人兼任。居民自发型社区社会组织的负责人,则是由本社区居民自发产生。

一般来讲,自发成立的文化娱乐类社区社会组织或民办的非盈利社区社会组织,由普通居民作为负责人。而经由政府要求建立的社区社会组织或具有一定经费的社区社会组织,是由政府直接对其进行领导或者任命其中的负责人。这类组织的数量较多,一般不存在正式的规章制度,只是被动地去完成基层政府所要求的社会活动。

3. 根据社区社会组织的所处地域

根据社区社会组织的所处单元分为新型城镇化社区社会组织和农村社会组织。新型城镇化社区社会组织可在交通、环境、住房、公共服务等领域设置社会服务。随着城市人口流量不断增加、社会中老年人口占比上涨、居民对于物质生活需求不断变化等诸多现实难题,城镇化社区社会组织需要建立新的社区管理理念和社区管理模式,以提高城镇化的水平和质量。①

与之相对应的是,房地产行业组织也在不断进行发展和创新。在提升居住品质的同时,社区建设也是其进行着重考虑的一个方面。对于社区内部的居民,如何提供高品质的服务以及信息智能的体验,成为房地产行业内部需要不断思索和解决的新问题。如"万科"建设的社区食堂,不仅可以解决业主的吃饭问题,还可以促进邻里之间的相互往来,使社区文化的发展更为广泛。特别是"智慧城市"的提出,房地产企业要成为优质生活的运营企业,在设计理念和技术创新上,提供的各种产品与服务,格外注重各种民生服务的配套和完善,以适应业主对于美好生活的需求与向往。

新的社区模式,包括教育、信息技术和民生保障等多方面因素的共同集合,这种模式为新型城镇化的社区建设注入新的活力和动力。在建造具有完善的智能化设备和对于居民身体健康管理具有完备服务的新型社区时,不仅注重社区建设的"硬实力",也更注重社区人文关怀的打造、培养,为社区居民

---

① 参见《我国城市社区管理体制改革研究》,中国经济出版社 2009 年版,第 23 页。

提供良好的社区生活环境,让居民能够充分感受社区内部的文化氛围,并投身社区建设发展,从而打造新文化社区。

农村社区分为集镇、集村、散村等不同类型。其中,农村社区社会组织吸收有关非户籍居民参加农村社区公共服务和公益事业,建立户籍居民和非户籍居民共同参加农村协调议事的调解机制。农村社区社会组织成立了关心农村"三留守"人员的服务体系,重点完善对"留守儿童"的培养机制,关注"空巢老人"的基本物质生活条件,建立互助奉献的志愿者队伍,运用信息化平台等科学技术,开展"远程监控",完善有关农村社区内部留守人员的网络信息平台管理,不断提升农村对于"孤寡妇弱"家庭提供服务的水平。

特别是在东部地区一些农村社区社会组织对于现有场地和资源进行整合,将村级文化室、体育场所等基础设施充分利用起来,大力加强基层农村公共服务设施综合性建设,提升农村基层信息化公共服务的水准,加快建立县(市、区)、乡(镇)、村三级联动、相互补充的基础公共服务信息化网络。[①]通过基层党建的建设,将群众和志愿服务组织建设带动起来,不断健全基层党组织带领农村基础社区建设的领导工作机制。

4.根据社区社会组织的活动内容

根据社区社会组织的活动内容,可分为六类,第一类是公益慈善类社会组织,如志愿者协会、义务工作者协会、慈善会和超市,目的在再就业的困难群众互助帮扶等。第二类是生活服务类社会组织,如为残疾人提供保障服务组织、退伍军人的安置组织、民办幼儿园等。第三类是促进参与类社会组织,如老年保健和心理健康组织等。第四类是文体活动类社会组织,如社区艺术团、演艺队、悦跑组织等。第五类是教育培训类社会组织,如各种兴趣培训机构、老年大学和心理疏导机构等。第六类是权益维护类社会组织,如业主联合委员会等各种利益保障团体。

---

① 参见袁方成等:《参与式发展:草根组织生长与农村社区综合发展的路径选择》,《理论建设》2006年第5期。

（三）社区社会组织的特点

1. 社区社会组织的社会属性

（1）民间性。与政府机构相比,社区社会组织并不发挥行政作用。除依照法律、法规进行组织活动外,其内部人员管理和组织活动开展等并不会受到政府管制。

（2）自主性。绝大多数社区社会组织进行自我管理,其领导人由内部人员组织选举产生,不受其他组织和个人的干预和影响。社区社会组织所组织的各种活动内容与活动方式都由内部成员协商决定。

（3）自愿性。依照社区居民个人意愿自愿成为社区社会组织的成员,成员是否出席社区社会组织的活动,也是按照自愿原则进行。

（4）群众性。社区社会组织是由群众自愿参与和组织起来的,并不会受到不同党派和政治面貌的制约,具有十分深厚的群众基础。

（5）非营利性。社区社会组织在开展各项社会活动时,并不将营利作为其经营目的。对于一些经济条件较好的社区,社区社会组织可以从社区居民委员会获得一些活动拨款。[①]在条件较差的社区,社区社会组织则需要通过收费来作为本组织的活动基金。

2. 社区社会组织的个体特征

（1）社区性。这是基于社区社会组织活动范围而体现的,即限于所在社区,其社会组织内部成员一般为本社区居民。除特殊情况,与其他社区间的交往、交流或者举办各种社会活动外,社区社会组织一般都在本社区范围内进行社会活动。

（2）松散性。社区社会组织的内部成员在参与社会活动时,具有较大自由性。其组织资质与活动程序,不如其他社会组织严格和规范。如举办社区内各种兴趣活动,社区社会组织成员可根据自身实际情况和时间安排决定是

---

① 参见黄波、吴乐珍:《非营利组织管理》,中国经济出版社2008年版,第123页。

否参加。如有兴趣或时间允许,则可以参加。不感兴趣或无空余时间,可以不参加,不用实行较规范的考勤制度。

(3)非正规性。居民不经过组织审批和他人介绍,即可参加社区社会组织。社区社会组织加入的资格即是本社区居民,具备的条件即是根据本人的兴趣、爱好。

(4)非法人性。依据相关法规规定,社区居民委员会是基层群众性自治组织,经居民委员会批准同意后,社区社会组织在社区范围内,可以不需要登记而成立。所以,社区社会组织在法律上并没有独立法人地位,要接受居民委员会的指导和管理。

(5)本土性。社区社会组织是根植在本社区中发展起来的社会组织,与其他社会组织具有很大不同。社区社会组织则更多的依靠本社区居民,直观反映社区社会组织成员的现实需要和实现社会组织的宗旨和目标。

(四) 社区社会组织的属性

1.协助政府管理社会事务

随着全面深化改革,"社会本位"及"以人为本"理念逐渐被公众所理解和接受,我国社会治理体系随着改革的逐渐深化,也在发生深度变革。我国政府支持人民群众积极参与社会事务的管理。在创建服务型政府与建设文明有序社会的国家战略背景下,社区社会组织的作用逐步得到重视。[①]社区社会组织不可被其他社会组织所替代,其在促进基层民主平台建设的过程中,发挥着举足轻重的作用。尤其在各级政府加强公共服务和社会管理的过程中,在社区文化和各项社会环境的建设中,更是发挥着不可替代的关键作用。

在基层群众社会的发展过程中,社区社会组织充当着十分首要的、不可替代的关键角色。在基层管理体制由传统的政治性转变为社会性的改革过程

———————

① 参见何水:《社会组织参与服务型政府建设研究》,华中师范大学硕士学位论文,2013 年。

中,社区社会组织是一个关键的载体。需要注意的是,这一过程的实现,并非一蹴而就,而是需要一定时间的发展和积累。从社会调研现状看,在社区社会组织中担任负责人的成员,多为退休干部、较少的专业人士以及热心公益事业的人员。这部分成员在组织活动、动员群众和与政府联系、交接等方面,具有较为丰富的实践经验。在社区社会组织中,尤其是兼任着许多领导职务的成员,在收集相关资料、真切反映社情民意和政府有效联系等方面,发挥着积极作用。

例如,在广西壮族自治区罗城县仫佬族建立的社区社会组织,就能够较好地补充在西部地区基层乡村治理层面当地政府管理能力的不足,帮助当地政府和村民自治组织展开工作,调节和助力政府更好地管理公共事务,提升乡村治理能力。在其新型社区社会组织中,内部成员多为本地为人正直善良、具有一定奉献精神的居民。特别是在新型社区组织中,负责人和领导者一般由受到居民尊敬和信任的人担任。根据调查显示,最近几年,政府对于新型社会组织的发展起到重要的支持作用。新型社会组织拥有了固定的活动场所,资金方面也得到政府支持。新型社会组织开展社会活动时,也将宣传国家政策和法律作为一种日常性任务。在时事政治的宣传方面,新型社会组织发挥了更大作用,对社区社会组织成员进行国家安全教育、生态环境教育、基层治理教育、人文关怀教育,培养成员的大局观念,使其能够以长远的眼光看待社会和国家的发展,认真参与各项公益服务活动。"罗城老年人"和"青少年中心"等新型社会组织,成为当地行政管理机构与村民间进行有效沟通的中介。通过此种方式,促进了乡村治理不断向前发展、进步。

社区社会组织通过与社区党组织的合作,发动党员参与各项社区事务,带动社区居民参与社区事务。通过召开居民代表大会、业主大会、签订协议等方式,党员发挥带头引领作用,社区社会组织帮助居民解决普遍存在的日常生活问题。更好地保障社区居民的相关利益,提高党组织与居民之间的共享性、互惠性。

2.增强居民在社区中的归属感

社区社会组织在丰富居民的文化社会生活方面,发挥出巨大的能量。为社区居民提供各式各样的公共文化服务,不断开展各种类型的文化交流活动,推动社区居民的物质生活和精神生活向高质量发展。例如,一部分社区根据本社区的实际情况和居民对于活动的要求,组织老年人兴趣爱好学习组、书法和朗诵等爱好小组、舞蹈队等,根据本社区居民的特长、兴趣和爱好开展各类活动,提升居民对社区社会组织的关注度,将有共同特长、学习需求和进步想法的居民共同集中起来,开展各类文体活动,为居民之间的友好交流和不断深入了解提供了桥梁,使社区居民共享文化资源,互相帮助、互相学习,共同进步。不因居住在"钢筋水泥"中缺乏人与人之间的往来,居民之间能够互相熟识、互相帮助,成为一个紧密的共同体,提高了整个社区居民的向心力和凝聚力。

社区居民在自我发展的同时,还应当关注社区事务,应当积极参与社区的改革、创新工作,社区居民通过不断参与社区事务,感受到社区大集体与自我发展之间的紧密联系,为社区社会组织的改革和进步出谋划策,建设和谐美丽的社区环境和社会氛围。

社区社会组织不仅能够为社区居民提供高品质的公共服务,还能够增进社区居民之间的了解和沟通,体现社会组织在团结公众方面的极大优势。社区社会组织从人们生活中最基础的需求出发,开展许多契合人们爱好的、有趣味性、能够激活大众的参与欲望的社会活动,居民生活的大事小情都在活动中有所涉及。如从生活垃圾的投放到社区文化组织建设,从邻里之间的矛盾到居民权利的保障,从帮助困难家庭到文化体育的各种活动,从家用电器的修理到慈善爱心事业的发展。这些社会活动吸引居民积极参与,扩大了社区社会组织的影响力和关注度,为完善社会治理奠定了良好的社会基础。

3. 促进政府在公众服务管理中转变职能

在社区社会组织开展活动比较多的社区中,居民生活有很多的基础需求,从小孩进入学校、老人独居在家到家用电器故障维修等,从垃圾分类管理到失业救济,都能在社区社会组织和邻里中得到帮助。社区社会组织在开展各种活动时,增强了居民的凝聚力和融合意识。在不断提高自身能力的过程中,填补政府在某些服务方面的空白,为社区的更好发展贡献社会力量。如志愿者先锋队、爱老护老队等进行献爱心和服务的社会组织。这些社区社会组织通过与政府签订合同的方式,为很多社区居民提供了优质、便利的公共服务,促进社区成员内部相互帮助,填补了市场在调配资源及政府进行社会管理时不能照顾到的部分。除此之外,社区社会组织在提供各种社会问题、社会矛盾的解决途径方面有一定优势,如帮助没有工作的居民提供安置就业服务以及进行创业培训,对于社区内的孤寡老人进行按时慰问和生活的照顾。举办这些活动加深了居民的相互理解、相互融合,对促进和谐环境的建设和高质量的发展有极大的帮助。

在课外教育、医疗卫生、社会福利政策等服务性领域,政府的资金投入尚有差距。社区社会组织可以对资金投入做出有力支持,承担许多本该由政府承担的公众服务管理职能,帮助公众重点关注的社会问题快速解决。如社区卫生服务中心对于社区居民的常见疾病快速治愈,在一定程度上,缓解人民群众"挂号难""看病难"等问题。

在公共服务方面,社区社会组织能够独立地发挥自身在各个方面的优势和作用,而不是单单依靠于政府和居委会来管理。这三方的共同协作能够发挥最大的治理效用。目前,政府在社区管理中的角色发生了极大改变,其从主角转向幕后。而社区社会组织在可持续的发展中,推进了国家与社会关系的转变。在思想观念上,改变了过去政府的"管理思维",向"服务型思维"转化。如云南省迪庆藏族自治州,社区农业生产类社会组织大多数是农村专业技术协会。其开展的活动重点在农资供应、技术培训、售后服务和进行科普教育等方面。其中,有5个社区社会组织提供有关的技术辅导班,5个社区社会组织提供必需的农业物资供应,3个社区社会组织提供畜牧的售后服务,2个社区社会组织开展科学知识的宣传普及。"农科协"未成立时,有关农业的培训和优质技术的推广等工作,主要由上级政府派出技术人员,定期到田间地头为农户进行相关知识的培训。可由此带来的问题是,农户对于知识的需求和技术普及之间,并不能形成有效的对接。技术人员虽然具有丰富的理论知识,但并不能深入了解农民实际所需要的是哪些技术。而通过建立"农科协",可以让技术人员和农民进行深入的沟通和交流,对于彼此之间的想法有更深入的理解,由此能够组织农户引进新的农业种类、向农民介绍新技术,而且通过技术好的人带动技术一般的人,把农民真正需要的技术传播出去,让农民真正的使用起来,使当地的农业科技成果进一步转化为现实农业生产力。

4. 推动社会公益事业进步

社区社会组织能够集合社区的有利资源,对社会弱势群体进行帮扶,解决社会弱势群体迫在眉睫的现实困难,通过筹措资金,为弱势群体购买相关物品和提供日常服务,已经成为社区社会组织对社会弱势群体进行帮扶的最主要形式。如慈善超市,通过帮助贫困家庭或弱势群体解决柴米油盐等急需的日常必需品,帮助困难群众解决所遇到的燃眉之急。特别是对于老年人的照顾和帮助、帮助贫困人员、社区再就业等方面,社区社会组织做了许多工作,取得了十分显著的成效。如家庭事务帮助中心,能够协助下岗人员实现重新就业。此外,社区社会组织经常对社区内的孤寡老人和留守儿童提供免费的家庭服务,如一些社会组织成员,经常会去一些孤寡老人的家里,帮助他们洗衣服、做饭以及解决生活中的特殊困难。如心理咨询、智能化普及及特殊需求。

除了对于这些困难家庭提供相应的帮扶之外,社区社会组织还积极参加各项社会公益事业。社区社会组织通过参与以及开展各种形式的公益活动,对居民产生示范效应,鼓励居民间互相帮助、互相照顾,对在全社会倡导志愿和奉献精神发挥了积极的推动作用,形成良好的社会风气与优良的社会环境。近年来,在宁夏银川市正茂巷社区,社区内部依照"以人民为中心"的发展大方向,将社区党支部作为重要的支撑点,抓好党建工作,将社区党建作为开展工作的主要方面,建立良好的组织风气,取得人民对于社区组织的信赖,共同建设文明和谐的生活家园。在社区文化领域,用良好的社区文化增强凝聚力,开展了一系列创建文明和多元化社区的活动,维护社区的和谐稳定,保障社区居民的幸福生活,为社区居民营造了一个安稳和谐的生活环境。2015 年—2019 年,正茂巷社区先后在社区中建立了夕阳红协会、助残协会、演艺人协会、道路安全组织、法律普及中心、爱心互助站、党员先锋岗、健康运动中心、便民服务中心站等 15 个社区社会组织,总体会员人数达到 800 多人。

5. 促进社区自治和基层民主建设

自治性是社区社会组织的最基本性质,该特性能够助力社区,提升自我管理的方式和水平,加强居民的自我教育、自我组织和自我管理,进而不断推动基层民主建设,提高我国社区治理水平,实现社会治理体系和治理能力现代化。社区自治,绝不能够只停留在宣传上,而是一定要切切实实地付诸社会实践。除了在居委会的选举中体现自治观念,在其他领域也需要一些具体的活动和组织,培养自治意识和民主管理,以提高整体社区居民的政治意识和政治能力。

社区社会组织在扩展公民参与基层治理和推进社区的民主政治建设方面发挥了不可替代的作用。发挥社会组织在社区治理和建设之中的活力和创造力,就必须让社会组织进入社区公共事务之中,不断提升社区民主性,改变政府在基层社区社会组织中的作用缺失,从而填补政府在公共服务方面不能充分施展作用的空白之处,减少政府管理成本,推动政社关系健康、有序发展。

为了更好贯彻政府的方针、政策,社区社会组织要积极与基层群众自治进行良好互动,二者合理衔接,使得社区社会组织成为居民参加社区管理和社会公共服务的一个重要载体,在实践中实现社区的良性治理。通过让居民对于社区中的各种事务发表自己的意见和看法,提高居民参与社区建设和社会活动的积极性。只有居民广泛地参与到公共生活中,社区社会组织才能够拥有一定的群众基础。当居民的互动指数和参与率不断提高的时候,社区自治才能够得到更好的发展。促进了社区的民主建设,提升了社区管理、教育和服务的自治能力和水平。

同时,社区社会组织不同于行政管理组织,其能将绝大多数参与者的特长和兴趣充分展现出来,通过自下而上的方式进行运作以及开展各种活动,激发出社会组织和成员的自身动力,推动有责任感的"公民社会"实现。社区社会组织对于正在发育的公民社会,是一个进行公民教育的重要平台。它在管理方法上采取刚柔并施的人性化模式。其重点在于鼓励公民基层政权管理参与的积极性和热情程度,对于形成良好、有序的公民社会具有十分关键的作用。

6.促进居民对社区活动的加入程度及社区民主化进程

如何增强党和政府与社会的联系,如何将不同兴趣爱好的居民联系到一起,最有代表性的方法就是通过不同的社区社会组织。通过开展更加适应居民需求的社区活动,能够广泛地动员社区内部居民参与其中,使得居民和居民之间,能够深入交流、相互理解,不断团结社区内的每个独立个体,将零散着的社区力量凝聚在一起,形成和谐有序的良好社会局面。比如社区内部的文艺队伍、健身和长跑协会、舞蹈队及志愿者队伍等,它们能够为社区成员提供一种交流的媒介和互惠的平台,有益于促进社区成员日常交往,创设人与人交流的互助、互信和互惠的典范,不断提高社区居民参加社区公共事务管理活动的质量,并且深入居民互动网络中,减少不合理占用公共资源的行为。在提升社区居民之间、居民个人与社区社会组织之间以及不同社区社会组织之间进行交流合作方面,发挥了举足轻重的作用。同时促进了社区文化的建设,完善了社区管理方式,推进了社区民主化进程。

社区社会组织通过设立参与活动人员能够接受和理解的行为准则和条例,以此来培育和确认人们之间相互信任和理解的规范。信任是人与人之间往来的基石,也是社会资本能够发挥作用的一种基本形式。不仅如此,社区自治组织的成立,还有利于不同形式的社会资本的成立和发展。比如居民之间的相互帮助和优惠共享等。在社区社会组织之中,彼此之间相互信任的参与者越多,越有利于整体决策的通过,也能够防止短期行为的发生,更有利于解决社区之中存在的各种问题,从而助力居民和社区的共同进步。

社区社会组织通过组织形式多样的交流活动,可以提升居民的参与率。正是由于社区居民积极参与其所组织的活动,社区居民在其中不断交流,促进相互理解,出现相互帮助、相互信任的良好社区氛围。用一位社区老人的话讲:"这次我遇上困难了,你帮了我,下次你遇上问题了,我肯定会帮助你的。"这种持续的、有组织的参与,加强了社区社会组织成员彼此之间的互动,有利于培养居民之间的感情,进一步发展出居民互相帮助的新组织形式,不断提升彼此之间的信任和理解。[①]在潜移默化中,社区社会组织加速了社会资本的增长和流通,社区居民的社会意识也在实践当中得到了加强和提升。

7. 反映居民合理诉求及化解社区社会矛盾

随着社区建设的不断推进,再就业、生活保障、医疗卫生等现实问题进入社区,使社区逐渐接管大量涉及居民各方面生活需求的工作,居民对社区的依赖程度也在不断加深。因此,及时了解居民需求、解决居民矛盾,日益成为社区社会组织开展工作的重点。社区社会组织及时接受居民的需求,并成为一个连接党组织和居民之间的桥梁。这些组织人员一般都是居委会的骨干力量,能够高效解决居民所遇到的困难和问题,从而更好地维护社区的和谐、稳定。

社区社会组织发挥着连接政府组织与社区居民的作用,其在社区的各种设施设备的优化之中起到举足轻重的作用,它们会在约定的时间内对于居民的实际需求进行调研,并根据调研的结果,向政府反映所遇到的困难和问题,从而变成居民反馈诉求的一条重要通道,发挥着纽带和桥梁作用。一方面,社区社会组织通过及时、明确、清晰地反映居民各方面的现实诉求,帮助政府调节社区公共事务,做出正确决策,并增强其措施的可行性和针对性,及时解决社区存在的问题和矛盾。另一方面,社区社会组织能促进社区中的独立个体之间、个体和社会组织之间以及社会组织之间的信息沟通和互动,以减少社会矛盾的产生。

二、社区社会组织发展历程

(一) 1985—1991 年初步发育阶段

1985—1991 年,社区基层管理的体制处于变化的第一阶段,城市社区社

---

①　参见崔玥:《新形势下社区社会组织管理创新研究》,天津大学硕士学位论文,2014 年。

会组织也随之发生变化。这个过程中,社区社会组织表现出许多不一样的特征。新中国成立之后,我国将苏联作为学习的榜样,建立起以单位作为基石的社会主义计划管理体制,对人民群众进行社会管理。个人依存于单位的发展,单位依存于国家的发展。因此,单位制的设立,使得单位紧紧地控制公民社会。在这个时期,居委会作为社会自治组织中最主要的代表。社会组织自身的相对独立性并不能够得到发展,而且,由于人们的活动固定在国家管控下的单位中,社区社会组织的成熟和发展受到了限制。

(二) 1991—2000 年快速发展阶段

基层政府的管理体制改革,影响着我国社区社会组织的发展。1991 年,我国政府在有关社区建设的发展方向中指出,要开始减少政府过度管控,加大社区活动中居民的参与力度,不仅要居民自身参与、发展多样化的社区服务,还要缓慢达成社区自治的目标。在市场经济的时代浪潮中,政府对渐趋分离的社会进行一定条件的整合,最大程度地增强社会整体活力与向心力。20 世纪 90 年代的社会建设,不仅带来了城市中社会关系的深层变化,而且也为社区社会组织的发展和成熟提供了便利条件,城市中开始出现许多新型社区。1991 年,我国政府提出了新的建设思路。对于城市中的社区,政府开始重视居民在其中的自治作用,通过社区社会组织的不断发展,带动社区文化的不断进步,更好地建设社区内部的各种组织和服务机制,提升社区内的向心力和凝聚力。总之,正是因为改变了政府主管一切的理念,才逐步打开了社区自治的新局面。

(三) 2000 年以后成熟发展阶段

21 世纪,社区开始建立起来多种多样的新型社会组织。这些新型社区社会组织,是由居民自发组织成立的,依据其内部居民的需求和需要建立而成。大量社区实践表明:社区社会组织在社会治理体系之中占据十分重要的地位。对于社区治理和公共服务而言,社区社会组织是一个重要的支撑点。随着文明和谐的新型社区组织开始成立,在社区建设和居民生活等方面,新型社区社会组织将发挥积极的引领和带动作用。

我国各类社会组织的数量如下表。

表　我国社区社会组织发展数量基本情况(2008—2015 年)

指标(年)	2008	2009	2010	2011	2012	2013	2014	2015
社区服务机构和设施(万个)	14.6	14.6	15.3	16.0	20.0	25.2	31.1	36.1
社区服务中心、站(万个)	4.0	6.3	5.7	7.1	10.4	12.8	14.3	15.2
社区服务中心、站增长(个)	-32.9	58.4	-9.8	23.9	47.8	23.1	11.7	6.2

(截至 2015 年底。《社会组织蓝皮书:中国社会组织报告(2016—2017)》)

三、我国社区社会组织发展现状

对于开展民生保障和城市及乡村的基层治理而言,社区是一个重要的平台。实现社会治理体系和治理能力现代化的远景目标,必须加快完成社区服务体系的建设。随着城乡二元结构的分崩离析,我国社区服务体系开始迈入一个城乡统筹的新阶段。2021 年,民政部等多部门联合发布了城乡建设的相关文件,指明"十四五"时期我国社区社会组织发展的具体任务,明确表示在"十四五"时期内,要让城乡社区拥有一定数量社区社会组织。社区社会组织协同发展的意识不断增强,城乡社区社会组织的共同发展趋势有所提升而且目标更加明确。

党的十九大以来,社区社会组织的发展取得了很大成就。一是社区养老服务机构建制制度化、体系化,形成了以家庭为基础、以社区为支撑、以专业机构为补充、将医疗和保健结合起来,建立起有中国特色社会主义的多元一体化养老服务体系。截至 2019 年 9 月,全国共有 17 万个为老年人服务的社区社会组织与相关机构,全面建立起城乡统筹发展的社会供养制度。二是社区福利向青少年延伸惠及。目前,我国每年能够得到救济的儿童达到 1400 多万。三是对于在不同地区流浪和以乞讨为生的人员实施救助,由过去强制性收容、遣送等方式改为自愿、免费救助,平均每年救助近150多万人。四是我国增加了基层群众自治制度。全国城乡社区一体化的服务设施建设覆盖率,达到了近三分之一的程度,农村达到了一半以上。五是我国社区社会组织的发展健康有序。目前,已有83.5万个不同种类的社会组织。特别是我国慈善组织的发展,从自发分散的初期阶段开始转向依照法律法规成立、发展的新阶段,社区社会组织管理变得更加体系化、秩序化。截至2020年,慈善产业接收到的捐款额度,已经达到900亿元。信息建设和共享平台正在形成。在某些地方,智慧社区建设已经全面铺开,社区服务与信息智能化相互结合,机制体制不断改革创新。六是社区主体更加多样化。以社区搭建作为组织平台,以相关知识的专业人士作为重要支柱,以社会组织作为形式载体的"三社联动"社区服务机制开始显现其引领作用。①在实践中,我们可以看到,社区中的居民要真正获得幸福感和收获感,就一定要建设好城乡社区服务体系。通过建立优良的"民心工程",能够促进我国社会改革,调整社会结构,维护社会秩序和谐、稳定。满足人民群众对于物质资料以及文娱产品与日俱增的需要。

四、我国社区社会组织发展存在的困境

(一)居民参与社会组织活动的意识有待提升

目前,我国社区居民的结社意识和公益意识仍很薄弱,进行社区建设的积极性较低,社会活动参与率不高。社区社会组织所提供的各种公共服务并不能够契合社区居民的需求,部分急需的社会公共服务,出现短缺空白的情况。我国社区社会组织之间,成员人数存在巨大差异,有些社区组织只有几人到十几人,而个别社区组织能够达到几十人到上百人,部分社区甚至还没有建立合法有效社会组织。居民之间的疏离感和不熟悉、不信任,是现阶段社区社会组织面临的最严峻问题。绝大多数社区居民参与社会活动的意识薄弱,极大

---

① 参见肖唐镖、谢菁:《"三社联动"机制:理论基础与实践绩效——对于我国城市社区建设一项经验的分析》,《地方治理研究》2017年第1期。

影响社会活动的参与率,对于社区社会组织深入开展社会活动造成了严重阻碍。

大部分社区居民并不是自发性地参与社会活动,而是受到社区管理组织的鼓舞和引导才投身其中。社区社会组织通过运用各种不同的手段,鼓舞居民进行的社会活动,其内容并不包括对社区事务的立项和组织作出决策和监督等重大议题,而仅仅只是参与居委会举办的各类兴趣活动。这些事务的性质并不是社区政治性事务,其内容与程序并不严谨。因此,社区居民参加社区事务的意识十分薄弱,不具有主动性与积极性,极大地影响了社区社会组织的快速、有效发展。

（二）人才储备非常薄弱

社区社会组织的内部成员多是离退休的干部,参与社区活动的人员比例中,中青年的人数较少。从专业角度看,由于法人身份缺失、组织资源限制、缺少专职工作人员等因素,社区社会组织的人员结构并不合理,对于具有社会学、法学、心理学等方面的专业知识人员的吸引力不高。[1]除此之外,社区社会组织的领导阶层及骨干力量大多由业主委员会或居委会成员兼任,他们对于政策、法规有一定程度的了解,方便开展与居民之间的沟通工作。但因其兼任许多不同的身份,易受到政府和单位事务的限制,没有充分的时间和精力开展工作。

（三）资金来源比较单一

由于国家发展和社会环境的不断进步,社区社会组织虽然能够较好地发挥自身作用。但是,一些社区社会组织的经费有限,不能够支持其展开各项社会活动。对于社会组织来说,经费不足是一个很大的困难,没有经费就更谈不上展开各种活动。虽然政府对于社区社会组织会有一定的费用资助,帮助其

---

[1]　参见陆继锋:《社区社会组织发展:当前困境与对策分析》,《社科纵横》2017 年第 1 期。

开展各种社会活动。但是,部分社区社会组织由于各种原因,并不能够达到注册登记的要求,从而无法获取合法身份,进而无法获得官方的资金支持。而且政府所给予的拨款数额较少,不能保证持续、稳定的资金供给。所以,许多提供公共服务的社区社会组织,只能通过社区居委会对其进行补贴,但受经费限制,仍难以承担较多的社会活动。

（四）管理体制急需体系性法律保障

目前,对于社会组织的管理,我国实施双重管理体制,即登记的社区社会组织不仅在登记上受到民政部门的管理,还会受到其他部门对于其活动所进行的专业管控。这种管理模式要求,社区社会组织只有采取工商注册,才能开展相关社会活动。在这种特殊的管理体制下,我国一部分社区社会组织是由政府机构牵头成立,其与政府部门之间具有很深厚的依存关系。这些社区社会组织需要依赖政府的相关部门,才能够拥有合法的地位。行政主管单位通过对社会组织提供资源,对其进行一定程度的掌控。许多社区社会组织认为,行政主管单位对它们自身的发展,能提供实质性的帮助。社区社会组织在发展之中遇到了难题和障碍时,会选择向行政主管单位寻求解决之道。另一方面,一部分社区社会组织,认为自身与政府部门之间,存在上下级之间的管理关系,在开展活动、申报项目等日常事务方面,会受到政府部门的管控,而这种管控,恰恰限制了社区社会组织的自主性与独立性。

（五）社区社会组织的自我治理水平有待提升

目前,我国关于社区社会组织的规章制度不够完善,社区社会组织的组织机构不太健全。虽然有些社区社会组织可按照一定程序,开展一些民主性较强的社会活动,如社区组织群众召开的内部领导选举代表大会等。但因从事活动的全职人员不足、资金支持匮乏等现实问题,其并不能够真正发挥作用。也有一些社区社会组织,因为有政府部门对其进行领导,对政府部门具有很强的依赖性。①所以,这些社区社会组织并不积极主动地举办各种社会活动。

社区社会组织大多是在内部举行社会事务,外部环境并没有办法来衡量其所创造的社会效益。很多社区社会组织的内部章程并不完善,在开展活动时,不能够合法有序开展各项社会服务。例如,不能够公开透明地进行各项社会活动,基层民主机制不能够得到很好的贯彻。

(六) 建立、完善相关法律法规

中共十九届四中全会以来,随着"全面落实依法治国基本方略"的不断推进,我国社会的法治环境有了很大程度的改善,对社会组织的发展提供了良好的社会环境。民政部民间组织管理局的成立,使得社区社会组织的相关立法速度不断加快。社区社会组织需要完善的法律法规来保障其有序发展。但是,现有法律规范体系存在一个突出问题,即有关社区社会组织的法律规范过于稀少,没有对社区社会组织作出专门、全面、严谨的规定,不能适应现今社区社会组织的发展趋势。对于一些特殊的社区社会组织,只能按照社团管理的条例对其进行合法管理。此外,有关社区社会组织的法律条文的层级并不高,大多零散于各地方性法规,不能形成与其发展相配套的法律制度体系,对于社区社会组织的设立、地位、性质及职能等问题没有清晰规定,许多重要的民生领域的社区社会组织,也缺乏相配套法律规范对其进行规范管理。

(七) 与国际接轨仍存在较大差距

社区社会组织是立足于居民现实需要,由居民自愿参与,活跃在城乡基层的自治性群众组织。我国民政部的数据显示,我国现有近60万个社区社会组

---

① 参见王亚琼:《基层社会治理中的组织协同机制研究》,山东大学硕士学位论文,2019年。

织,其中涉外机构不到 600 家。通过分析数据,我们可以发现,我国社区社会组织大多在国内进行交流合作,缺少与国外社会组织进行交流和开展合作的机会,即使有参与国际交流的项目,在质量上也并不突出。由此可以看出,我国社区社会组织接轨国际社会组织,参与国际活动具有一定难度。为更好开展社会服务工作,我们需要运用信息化、智能化、数字化手段,推动全球网络化社区社会组织平台的建设。

（八）积极贯彻"一带一路"倡议完善全球治理

作为影响全球化发展和国际经济秩序治理的"一带一路"倡议,其涵盖面、影响力非常广泛,涉及多方政策和利益的协调。"一带一路"倡议有效推动了跨国间社会组织的交流合作,对于相关政策的实施,发挥很好的导向功能。在"一带一路"的高峰论坛活动举办之后,相关的社区社会组织发展有了很大进步,尤其在增强"一带一路"生态文明建设和企业社会责任感的提升等方面发挥了重要作用。

五、我国社区社会组织的发展动态

（一）加强城乡社区服务型社会组织体制机制的创新

社区社会组织作为开展社会公共服务的一个基本平台。其目的在于整合政府各部门中的服务资源,给社区居民建立起统一标准和提供高效、便捷、优质的社会服务,同时能够顺应政府简政放权、放管结合的发展方向。统筹考虑社区人口、居民需求和服务半径,向城乡社区社会组织购买服务,保障社会公共服务的有序开展。

（二）优先扩大社区服务的特殊有效供给

社区社会组织依赖于智能化信息管理和服务的网络化机制,优先保障未成年人、老年人、残疾人等优抚对象的现实与特殊需求,为社区居民提供高品质、高层次的公共服务。同时,社区社会组织应注意提升对农民工及"留守家属"的服务质量,帮助他们能够快速与城市社区融合。在城镇、农村,社区社会组织不断推进社区服务体系的建设,让公共服务惠及更多的农村、农民。为了更好地帮助乡村经济的发展,满足农村及农业现代化的现实需要,农村社区社会组织应展开相关配套服务,更好地服务农村发展,实现乡村振兴。

(三) 健全城乡社区服务基础设施

社区社会组织应明确城乡居民的实际需求,建设符合现实需要的城乡服务中心和社区服务站,争取早日建成全面覆盖的城市社区综合服务基础设施。在农村社区综合服务设施中,早日达到一半的覆盖率。社区社会组织要不断深化各级农村基础服务设施建设,对易地搬迁的脱贫村民进行安置工作,完善相关配套基础设施,提高社区居民的参与感、获得感、幸福感。

(四) 推进城乡社区服务人才建设

为了更好发展社区社会服务,提升城乡社区中人员的专业化水平,社区社会组织应吸收一大批具有专业素养的人员进入其服务领域。政府应研究并制定更加优质、完善的城乡社区工作者管理办法,不断完善社区工作者的福利激励体系。要重点关注社区服务人员的身心健康和发展前途。在社区工作人员中,培养和发展优秀人才进入党组织,推动社区社会组织不断创新,建立高效、完善的社区服务体系。

(五) 加强城乡社区社会组织综合信息化建设

结合"互联网+"新业态,完善大数据的共享方式,建设属于社区内部的公共服务信息平台,将社区内的各种信息资源通过大数据、智慧社区的方式储存、共享,有助于社区社会组织向居民提供多样化的智能服务,实现一体化、一次性办理居民所需要的各种事务,简化办事程序,提高办事效率和水平。在农村,社区社会组织可以建设创新型农村基层智能化社会组织,有利于提升农业信息化发展水平,推进农村的数字化、智能化发展。

（六）创新城乡社区服务机制

不断完善社区服务型党组织的建设工作,充分发挥其在社区的引领、纽带作用,更好地联系群众,走进群众生活。积极发挥城乡社区自治组织的作用,开展协商活动,让社区中每个居民都能够积极参与到社会活动中来,有利于公共服务项目更好的运行和完善。针对资金不足的问题,社区社会组织可以寻找一种新的模式,比如建立社区基金,扩充社区居民自我服务的优质资源,更好地发挥社区内部的组织机构的引领作用,为居民的社会活动提供各种优质资源。在社区建设方面,承担属于社会组织的服务、公益职责。

社区社会组织要充分发挥社区的基础平台作用,把社区作为提供公共服务的基本载体,发挥专业化人才的能力,加快建立起由社区居民提出建议、由社区组织进行承接、由社工团队完成计划的三者联动机制,充分整合各种社会资源,更好地满足社区居民对于公共服务和完善各项基础设施的迫切需要。

第三节　西部地区主要省份社区社会组织田野调查与问卷分析

2016 年,国务院办公厅发布相关文件,明确肯定了社会组织的重要性。2017 年 10 月,中国共产党第十九次全国代表大会报告中,呼吁充分发挥社会组织的作用,促进政府治理、社会调控和居民自治三方之间的积极互动。2017年 12 月,民政部发布相关文件,指出社区社会组织在提供社区服务等方面,可以发挥更大作用。在我国的社区工作中,社区社会组织已经逐渐成为社会治理重要载体,它在服务社区居民、完善社区治理等方面,发挥了重要作用。然而,在社区社会组织发挥其功能的过程中,也显示了社区社会组织配套法律法规滞后、管理体制不成熟、引导和支持力度不够、社区社会组织本身建设不完善等问题。

鉴于此,为了正确把握西部地区社区社会组织的发展状况,2016 年 3 月至 10 月,课题组成员在陕西、宁夏、新疆、西藏、内蒙古、广西、甘肃等西部地区开展了实地研究和问卷调查。一共发放问卷 890 份,回收问卷 890 份,回收率 100%。其中有效问卷有 500 份,有效率 100%。深入实地走访西部地区基层社区,访问了 30 多个基层社区。多次调查中,课题组调研人员重点考察了基层社区公民自发成立的社会组织,同时也考察了一些由政府支持的社区社会组织。社区社会组织在社会组织的构成中占有重要地位,在提高群众参与度等诸多方面,发挥着重要作用。培育和发展西部地区的社区社会组织,是创新西部地区基层社区治理模式,构建西部地区基层社会管理体制的根本途径,是贯彻和落实党的十九届六中全会精神、落实习近平总书记重要讲话的现实举措。

2015 年 12 月,根据国家统计局的数据,在当时,全国有 662425 个社会组织,其中新疆维吾尔自治区有 9566 个,西藏自治区有 572 个,广西壮族自治区有 22241 个,内蒙古自治区有 13248 个,宁夏回族自治区有 6013 个。具体情况如下图。随着中国社会的发展,西部地区社区社会组织的数量逐年增加,质量也稳步提高,与此同时,西部地区社区社会组织存在的问题也日益突出。顺利解决这些问题,不仅有利于西部地区社区社会组织的发展,而且一定程度上,对西部地区的社会经济发展起到推动作用。笔者对五个主要西部省份及其他西部省份进行了相关的调查研究,并对调查资料进行了整理和分析。通过图表直观地反映了西部地区社区社会组织的现状,挖掘了存在的问题和原因,找到了完善西部地区社会治理的根本途径,为完善西部地区社会治理体系作出了相应努力。

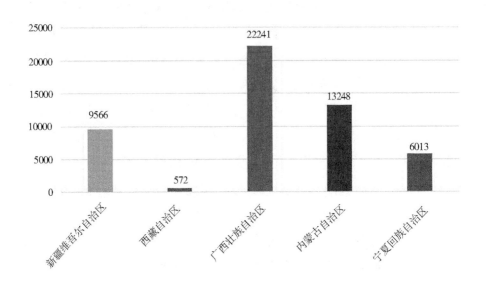

图　西部地区社会组织数量(单位:个)

(2015 年,国家统计局)

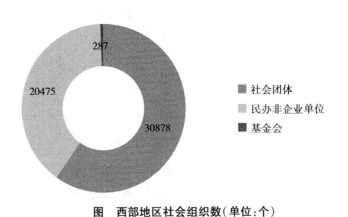

图　西部地区社会组织数(单位:个)

(2015 年,国家统计局)

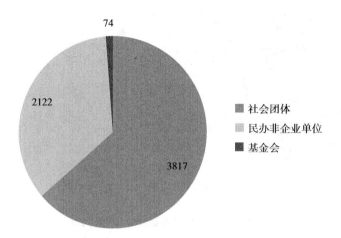

图　宁夏回族自治区社会组织数（单位：个）

（2015 年，宁夏回族自治区统计局）

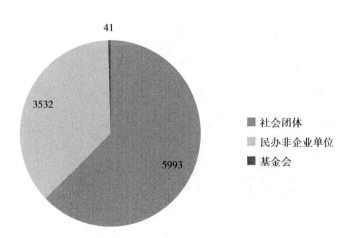

图　新疆维吾尔自治区社会组织数（单位：个）

（2015 年，新疆维吾尔自治区统计局）

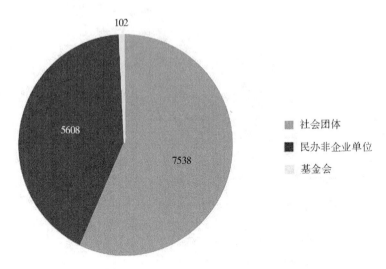

图　内蒙古自治区社会组织数(单位:个)

(2015年,内蒙古自治区统计局)

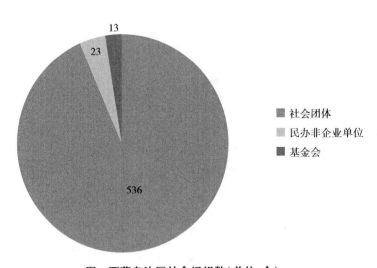

图　西藏自治区社会组织数(单位:个)

(2015年,西藏自治区统计局)

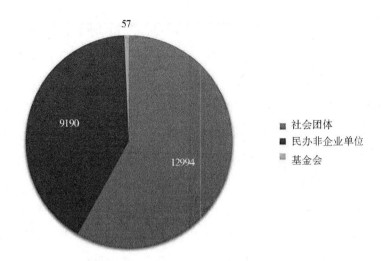

图　广西壮族自治区社会组织数(单位:个)

(2015 年,广西壮族自治区统计局)

一、具体调研情况的说明

（一）调研对象、问卷发放的基本情况

2015 年 6 月,针对西部地区社区社会组织调查问卷的内容完善成形。我们印制问卷并且开始陆续发放。为了能够更加深入了解这些地区该类组织的发展状况,研究组于 2016 年 3 月 10 日至 5 月 5 日在西藏自治区和广西壮族自治区、2016 年 5 月 6 日至 7 月 1 日在新疆维吾尔自治区和宁夏回族自治区、2016 年 7 月 2 日至 8 月 25 日在内蒙古自治区进行了问卷调查和实地研究。调查的方式为不记名填写。5 个省市共发放问卷 890 份,通过对 500 份有效问卷的分析,得出五次调查的结论。

（二）调查问卷内容的设计

根据调查地区的实际情况,设计了两种调查问卷。第一类问卷共有 33 个问题,适用于西藏自治区、广西壮族自治区和内蒙古自治区。问卷的内容分为五个层次:第一,被调查人的基本情况。为了对不同调查主体进行比较分析,以便对不同年龄段的社区社会组织成员的不同需求,对不同人的需求应鼓励开展什么样的活动,提出的建议和对策。第二,了解社区社会组织成员的兴趣、爱好,参加社区社会组织的目的是什么,每次参加社区社会组织活动大约需要多少时间,有助于准确把握社区社会组织的设置条件,可以从事什么性质的社会活动等。第三,了解被调查人以什么样的方式参与社区活动,对所在社区开展的志愿服务有什么看法,参加社区社会组织的活动对本人有益处吗,以便于在制定社区社会组织活动方案时,有比较明确的目标、任务和行为指南。第四,了解被调查人对社区社会组织设立标准是否了解,社区社会组织的活动对促进地区发展、民族和睦有哪些作用,以便于今后在制定政策和法律时,充分考虑区域发展和人民群众的实际需要。第五,了解被调查人认为社区社会组织财务收支情况应采取哪种方式公开,社区社会组织的活动需要向社会公开,以便于今后在如何对社区社会组织现有的财务情况进行管理和监督。如何对社区社会组织的活动进行评估。

第二类调查问卷共 22 道题,适用于宁夏回族自治区和新疆维吾尔自治区。问卷的具体内容被分为四个方面:第一,关于被试人的基本信息。以便对不同主体进行比较分析,从而在提出相关对策和建议的过程中能够有针对性。第二,了解社区居民对社区社会组织的期望。有助于我们更清楚地认识当前社区社会组织存在的问题,从而提出正确的建议。第三,调查对象对社区社会组织监督的看法。主要从监管的方法、可行性、意义三个方面来考虑。第四,被调查对象所在社区的社会组织中的纠纷类型及其解决办法。通过了解社区社会组织纠纷的类型及解决途径,可以直接分析当前社区社会组织存在的问题,提出西部地区社区社会组织法治化的可行性建议。对笔者预设的问题,通过被调查对象提出意见,建议并进行反馈。

二、西部地区社区社会组织调研数据的直观分析

由于笔者根据被调研地区的具体情况设计了两类调查问卷,因此在直观分析时,将对两类调查问卷的调研数据分别展开分析。

（一）适用于西藏自治区、广西壮族自治区和内蒙古自治区的第一类调查问卷

1.从调研对象们所填的基本情况看。在回收的有效问卷当中,年龄在30岁以及30岁以下的人,数量占到41%①,人数占比最多;31—50岁的人,数量占到36%,人数占比在第二;51—60岁的人,数量占到13%,较前两种少;61岁及以上的人,其数量占比最少,约10%。从性别构成上看,其中男性的人数相对女生较少,占比42%,约为四成,而女性人数占比较高,为58%,其占比约六成。从他们学历情况分析,学历在初中和初中以下的人数约占11%;学历在高中、中专的人数和学历是大专的人数差不多,各占7%左右;学历本科的人数最多,达到54%;而至于学历达到硕士和硕士以上的人数,其数量占比为18%;其他人数则占3%。从职业的构成来说,学生占26%,务工人员占7%,公司职员占6%,国家干部人数最多,占到35%,其他职业占26%。从民族构成看,汉族人数最多,占63%;藏族人数第二,占到13%;蒙古族占10%;回族占8%;维吾尔族和哈萨克族各占1%;而壮族和满族的人数各占2%。

2.从参与社区社会组织举办的活动的人员的基本情况看。绝大多数居民对于参与社区社会组织举办的活动持积极的态度,71%的居民都表示自己曾经参加过这种活动,没有参加过这种活动的居民中,有八成的居民表示,自己想要并且愿意参与这样的活动,不能够参加只是因为没有时间参加。居民经常参加社区活动的时段和居民参加社区组织活动目的见下图。在参加社区社会组织活动的身份方面,76%的居民以参与者的身份参与,21%的居民以观众的身份参与,3%的居民以组织者的身份参与。

3.从调研对象对社区社会组织的期望看。在是否愿意参加所在社区组织的文化活动方面,有87%的人愿意参加,仅有13%的人不愿意参加。想在社区学习到的内容和愿意参加的社区文化活动类型见下图和下表。

_____

① 调查问卷的分析中,数据的百分比均取整数。

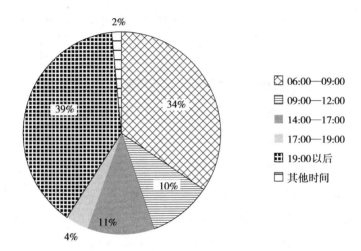

图　社区居民参加社区社会组织活动时间表

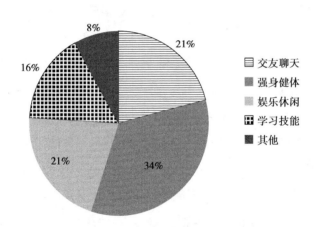

图　社区居民参加社区社会组织活动的目的

表　居民愿意参加社区文化活动的类型

题目	A	B	C	D	E	F	G	H
您想在社区学习什么内容？	艺术类	家政服务	防火防盗安全	健康与卫生和保健	旅游常识	金融知识	网络知识	其他
	11%	13%	20%	19%	9%	19%	7%	2%

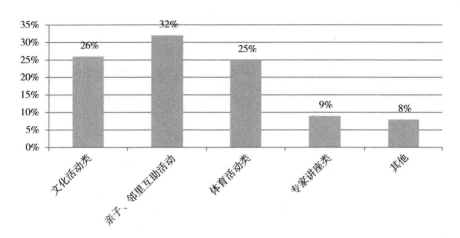

图　社区居民在社区社会组织学习的内容

4. 从调研对象对社区社会组织的看法和具体了解看。在是否了解所在社区社会组织的设立标准方面，有 26% 的人完全了解，31% 的人完全不知情，其余 43% 的人只了解一部分设立标准。对所在社区社会组织财务是否进行过审计的了解情况见下图。在所在社区社会组织财务收支情况是否会定期公开的了解情况上，42% 的调研对象反映会定期公开，39% 的调研对象主张会不定期公开，19% 的调研对象主张不公开。

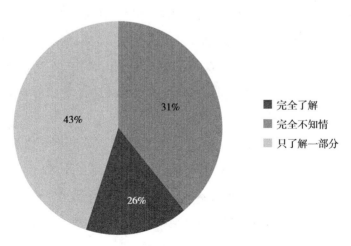

图　居民对社区社会组织财务情况审计是否了解

5. 西部地区社区社会组织法治化的路径。笔者主要研究被访者所反映的意见和建议。诸如"你认为需要做些什么来改善你所在社区的社会组织的工作"以及"你认为需要做些什么来改善你所在社区的社会组织的活动"。大多数研究对象对以上两个问题都提出了宝贵的意见，并为改进社区社会组织管理对策提供了很好的建议。

(二) 适用于宁夏回族自治区和新疆维吾尔自治区的第二类调查问卷

1. 从调研对象的个人情况看。在回收来的有效问卷中，关于调研对象年龄的信息大致如下，其中年龄在 30 岁和 30 岁以下的人数占比最多，达到 39%；年龄在 31—50 岁的人数相对前者来说相对偏少，占到 35%；年龄在 51—60 岁的人数总体较少，占到 19%；而年龄在 61 岁及其以上人数最少，仅占 7%。从调研对象的男女比例看，男女人数大致持平，其中男性人数占 47%，女性人数占 53%，相对来说女生更多一些。从学历看，初中和初中以下的人数较少，占 7%；高中和中专的人数占到 10%；大专人数最少，为 5%；本科人数最多，占 57%，接近六成；硕士及其以上的人较多，占 16%；其他学历情况的人占 5%。从职业的种类看，学生占 18%，务工人员占 21%，公司职员占 9%，国家干部占 38%，其他职业占 14%。而从民族看，汉族人数最多，高达 57%；第二是回族，占比为 16%；维吾尔族的人数相对藏族和蒙古族来说较多，占 9%，藏族和蒙古族分别是 6% 和 3%，壮族和满族的人数大致相同，占比都约为 1%，哈萨克族占 7%。

2. 从调研对象对社区社会社会组织的期望看。在调研对象对社区组织的活动是否有兴趣参加方面，76% 的人表示有兴趣参加，仅有 24% 的人表示没有兴趣参加。希望所在的社区存在的社区社会组织类型见下表。认为可以让大家更好地了解并参与社区社会组织活动的途径见下图。

表　居民期待所在社区存在的社区社会组织类型统计情况

题目	A	B	C	D	E	F	G
您期待您所在的社区有哪些社区社会组织?	生活类	教育类	文体类	法律服务类	志愿者服务类	公益类	其他
	28%	14%	26%	14%	10%	5%	3%

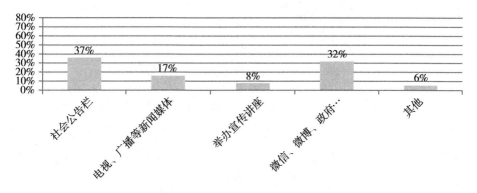

图　居民参与社区社会组织活动的途径统计

3.从调研对象对社区社会组织的熟悉程度和了解情况看。在参加社区社会组织的活动是否收费方面,61%的调研对象所在社区不收费,36%的调研对象所在社区部分收费,3%的调研对象所在社区全部收费。调研对象所在社区社会组织的财务公开情况见下图。在所在社区社会组织是否有义工或者志愿者方面,81%的调研对象所在社区有义工或志愿者,19%的调研对象所在社区没有义工或志愿者。在义工或志愿者的主要工作方面,这81%的调研对象当中,28%的人表示主要工作为服务社区、解决邻里纠纷、帮扶困难家庭,24%的人表示主要工作为自愿付出自己的时间和精力帮助别人,17%的人表示主要工作为用专业方法帮助困难群体,剩下的31%的人表示对于所在社区社会组织的义工或志愿者的主要工作并没有概念。

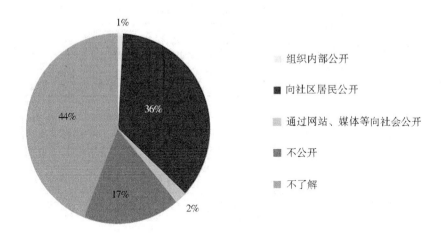

图　社区社会组织财务公开情况统计

4.从调研对象对社区社会组织监督情况的看法上看。在社区居民的监督建议对社区社会组织建设的重要性方面,24%的人认为有帮助,51%的人认为有帮助,但作用不大,25%的人认为没有任何帮助。对社区社会组织进行监督的途径见下图。所在社区社会组织存在的问题见下表。

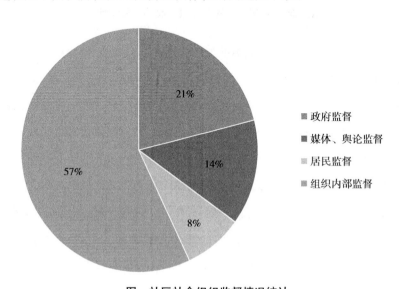

图　社区社会组织监督情况统计

表　居民认为所在社区社会组织存在不足的方面统计情况

题目	A	B	C	D	E	F	G
您认为您所在的社区社会组织存在哪些不足?	制度环境不够完善,相关规章制度的缺乏	优秀人才的缺乏,专业化人才不足	自治能力差	组织成员缺乏积极性	社区社会组织类别单一	居民参与度低	其他
	32%	23%	14%	6%	7%	14%	4%

5.从调研对象所在社区社会组织发生的纠纷类型及解决途径看。社区社会组织发生过的纠纷类型见下图。在纠纷发生的原因方面,经济纠纷占32%;活动场所紧张占26%;9%的调研对象表示是因为团体(组织)成员之间的原因,扰民等原因占17%;其余16%的调研对象表示,是因为其他原因。对于纠纷的处理方式见下图。

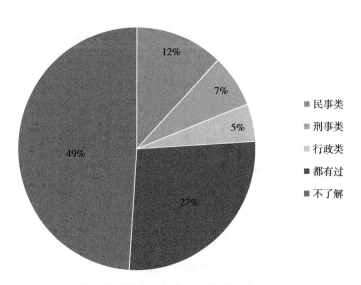

图　社区社会组织发生过的纠纷类型统计

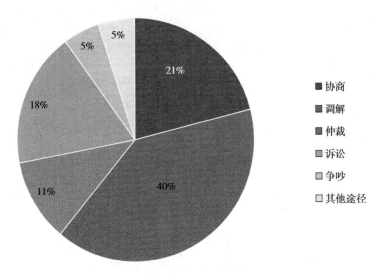

图　社区社会组织发生纠纷的处理方式统计

6.关于党的建设在社区社会组织发展中产生的作用。笔者主要通过提出问题、反映意见、搜集建议的方式。如"您认为党的建设在社区社会组织发展中是否重要"以及"应当怎样发挥它的作用"。从调研对象的态度来看,更多的人认为社区社会组织应当加强党的建设,在优化公共服务、发展公益事业、化解社会矛盾等方面的积极作用,最大限度激发社会组织链接资源、信息灵通、专业人才等优势,不断把组织优势、制度优势和党建优势转化为基层社会治理效能,有效破解基层治理难题。

7.关于社区社会组织的财务公开情况。从调研对象的反应来看,参与社区社会组织活动较多的调研对象认为,财务情况应在组织内部公开,而更多的人则认为,社区社会组织应当建立、健全本单位内部会计监督制度,实行财务公开,通过公开文件、网站、媒体等定期向大众报告财务工作,公布年度财务状况,提高公民对社会组织的信任度与满意度,吸收更多人才与成员加入社区社会组织。仅有少数人认为,财务情况应仅向管理层公开,以便于高效管理。

8.关于西部地区社区社会组织法律治理的路径。笔者主要通过反映意见、建议的方式。如"您认为您所在社区社会组织的工作还有哪些尚待改进的地方"以及"您认为您所在社区组织的活动还需要在哪些方面完善"等题目。绝大部分调研对象都为我们提供了宝贵的有效意见,为我们的对策提供依据,促进我们提出科学合理的策略。

三、调研数据反映的问题

(一) 社区社会组织对自身定位不够清晰

社区社会组织,通常被认为是政府社会治理活动中不可或缺的"合作伙伴"和"平等主体",但在调查研究过程中发现,社区社会组织成员对自身的组织性质不了解,所以定位并不准确,这种对自身组织性质认识不够深刻主要体现在两个方面:一是政府越位管理。由于这种组织发展的时间并不长,制度体系不是十分健全,还存在诸多问题,基层政府对它们缺乏信任和信心,受委托权力不足,甚至受到行政权力的干预,如此一来,它们的作用发挥空间就被压缩,自我成长能力受到限制。二是政府有时会将自己的某些行政事务,交给社区社会组织管理,较多地占用社区社会组织的正常工作时间,影响社区社会组织行使社会职能,降低社区社会组织的工作效率。

(二) 管理规范尚未体系化

研究表明,在社区社会组织的监督主体中,57%的人来自社会组织,21%的人来自政府,14%的人来自社会媒体,8%的人来自社区居民。可以看出,社区社会组织的监督主要依赖于社区内部的社会组织,政府和社会公众只能起辅助作用。这种监督模式不能保证社区社会组织及时发现自身存在的问题。只有政府和社会公众成为监督的主力军,才能及时、客观地发现和有效纠正社区社会组织工作中存在的问题并及时纠正。

目前,由社区社会组织自身引导的非规范监督模式的形成,主要是由于缺乏系统的管理规范作为指导。通过调查发现,西部地区社区社会组织普遍存在的问题是管理规范尚未系统化。主要表现在以下方面:一方面是行政干预,另一方面是监督不力。社区社会组织的建立和运行不仅依赖于行政机关推动,而且在管理体制上,还有诸多不合理的地方。例如,民政部门负责登记事项,与其相对口的部门,负责指导具体的工作,两部门沟通协作有待加强。社区没有足够的权力管理以社区为基础的社会组织、社区社会组织监督或简单的、一刀切的,因此在松散无序的状态下,存在着责权不明、机制不健全的现象,社区社会组织服务能力薄弱,缺乏管理实施细则,法律法规有待完善。目前,虽然国家已经颁布了《基金会管理条例》《社区社会组织协会登记管理条例》等法律法规,但是没有具体的实施细则和办法,尽管一些省市有地方性的社区社会组织发展条例,但缺乏系统性的工作方法,涉及社区社会组织的行政措施仍零星分散、层次不高、可操作性不强,对社区社会组织宣传不足、制度和规范不完善、组织结构不健全等问题。

(三) 资源协调能力较弱

根据问卷调查,26%西部地区社区社会组织的矛盾纠纷是由于选择活动地点不合适引起的,17%是由于人们活动干扰了周围居民的正常生活引起的。接受调查的50%的人认为,目前西部地区的社会组织普遍动员资源能力薄弱。这主要是由于社区社会组织往往是第三方服务部门提供服务,针对一些特殊事项,它们往往需要主动去接受政府和其他部门的审计监督,并且对资源进行整合的具体过程,要报告上级,这些中间环节,大幅降低了工作效率,同时也让社区社会组织的资源调动变得难上加难。

社区社会组织参与到社区的具体事务当中时,总是和社区居委会等政府的代表部门发生一些权属分配上的不明确和交叉,其职责不明确,角色定位模糊的现象比较普遍。例如,居民委员会虽然是群众的自治组织,但由于各种条件的限制,仍然担负着政府的职能。由于居委会人力、财力相对有限,受职能职权的限制,导致居委会对社区的管理和服务存在各种漏洞。按照这种运作模式,社区的大部分资源都是由居委会控制的,也就是政府控制,那么社区社会组织这样的非营利性组织就更难获得资源。他们需要向居委会和政府部门报告,符合要求经批准,才能获得相关资源和支持。

（四）社区社会组织发展资金短缺

根据对调查问卷数据的分析可以看出,61%的被调查者免费参加社区社会组织的活动,而只有3%的被调查者有偿参加社区社会组织的活动,这足以证明在五个省市,超过一半的社区社会组织免费为社区居民开展活动。除了政府的支持,它还依靠社会力量的支持来资助它的活动。经费的缺乏是制约社区社会组织发展的原因之一。社区社会组织的特殊性,决定了其具有经济来源不多、资金不足的先天缺陷,这种弊端限制其正常发挥作用。究其原因,主要有两方面:一是政府资金投入不足,虽然政府十分重视社会组织的发展和作用,但由于受财政拨款的限制,以及各个社区对资金的需求相对较大,社区建设发展不平衡,影响社区社会组织的发展。二是社区社会组织的筹资方面的能力不足。因为社区社会组织具有公益性,所以资源来源极不稳定。区别于政府部门,物业公司拥有收取物业费的权力,但也负责与社区有关的费用,包括需要支付场地租金、工资等,因此缺乏财政支持。没有足够的资金支持社会团体,社区的社会组织工作不能顺利开展和进行。

四、完善西部地区社区社会组织社会治理的对策

（一）明确社区社会组织职能定位

虽然政府是基层的主要治理机构,但也应重视其他主体的社会治理作用,政府应适当简化行政管理,下放治理权力,摒弃全能的理念,转变政府是唯一权力主体和唯一责任中心的观念,发挥宏观管理者、资源支持者、监督者、组织协调者和评估者的作用,引导社区社会组织的发展,带领其积极、循序渐进地参与到基层治理中。一方面,政府可以通过采取购买或者外包等各种方式,将社区当中的公益事业和部分商业事业等,转移或直接委托给社区社会组织,以此种方式,让社区社会组织增强自身能力。另一方面,对于如何建立完善的参

与机制,政府应当多加考虑,确定规范内容,达到优化运作的目的,以此来提高社区社会组织服务能力。

(二) 健全西部地区社区社会组织监管制度

社区社会组织参与社区事务,必须加强对各个环节监管的力度,具体来说包括以下三个方面。

1.社区社会组织应当树立自我监督的意识。通过完善自身的监督体系,制定行业标准,让社区社会组织更好发展,在社区中充分发挥社会工作服务中心的作用,促进社区社会组织的可持续健康发展。

2.加强行政部门的监督。对社区社会组织的监督,督促其全面落实有关评估、监督的工作制度。对其进行合理的规范,从而能够行之有效地提升其服务能力,提高其公信力。同时,要加大对违法违规社会团体的惩治力度,搭建政府部门和社区社会组织相互合作的平台,构建政府与社会组织合作的新型管理体制。

3.加强对社区社会组织的第三方监督。政府部门需要建立第三方监督平台,支持和鼓励这些部门评估社区社会组织的表现,包括日常运作、财政开支、社会媒体监督等。另外,要建立群众监督的平台。根据问卷调查,半数以上的社区居民认为监督建议有助于社区社会组织建设。由此可见,社区居民对社区社会组织的建设并不持否定态度,而是希望通过自己的建议来帮助社区社会组织的发展。因此,要通过群众的监督,特别是资金的发起人,及时掌握社区社会组织的运行动态,包括项目开发、资金支出等。同时,还应依靠社会媒体的力量,发挥舆论监督作用,利用报纸、展板等手段推动建设社区先进社会组织,树立良好的公众形象,推动西部地区社区社会组织的持续发展。

(三) 构建互动与合理的资源整合机制

资源保障是社区社会组织有效参与社区事务的基础,故而建立合理的、能够让双方进行有效互动的资源整合机制十分必要。通过运用现代化的人力资源开发和管理理论,指导相关社区社会组织的员工,逐步提高员工素质,提升其服务水平,建立与社区社会组织相匹配的人力资源运营体系,加强组织内部员工的系统培训,促进人力资源职能得到有效体现。

此外,还需要有效地整合财政资源。无论是在社区社会组织的发展过程中,还是在其参与社区事务的过程当中,资金支持都是维持组织运行的根基。一旦资金短缺,势必影响社区社会组织机构的运作效率,导致服务水平下降,因此,我们必须确保社区社会组织拥有强大的财政资源。要解决资金问题,必须有效扩大资金来源,包括政府支持、社会赞助和组织自我募集。政府通过购买社区服务,为社区社会组织提供一定的资金,并根据其公益性特点,颁布各种优惠政策。除了政府的财政支持,还可以有效地利用社会力量,获得更多的社会赞助,在赞助过程中,发挥示范倡导作用。在拥有足够的财政支持的基础上,社区社会组织可以开展多种多样的公益活动,与政府实现"双赢"。除此之外,加强自身能力的建设,促进市场高效运作,是社区社会组织必须独立完成的工作,应当坚持在非营利性服务的基础上,获取资金,在后续服务无法跟进的艰难情况下,持续提供资金。社区社会组织应把社会赞助的资金当作主要来源,政府扶持的财政拨款当作辅助来源,让资金的来源更加多样化。

（四）加大政府的培育和扶持力度

政府要在西部地区社区社会组织的建设和发展过程中,对其提供政策上的支持以及政策性资金的帮助。在社会领域,政府充分利用网络媒体等信息传播途径,为其发展营造良好的氛围,加强宣传推广,积极在报刊等媒体上发布社区社会组织的先进服务事迹,通过新媒体宣传等手段,改变人们的刻板印象,从而有效地提高社区社会组织的声誉和公信力。政府对社区社会组织相关的政策法规,应进行全面、广泛宣传,加大关注力度,促进其快速发展。

同时,加强对社区社会组织工作的指导。通过政府合理引导,社区社会组织能够充分发挥应有作用,积极参与社区事务的处理,解决社区事务中出现的问题和存在的矛盾。根据政府部门指引,公益事业组织等社会组织可以积极参与其中,拓宽参与平台和渠道,合理配置社会资源,为社区发展提供资源和其他保障。全面建设和支持涉及教育、培训、咨询、医疗、环保等领域的社区组织,承担相应的公共服务责任。

通过对调查问卷的整理和分析,我们可以看到,虽然不同地区的风俗习惯有所不同,但在社区社会组织的发展问题上,存在着一定的相似性和共同性。通过对西部地区社区社会组织调查数据的直观分析,不难看出,绝大多数西部地区社区居民希望通过参与社区社会组织的活动来推动社区社会组织的发展,从而体现自身的价值,支持建设社区社会组织,这表明大部分社区居民对社区社会组织在社区中发挥的良好作用,持一种肯定的积极态度。对于社区社会组织本身来说,根据调查数据,社区居民自治组织在管理规范、资源调动、资金储备等方面存在突出问题,需要通过界定社区社会组织的职能、完善监管体系、建立资源整合机制、加大政府支持力度、形成社区居民自治组织体系等方式,强化社区社会组织发展的环境,为公民自治提供发展空间,实现自我管理、优质教育、高效服务、社会监督,从而形成社区社会组织的多元治理模式。

第四节　西部地区社区社会组织的发展特征、存在问题、法律治理的基本原理及应用体系

一、西部地区社区社会组织的发展特征

截至 2019 年底,我国西部地区主要省份共有社会组织 51595 个,其中内蒙古自治区有 13248 个,宁夏回族自治区有 6013 个,广西壮族自治区有 22196 个,新疆维吾尔自治区有 9566 个,西藏自治区有 572 个。民办非企业性质的社区社会组织共 22475 个,其中内蒙古自治区有 5608 个,宁夏回族自治区有 4122 个,广西壮族自治区有 9190 个,新疆维吾尔自治区有 3532 个,西藏自治区有 23 个。社会团体共 30833 个,其中内蒙古自治区有 7538 个,宁夏回族自

治区有 3817 个,广西壮族自治区有 12949 个,新疆维吾尔自治区有 5993 个,西藏自治区 536 个。基金会共有 287 个,其中内蒙古自治区有 102 个,宁夏回族自治区有 74 个,广西壮族自治区有 57 个,新疆维吾尔自治区有 41 个,西藏自治区有 13 个。与此同时,截至 2018 年 11 月 4 日,西部地方政府也对本区域内长期非法存在的社会组织进行了大规模清查、整改工作,取得了良好成绩,共清理非法社会组织 205 个。其中内蒙古自治区数量最多,被清理的非法社会组织达 90 个,新疆维吾尔自治区取缔 50 个非法社会组织,宁夏回族自治区取缔 47 个非法社会组织,广西壮族自治区取缔 18 个非法社会组织,西藏自治区则没有该类组织。

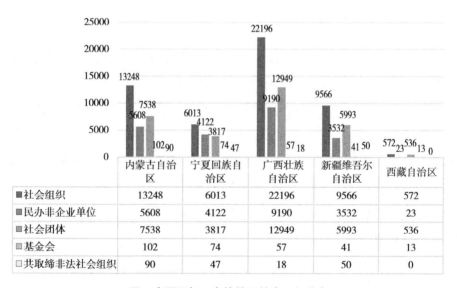

	内蒙古自治区	宁夏回族自治区	广西壮族自治区	新疆维吾尔自治区	西藏自治区
■社会组织	13248	6013	22196	9566	572
■民办非企业单位	5608	4122	9190	3532	23
■社会团体	7538	3817	12949	5993	536
□基金会	102	74	57	41	13
□共取缔非法社会组织	90	47	18	50	0

图　我国西部五省的社区社会组织分布

改革开放以后,尤其是近些年,西部地区社会组织发展速度逐渐加快,影响力越来越不容忽视。其发展呈现如下四种特征。

(一) 社会组织发展快速,但社区社会组织数量相对较少

西部地区社会组织的增加速度逐渐加快,数量逐步增多,呈现良好、稳健的态势,但与发达国家相比,总体数量仍相对较少。发达国家平均每万人拥有的社会组织的数量一般都会超过 50 个,毕竟发达国家社会组织的发展时间较中国更早,其发展状况比中国更成熟。不仅是与发达国家之间存在差距,与我国东部发达地区相比,西部地区社会组织数量也相对较少。我国东部沿海地区,因经济发展速度较快,其社会组织业态和社会治理水平,较西部地区来说更为进步。具体表现为总体数量更多、万人平均数更多。据 2011 年统计的数据显示,在青海省内,平均每万人拥有社会组织数量约为 4.5 个,同期浙江省内,登记的社会组织却已达 37900 多个,平均每万人拥有的社会组织的数量约是 10 个。

（二）境外社会组织活动比较活跃

西部民族地区因其得天独厚的地理位置、多姿多彩的民族文化、广袤的土地以及丰富的自然环境资源等独特条件,素来受到外国社会组织的青睐。一些境外社会组织经常在我国西部民族地区开展社会活动,其开展的社会活动和公共项目在一定程度上为当地经济社会发展做出了贡献。但少数境外社会组织动机并不是十分单纯,经常利用开展一些"捐资助学""扶贫济困"的相关活动,披着类似"人道主义"外衣,打着"和平与人权"的大旗掩人耳目,暗地里却爱搞些"小动作",例如外部势力渗透、危害国家总体安全,与我国一贯奉行的民族团结政策背道而驰,影响西部地区社会秩序的稳定。

（三）社区社会组织的发展有待平衡

西部地区社会组织发展的具体领域,大多集中在基础设施、素质教育、卫生安全服务等方面。而文体、商业服务、生态环境等领域的社区社会组织,发展相对较少。2011 年,青海省各级民政部门登记注册的社会组织有 2566 个。其中,社会组织在不同领域的发展分配不均衡,只有 574 个社会组织从事文体领域、商业服务、生态环境等,其他大多数社会组织从事的则是基础设施建设。

（四）提高社区服务能力的需求紧迫

近年来,西部地区社会组织在扶贫救灾、发展完善相关基础教育设施、加强生态保护等方面,不遗余力地出谋划策,开展了积极有效的实践活动,为西部地区经济社会发展做出了积极贡献。例如,青海省三江源生态环境保护协会,在保护农村自然资源的基础上,积极建立生态保护社区,将农村的公共社区服务与当地的生态文化保护有机结合起来,加大宣传力度,使社区公众能够做到自觉、自发地保护周围环境,促进生态环境的改善。青海省还成立了格桑花教育救济协会,为青海等西部地区的贫困青年提供各种资金援助。但就西部地区社会组织的发展情况看,仍存在专业化程度低、服务能力不强、规模不大等不足之处,这些问题是西部地区社会组织存在的普遍问题。这些社会组织在整合社会资源、管理社会服务方面,尚处在摸索阶段,效率低、成效差,未见取得太多成就。对于如何更好承担社会责任这个问题,这类社会组织难当重任,其自身的发展状况不是十分良好,自身能力有限,并不能够承担过多政府转移的公共服务职能。

二、西部地区社区社会组织发展存在的问题

（一）法规、制度及注册流程需进一步完善

西部地区大多数社区社会组织的主要管理依据仍沿用过去政策。近年来,尽管一些西部省份,对本地区内社区社会组织的管理、注册作出了相对细致规定,降低了建立社区社会组织的门槛。但相关社会组织完成登记注册后,仍然要找到其合适的业务权限管理部门,这也是一个难度不低的"现实门槛"。一方面,一些企业自己不想"惹麻烦",即使相关社区社会组织愿意帮助其开展工作,二者之间仍处于上下级的领导和指挥关系,不利于社区社会组织发挥自身能动性和独立性。另一方面,一些社区社会组织本身涉及更广泛的服务,辐射到社区社会生活的各个方面,但是,这些社区社会组织缺乏法律认

同,开展活动时缺乏法律保护。

(二) 社会组织治理监管制度应进一步衔接完善

社区社会组织登记时,其形式被登记为法人,区别于非法人组织与自然人。但根据现实情况,政府依法治理社区社会组织仍十分困难。因为在现今法律体系中,没有形成综合、有效的治理结构去治理社会组织。法律对社区社会组织的治理规定存在不足,一方面,社区社会组织理事会的发展不成熟、不平衡。小型社区社会组织不设立理事会,一些大型社区社会组织虽设有理事会,但其成员大多是发起人或投资者,缺乏其他社会人员的参与、决策等,没有形成有效的监督机制。另一方面,大部分社会组织的运行是在政府行政人员领导下实施,其自身决策机制和监督机制运转不畅,并没有完全发挥作用,仅仅只是作为政府管理机构的"下属",缺乏独立自主能力。一些社区社会组织内部的规章制度不健全,仍然存在诸多需要解决的问题,按照一般情况,需要登记在册的社区社会组织,必须具有合乎法律规范的章程。尽管有些社区社会组织具备成文章程和各种规章制度,但因其缺少专职人员和具有专业知识的骨干成员,缺乏财政资源的支持,所以难以卓有成效地达到最终目标。少数只需要登记的社区社会组织,由于管理不善,缺乏自我约束、自我管理能力,其内部管理不够完善,缺乏考核制度。这些社区社会组织在进行社会活动时,只是敷衍了事,或在登记后并没有开展社会活动。

就西部地区社区社会组织的外部管理而言,虽然"双重管理体制"对社区社会组织的发展,具有一定程度的规范、促进作用。但在社会实践中,双重管理制度并没有很好的发挥效能。许多行政管理部门在工作中出现以下问题,例如,社区社会组织之间协调工作的难度大、缺乏有效的信息沟通方式、社区社会组织之间互相推诿工作"踢皮球"、经常有意见不能一致而争吵的场面等。这些不可忽视的现实问题,使工作流程不能完整、流畅的进行,降低管理效率,不能形成工作合力,阻碍社区社会组织的进一步发展。对进行登记管理的政府机关来说,其任务繁重。因为登记管理机关身兼数"务",社区社会组织在登记前后的事务,都需要登记机关进行管理。登记管理机关负责审查登记条件、公布政策法规、依法对登记后的社区社会组织进行管理、对社区社会组织进行执法监督,对其违法违规等行为进行查处。目前,西部地区社区社会组织发展很快,有许多新的社会组织注册诞生,但其注册人员往往不多。在西部地区社区社会组织登记注册后,相关管理体制仍存在不足,执法监督工作无法深入进行,导致西部地区社区社会组织的外部管理存在一定缺陷。

（三）资金扶持额度与场地数量应加大投入

西部地区社区社会组织的主要资金来源是政府拨款,社会资金注入和个人投入的占比并不多。大多数以社区为基础的社会组织,因其资金来源十分有限,从而陷入临近关闭的困境。由此可见,西部地区社区社会组织因为建设基础设施、进行社会活动的经费不足,在运行过程中,会受到极大限制,影响西部地区社区社会组织的良性发展。例如,在基层街道办事处,虽然政府每年在社区社会组织方面的开支在逐步提高,尤其随着人口老龄化的加快,对于老年社区服务的需求不断增加。但目前政府拨款远未能满足实际需要,此外,政府没有形成长期有效的资金投入机制,对于具体的扶持金额缺乏具体详细的规定,经常出现"因领导而异"的情况,给西部地区社区社会组织的工作带来许多不确定性,不利于其长远发展。

（四）社区社会组织之间的平衡性有待调整

从西部地区社区社会组织的发展现状看,从事社区教育培训和文化体育活动的社区社会组织比社区慈善组织多。究其根源,前面两类组织,不仅经济投入相对较少,还能有所收益,并且能满足居民在文化学习、健身娱乐方面的需求。而社区慈善组织在物质成本及时间投入方面,存在前期投入大、回报率低、风险不可控等现实问题,需要政府部门对其进行垫付。

在调研中我们发现,西部地区社区社会组织的"非营利性概念"与相关规则,并没有被公众真正接受。一些民营非企业社会组织的利益,完全超过了提供公益服务的社会组织的利益。政府对其营利活动缺乏有效的制约。如何区分社会服务活动,究竟是营利性还是非营利性? 一些社会组织在这个问题上存在分歧。一个社会组织健康生存和良性发展的前提就是稳定的经济来源,毕竟"经济基础决定上层建筑"。故此,营利问题对于社会组织的重要性不必言说,该问题与社区社会组织的健康、良性发展休戚相关。怎样做到运用最经济的方式,规范民办非企业社会组织的营利行为,达到效益最大化,同时,抑制民办非企业社会组织不理性的营利冲动,引导民办非企业社会组织,按照公益性要求健康发展。这需要行政主管部门进一步对其进行有效管理与监督,目前在这方面,政府还没有形成科学、规范的政策体系与管理机制,如果没有政策支持,民营非企业社会组织将面临重大生存压力,其营利动机将凌驾于公共利益之上。

(五) 社区社会组织专业人才引进及社会工作方法仍需加强

近年来,西部地区社区社会组织不断自我完善、健康发展,已经初具科学发展模型,基本上形成体系化发展。但仍有部分西部地区社区社会组织的成员大部分是退休人员,活动时受到的限制较多,上至领导下至成员,大多都会受到社会、家庭、儿女的限制和约束。因为受到这些不稳定因素的影响,西部地区社区社会组织的活动也充满了不稳定的元素,缺乏长期性。这对于社区社会组织来说,是一个巨大的发展隐患。因此,西部地区社区社会组织总是徘徊在一个随时解散的边缘,不需要外界的巨大冲击,其内部的不稳定因素就会冲垮它。此外,西部地区社区社会组织的管理方式大多沿用"单位制"体制下的旧模式,西部地区社区社会组织的成员年龄普遍偏大,学习和适应新管理模式并不容易,过分要求他们掌握新型模式有些强人所难。因为无法有效运用新的管理模式,西部地区社区社会组织在面对市场化、社会化的实践管理时,其缺陷就开始显现。例如,如何与社区居民进行有效沟通、如何筹备资金、如何进行资源整合、如何对组织内部进行科学管理等。

在社区人力资源有限的条件下,社区社会组织管理与发展的人力资源差距越来越明显,特别是对青少年、老年人、残疾人及下岗失业人员等一些特殊群体组成的社会团体。当前,西部地区社区社会组织现有的社会活动基本保持在文化娱乐活动、有奖鼓励等比较初级的阶段,西部地区社区社会组织因其成员构成的特殊性,其中缺少术业有专攻的专业型人才,这意味着其专业能力十分有限。在实践中,因专业知识的限制,需要专业知识的活动就会无从下手,其组织成员无法与职业的专业要求相匹配,工作起来无所适从,感受不到社会服务所带来的成就感、满足感,难以体现职业价值目标。

在外部监督管理机制不完善、不健全的情况下,西部地区社区社会组织的人员素质参差不齐,服务质量没有保障。许多社会组织领导者既是社区业主,又是退休人员。一些离退休人员因身体原因,不能积极投身于社区社会组织的建设,也导致社区社会组织的活动无法正常进行。因此,建立以人为本、自助性的社区社会组织,保持其可持续发展的需求越来越迫切。西部地区政府在统筹社区社会组织的管理工作时,要对现有社会资源进行整合,将其交给社区社会组织,最重要的是把具有专业知识的社区工作人才引入到社区社会组织中,推动西部地区社区社会组织的良性发展。

三、西部地区社区社会组织法律治理的基本原理

改革开放以来,我国社会组织的发展经历了一个从无到有,逐步发展的生长期,并且涉足经济、政治、文化、社会、生态等诸多领域。习近平总书记明确指出全面依法治国是国家治理的一场深刻革命,是实现国家治理体系和治理能力现代化的必然要求。随着社会组织逐渐成为国家治理的重要主体,通过法律手段维护社会秩序、保障公共利益和实现社会发展目标,必须在社会治理领域全面贯彻落实习近平法治思想,推进西部地区社区社会组织的法律治理进程,有效推进多层次多领域依法治理,提升社会治理法治化水平,以保障国家治理体系的系统性、稳定性、协调性、规范性。

系统性即是在解决社会治理中存在的法律问题应具备系统思维,全方位

考虑前因后果,重点关注社会治理与依法治国、法治社会及法治中国所处的发展环境与历史任务,以系统论的科学方法一体推进法治国家、法治政府、法治社会建设进程。

稳定性是指法律治理在一定时期内不做较大变更的属性,在一定的社会关系内容和性质发生变化之前,不能对相应的法律随意废止或修改。而推进社会治理法治化进程必须有一个坚强有力的领导核心,我国社会治理的稳定性在于始终坚持马克思主义指导地位,始终坚持中国共产党的领导,将党的领导贯穿于社会治理与法治社会全过程,是法治中国最基本、最稳定、最可靠的关键所在。要通过不断总结经验、探索规律,形成一种真正能够在党的领导下的内涵丰富、功能完备、科学规范、运行高效的动态系统。

协调性是指使法律治理的内容和形式的各要素之间合谐一致、相互配合的活动态势。在推进社会治理能力与治理体系现代化的过程中,各种利益关系错综复杂,没有法治的制度保障,容易出现矛盾激化、社会动荡。而法治通过规范各种社会组织利益关系,维护社会和谐,实现各种利益的协调。只有在法治的框架下,社会治理体系才能实现内外协调,各领域、各部门之间协调发展,确保法治社会的长治久安。

规范性是指法律所具有的指导人们行为的性质、规定人们行为方式的模式。法治治理对社会治理起到重要作用。法治是社会秩序的稳定器,能够规范人们的行为,保障公平正义,维护社会和谐。习近平总书记指出,人类社会发展的事实证明,依法治理是最可靠、最稳定的治理。社会组织的治理离不开依法治理,法治治理不仅取决于我们国家治理的性质和方向,还取决于法治本身的价值内质和外化功效。

综上所述,西部地区社区社会组织的法律治理必须遵循国家治理体系和治理能力现代化的时代导向,形成具有系统性、稳定性、协调性、规范性的西部地区社区社会组织的法律治理体系。系统性是全局,稳定性是基础,协调性是依存,规范性是本质,四者相互作用,缺一不可,共同形成西部地区社区社会组织法律治理的理论基础,把社会组织法治治理优势转化为国家治理效能,应对重大挑战、抵御重大风险、克服重大阻力、解决重大矛盾,助力"中国之治"。

四、西部地区社区社会组织法律治理的应用体系

(一) 政府主管部门充实和完善相关法规

当前,西部地区政府对社区社会组织的管理,仍较多采用1998年国务院颁布的《社会团体登记管理条例》《民办非企业单位登记管理暂行条例》。这两个条例,曾经为我国社区社会组织的建设贡献过力量,但其中很多规定,早已不适用于现在经济和社会发展的状况。例如,对社区社会组织的创建要求过高,这些高门槛、高标准的要求,影响了社区社会组织的建立积极性。这种过高要求,一方面是审查过于严苛,运用"双重许可主义",就是指:成立一个社区社会组织,要经过管理业务部门和管理登记机关的两级实质监督检查,方可批准通过,其成立的难度可想而知。社区社会组织的成立过程中,审查时间过长,审查程序过于严格,审查文件繁冗复杂,其难度不言而喻。尤其"业务主管单位批准"这一规定,甚至有些苛刻和不切实际。因为许多社区组织,根本无法找到相应的主管部门,致使许多社区社会组织,因为缺乏这些形式要件,被登记部门拒之门外而不能成立。另一方面是过高要求活动资金和参会人员数量,例如全国范围内的社会团体,必须拥有10万元以上的资金,而地方性质的社会团体,必须拥有3万元以上的资金。同时,其必须有50个以上的个人会员,或者是30个以上的单位会员。从1998年的经济条件看,这些条件本就十分严苛。虽然随着时代发展,难度在逐步降低,但依旧很高,对成立社会组织的限制还是十分严格。对于西部地区社区社会组织来说,这些要求与现实情况不符,限制其继续发展。

因此,我们应与时俱进,修改和完善相关行政法规、制定与之相适应的法律规范,通过完善立法质量,促进西部地区社区社会组织的发展,加强对社区社会组织的管理。通过行政立法的方式,让基层社会组织能够自上而下地形成一个科学的管理体系。随着时代发展而进步,有效推动西部地区社区社会

组织的建设,促进社区社会组织的发展,让西部地区社区社会组织尽快地向法治化、规范化方向发展。

(二) 加大扶持投入力度,开辟多种资源收集的渠道

西部地区对社区社会组织建设,保持高度关注。随着时代发展,社区社会组织像雨后春笋一样,遍地生根,越来越成为社区建设的重要中坚力量。目前,我国政府主要是社区社会组织的领导者、管理者。因此,政府应对社区社会组织提供主要的资金支持。然而,西部地区政府对现有的社区社会组织资源投入比较单薄。在有关公共服务的财政体系中,没有对社区社会组织的资源投入情况进行明确规定。社区社会组织在活动场所、设备资源、资金获取等方面的缺乏也比较突出。因此,社区社会组织发展的投资,应纳入社区建设的整体投资体系,根据居民参与率、活动开展情况、对社会影响力大小等因素进行相应的配置。政府有必要逐步实施项目管理,引导社区社会组织的规范发展,引入竞争机制,促进社区社会组织之间形成一个良好向上的发展趋势,同时引入评价机制,对取得优异成效的社区社会组织提出奖励,起到良好的带头模范作用,引导社区社会组织的健康发展。

与此同时,政府还应制定优惠政策,促进社区社会组织的良性发展。例如,进行相关的财税制度改革,对能够扶助政府、承担部分社会保障责任,并带有社会福利功能的社区社会组织,尽可能提供更多财政方面的支持。这对于社区社会组织来说,是一种示范的引导,能够在筹集社会资源方面,引领社区社会组织更好发挥在市场经济条件下,政府所不能具备的能力,满足社会需求。政府还可以采取"减免必要水电费开支、减税、房屋租赁补贴"等形式,给予社区社会组织发展便利,凸显政府补贴的激励作用,促进社区社会工作的顺利进行。

广西壮族自治区南宁市新锦社区,2013 年被广西壮族自治区民政厅确定为示范点,在引入服务类社会组织的社区之中遥遥领先,成为南宁市的领头羊。政府通过购买服务的形式,开辟多种资源渠道,由满足要求的服务类社会

组织提供相关的具体公共服务。南宁市新锦社区将社区资源进行有效分配，推进社区社会组织之间开展交流合作。例如，南宁市新锦社区老年人日间照顾中心分别与多个社会组织建立合作关系，积极开展有关照料社区老人生活、进行精神关爱等方面的专业服务。广西同心源社工机构，通过链接本市区的图书馆，为社区儿童提供各种读物，不仅为儿童提供他们喜欢的书本，还为购买书本节省了大量资金。作为政府与群众之间的信息沟通的有效渠道，这类社区组织利用其特殊的身份，有效链接社会资源，提升服务质量。

（三）加强西部地区社区社会组织自身能力建设

从发展的角度看，社区社会组织的成长，不应该过度依靠政府所拨资金。这无疑是对政府财政的一大负担。同时，也不应过于依赖于政策。政策这种因时而变的规章，其强制力、约束力并不是很强。所以，西部地区社区社会组织的发展而应该主要依靠自身服务大众的能力以及互惠互利的社会机制。如何培养社区社会组织的能力，培养怎样的社区社会组织的能力，是关系到社区社会组织能否健康成长的重要问题。具体来说，一是要加强和完善社区社会组织的内部管理制度，规范社区成员的行为，培养成员遵守组织的习惯规则。二是通过尽可能多的参与公益活动，提高社会各界社会组织的意识和声誉。三是加大宣传的力度，以此来吸引社会福利的资金支持，让高质量人才积极参与社区社会组织中，努力改善社区社会组织的人才素质，全面提高社会组织的能力和素质。

不同的社区组织对人才有不同的需求。目前，西部地区社区社会组织对于人才引进培养机制很不完善。任何社会组织都应该由专业人员和志愿者组成。在具体工作中，一般是接受过专业训练的专业人才去培训志愿者，对其进行指导，提供广大人民群众优质的服务。这样来说，是否拥有足够的专业人才，是影响社区社会组织能否稳定发展的突出问题。所以解决该问题的策略是，加强政策宣传的导向作用，以开展社会活动增加吸引力，以典型模式为驱动力，招募专业化人才加入社区社会组织。对于专业人员，在办理户籍、居住证和社会保障政策方面给予优先考虑,加大组织员工培训力度,定期进行考核,通过考核结果,对那些表现突出、成绩良好的成员,给予物质奖励和精神鼓舞,以增强其自信心,起到鼓舞士气的作用。同时增强社会组织内部自我竞争的氛围,保持活力和生机。有关政府部门,应大力支持社区社会组织的能力建设,如培训社区组织的领导和管理人员,提高他们的组织和管理能力。例如,美国波特兰市每年都培训社区社会组织如何申请资金,如何使用资金。

（四）完善西部地区社区社会组织的治理体系,提高西部地区社会治理能力

一些西部地区社区社会组织缺乏内部自律和外部监督。其内部治理结构存在问题,管理秩序比较混乱,内部制度并不是十分健全,缺乏甚至没有规章制度。更为重要的是,即使制定规章制度,部分社会组织大多不遵守规章制度,任意妄为。同时,其外部监督相当薄弱,一些基于社区的社会组织,将其业务收益用于私人利益分配。少数社区社会组织搞表面文章,提供虚假报告结果,使上级行政主管部门与社会公众不能准确了解社会组织的真实状况。西部地区社区社会组织的政府监管部门的登记审批比较严格,其日常监管形式则比较宽松。这与发达国家的批准和监管力度完全相反,因而西部地区社区社会组织的社会公信力一直不是很高,其调动社会资源的效率不高,且存在筹资困难的等很多问题。

因此,西部地区完善社会组织管理相关制度的任务迫在眉睫。关于财政方面,西部地区政府必须进行政务公开,财政支出的明细也是社会公众比较关心的问题。所以,应当向社区居民开放了解拨款数额明细,以防止资金被私人使用。在社会组织承担公共服务项目的审批中,政府要将其是否拥有健全的治理结构,作为审批的重要指标之一。对社区社会组织而言,主要的监督来自内部的自律机制,因此,必须建立健全委员会制度,社区社会组织的委员会成员应是社会人士,确保公正和中立,真正发挥委员会的作用,必要时可以建立监事会制度。

在外部监督方面,西部地区政府应当引入"向下问责"机制,让社区居民的现实利益,能够体现在社区社会组织服务的过程中,体现在社区社会组织的服务绩效评估中。在对社会组织的公共服务进行评估时,政府要积极、广泛听取来自社区居民和服务对象的意见,为他们提供合适的利益了解渠道。居民意见能够作为重要的参考指标,来考察社区社会组织承担服务的质量。除此之外,政府还应当依法审计社区社会组织转移的资金,加强年度检查力度,提高日常监督频率,利用第三方的独立评价,对公益性社会组织的绩效进行评估。通过这些措施,提高社区组织的认可度和公信力。

(五) 大力发展公益类的社区社会组织

各类社区社会组织在我国蓬勃发展。但是,鉴于我国的历史传统和现实情况,我们应该大力发展社区公益慈善组织,同时在全体公民和社区居民中,大力弘扬志愿者精神。志愿精神的本质,是人们的无私奉献精神,是人们的合作参与意识,是人们公共素质的体现,是人们同理心和利他意识的具体化,也是受个人喜好影响的自觉行为。志愿精神诞生于现代社会,秉持着"奉献和参与"的现代公益的理念,其通常和公益行动结合起来,成为社会精神中不可或缺的组成部分。在美国,志愿者组织是很重要的社会力量之一。他们涉及的方面十分广泛且领域众多,如社会福利、文化交流等,对国家、社会以至于每个人,都产生了深刻且重要的影响。有识之士普遍认为,志愿者人数和志愿服务水平,在一定程度上,能够反映一个国家或地区的社会文明程度。同时,它也是衡量社会活力性的一个重要标志。一些发达国家的大学,对学生每学年参加志愿者活动,都有时间要求,同时这也是学生评价的标准之一。在发达国家,社区社会组织大多是公益慈善类的志愿者组织,而偏向市场,进行市场化运作的组织基本上很难见到。

2017 年 12 月 30 日是西藏益行社会公益服务中心正式成立的日子。它是西藏第一个在社区公益方面的服务中心,是以西藏民政厅为登记管理机构,自愿从事非营利性社会服务活动的社会组织,其服务宗旨是:遵守法律法规,遵循社会道德风尚,以自己最大的能力,为社会提供各种公益、社会服务,是目前西藏唯一以社区服务为主要服务内容的社会福利组织。其专注于社区公益,主要包含三大方面:社区文化、养老、家政服务。且服务中心将建立全面的社区企业服务信息平台,并且开展一些有关社区公共服务的主题活动。与此同时,其尽力去承接政府采购以及公共服务方面的委托。西藏益行社会公益服务中心,计划在拉萨各社区设立图书角,建设老少皆宜的图书馆,普及金融知识,帮助人们了解保险知识,防范电信诈骗、网络诈骗等,增加正确的投资和财务管理渠道。

加快西部地区社区社会组织的建设和发展,一方面,要尽力满足社会弱势群体的多重需求,另一方面,要培育广大青年的志愿服务精神。这是构建和谐社区的重要方面。西部地区政府要积极弘扬志愿者无私奉献、关心社会的精神,发展志愿者组织,不断开展各种类型的志愿活动,激励更多公民投身于关爱他人、关爱社会的事业,促进我国西部地区社会的稳定、和谐与进步。

第二章　西部地区社区社会
组织政策导向

　　政策选择本身就是一种价值选择。政策的价值深深地嵌入在政策的实行中,每个政策都强调了政策的价值和方向。制定政策并非易事,需要通盘考虑,仔细验证和反复思考,并在实行过程中,根据客观形势,进行及时调整。因此,要系统地研究西部地区社区社会组织的政策,必须从西部地区社区社会组织的特点和现状出发,结合社会组织的属性和功能来制定和实施政策。本章讨论了社会组织的政策选择、政策培育和政策支持,并提出了政策合理选择的可行性建议。

第一节　政策导向基本问题

一、政策导向内涵

（一）政策含义

1.政策的概念

　　政策是指政府机关、政党组织和其他社会政治团体为了实现所代表的阶级和阶层的利益和意愿,以权威的规范形式,规定在某个时期、一定范围内应实现的奋斗目标。

2.政策的种类

从横向看,社会组织的培育和发展政策,并不是一个单一领域的政策,而是多个社会科学领域共同形成的综合政策体系,例如社会组织的税收政策以及注册监督政策,就涉及经济学、政治学、社会学等多个基础学科。从纵向看,政策一般指国家政策和地方政策。总体来说,不同价值层面与施政纲领,影响政策的具体表现。政策一般作用于以下几个方面,具体表现在对内与对外两大部分。对内政策表现为经济财政政策、文化教育政策、社会管理政策、生态环境政策、民族政策等。对外政策即国家的外交政策、外交目标和外交宗旨。

3.社会组织政策支持体系

对于社会组织的建立、发展,政策支持的力度存在高下之分,其中最重要的是发展政策空间。指政府对社会组织的认可度,与政府决定对其进行资金帮扶、人才培养和技术发展的支持度,呈正相关的关系,对其越认同,支持的各种力度就越大。因此,支持社会组织发展的各种政策体系之间,并非杂乱无章,而是具有相互关联、相互作用的严密逻辑体系,具有系统性和联系性。各个部分之间,并不是独立而互不影响的,每个部分之间的变化相互影响,不能够单独地改变其中之一。

(二) 政策导向的特点

政策导向即政策倾向于哪方面,是政策的价值体现。政策导向主要具有以下特点:

1.政策的价值基于政策与人之间的关系

政策的价值依赖于政策与人的需求之间的关系。政策对人们的意义在于满足人们的需求以及人们对需求的超前把握。政策的价值主体是人。人包括个人、社会群体和社会组织。社会组织政策的价值主体是社会个人、群体和社会组织在基于对社会共同需要的基础上的高度认同和共同追求。

2.政策导向以政策的属性为基础

任何对象都具有相应的属性,这是事物的固有定律。属性,即必然性,它决定了事物的发展趋势。可以说,客观存在的事物由于客体与客体之间的实际关系而获得客体的属性,也就是说,由于这种关系,它具有作为客体的必然性。任何价值导向,都是客体自身所具有的属性在一定条件下的外化,政策的导向是政策所具有的属性的表现。如果该政策没有能够实现秩序、自由、平等、正义和促进人的全面自由发展的指导属性基础,那么该政策将没有相应的价值。因此,政策的属性决定了政策的价值和目标。

3.政策导向内容具有层次性和潜在性

人们普遍认为,政策的指导价值包括利益、秩序、民主、权利和法治,以及平等、自由、安全、正义、人的自由发展。这些内容互不相同,但是有一定高低之分,例如利益和正义。两者相比,无疑是正义的价值要比利益的价值高尚,人们应该追求正义的价值而非绝对的利益。

政策的价值取向不是简单明了的社会存在,它具有非常显著的发展潜力。存在这种潜力的原因有两个:第一,政策现象本身包含的,以价值为导向的概念是潜在的。该政策的价值深深地嵌入政策的各个方面。任何政策都不会在每个条款中明确记录其价值意图。决策者经常需要仔细地审查和反复思考,并且有些需要多年的证明。第二,作为社会的普遍概念之一,以价值取向为导向的政策理念也具有发展潜力。这表明,尽管公共政策价值并没有统一的普及宣传,但它们仍然是客观存在的,并具有共同理念和文明价值。

二、政策导向的功能

以政策为导向的功能体现在自觉地指导人们的行动,给人们行动的方向,使人们的具体行动从自发变为有意识,从分散到统一。任何公共政策,都不仅仅只是解决社会生活中的实际问题和维持现有秩序,而且具有引导人们实现公平正义,建立人类文明共同体的作用和功能。

三、政策导向的基本属性

研究公共政策价值取向的最终目标,是在制定和实施公共政策的实践中坚持明确的价值取向。价值取向在政策制定过程中的目标制定、计划选择和价值判断中起着重要作用。公共政策应坚持以下三方面价值取向：

（一）实事求是的政策导向

公共决策需要实用主义,这是辩证唯物主义的基本原则。当我们从事所有活动并且对任何问题进行思考和决策时,我们都以事实为决策的基本出发点和最终目的地,并坚持从事实中获取决策依据。

（二）为人民服务的政策导向

一切公共政策都必须符合人民群众的最大利益。政策制定者一定要切实关心群众的生活,忠实反映群众的愿望。[①]如果政府和执政党听不到人民的声音,那就表明了人民群众对政治的冷漠和疏远,进而可能表现出对政策的不认同。

（三）实际效益的政策导向

决策者应注意对政策利弊的先进性进行分析,并选择"增利避害"。考虑得失,利与弊的根据。所谓"得""利"是指最优化,所谓"失""弊"是指代价,在世界上任何事物,都是既有利,又有弊。强调政策的价值取向在于在做任何事情的利弊之间取得适当的平衡。最后,只要收益大于损失,有利大于不利,即是正确的选择。实际收益是决策者判断利弊的基础。在政策制定的逻辑过程中,最根本的标准是看对人民的实际利益和实际影响。

四、政策导向的作用

（一）政策导向是政策制定活动的重要前提和基础

政策价值导向和评估是一种认知活动,人们可以评估和讨论每个环节在

---

① 参见肖艳:《关于我国社区服务理论发展的分析与思考》,《求实》2000 年第 11 期。

公共政策及其活动的整个过程中的作用。在制定政策时,坚持政策导向,对政策价值的评估,有利于政策主体建立具有良好价值状态的政策体系,有利于通过对政策主体的评估,优化政策体系的内部结构。如果政策体系中的政策制定部门之间关系是对立、矛盾或冲突的,它们将不可避免地抵消政策部门的职能,并最终影响政策体系整体职能的形成。对政策价值的评估,有利于废除"零值"和"负值"政策单元,使政策体系可以根据政策环境的变化和要求,调整每个政策单元在政策体系中的位置。优化组合,并添加新的策略单元。更新原有的政策体系,以合理的结构适应社会环境。

（二）政策导向与价值评估是政策实施活动的关键条件

在政策实施过程中,政府应随时进行政策引导和价值评估。在执行政策时,对政策价值的评估,直接影响政策执行机构和工作人员的积极性,进而影响政策实施的价值状态。[1]一方面,政策执行者应测试和评估政策方案的合理性和有效性。政策执行者必须首先评估政策价值目标计划的正确性,向政策制定者提供改进建议,并及时纠正任何违反政策价值目标计划的情况。只有这样,才能确定策略的正确性。另一方面,策略执行者必须评估策略对象的价值及其执行行为的正确性和有效性。只有这样,才能正确、迅速地实施政策。

（三）政策导向是制定社会公众生活政策的重要内容

政策最直观的价值表现,就是满足人们的现实需求。这些需求包括个人的希望和理想,这是人类思想和行为的目标。在引导人类共同价值观的同时,他们还评估了人类关注的外部对象和自身之间的关系。共同价值和公众生活是人类生存和完善的双重需求。政策制定过程不仅是政府的事,也是公众的事。因此,公众对政策价值的评价是最有说服力的。政策制定应基于公众的

---

① 参见李友梅、梁波:《中国社会组织政策:历史变迁、制度逻辑及创新方向》,《社会政策研究》2017年第1期。

期望、需求和支持。政策价值评估过程实际上是人们使用现有价值和评估标准将政策结果与评估目标进行比较的过程。政策引导和评估始终是人类政策实践和科学研究中的动态因素。

第二节　西部地区社区社会组织政策选择现状

我国的社会组织目前主要分布在商业服务、科学研究、教育卫生、社会服务、农业和农村发展领域。这是政府逐步退出公共服务领域的结果。但是,由于我国社会组织及其社会职能的不完善,许多公民的各种公共福利需求,尚未得到充分满足。因此,社会组织在参与社区治理的过程中,将面临一定的困难。突出的表现为以下主要内容:

一、政府组织对社区社会组织的规划缺乏协同性

（一）制定的政策缺少全局层面的统筹规划,需要进一步提升社区社会组织协同发展水平

西部地区社区社会组织的培育和发展涉及很多领域。在某些方面与企业相似。它既是市场的主体,涉及民政、金融、税收、行政管理和社会安全保障,也与某些特定的相关部门有密切联系。例如,民政部门在制定政策时,会关注自己负责的注册和管控问题,社会和社会事务部门关注社工培训的问题,财政部门考虑资金分配的问题,但政府各部门在制定这些政策时,未能形成完整、统一的整体规划。特别是人事、财务等部门在一定情况下,缺乏对所关注的政策进行深入研究,也未能在征求意见过程中征求有关部门的意见。"单独作战"导致各部门政策之间的协同合作能力受到限制。

（二）对不同主体利益诉求政策的调查研究不够全面深入

随着国家发展的日新月异,社会分化也越来越快,西部地区社会成员分为

不同层次。每个阶层代表不同的兴趣主体。由于价值观、文化和信仰的差异，社会治理过程中，涉及的各种利益的主体也会有所不同，由此导致出现不同的社会行为、不同的利益诉求。深入研究利益相关者在社会发展和社会建设中的行为差异，可以更好地创新其参与社会管控的多种形式。从根本上说，公益社会组织和非企业私营单位的工作人员在服务社会过程中也应当获得相应的社会地位和社会福利。

二、社会发展环境的短板对社区社会组织的影响

（一）政府与西部地区社区社会组织之间行政管理关系依然存在

在从计划经济向市场经济的过渡中，企业已成为独立的市场参与者，并且与政府没有隶属关系。但是，由于西部地区的经济发展较弱，一部分社会组织仍隶属于政府。长期以来，建立社区社会组织需要寻找一个主管部门。换句话说，西部地区的社区社会组织还没有摆脱对政府部门的行政依赖。

（二）西部地区社区社会组织政策参与度有限

社区社会组织在社会治理之中的地位不可低估，但其所发挥的功能不仅是高品质服务的提供者，还应参与和论证政府政策的制定和执行。西部地区社区社会组织对政策参与的形式，大多数是通过非正式和非正式机构的方法进行的，例如商业研讨会和学术交流论坛。他们通过各种学术平台和研究机构，将讨论和交流的结果反映并呈现给决策部门，提出建设性合理化建议。

（三）西部地区扶持社区社会组织的资金投入渠道仍需拓宽

当前，西部地区社区社会组织发展的资金主要来自政府、基金会和企业的支持。其中，西部政府专项资金占全部资金的一半以上。专项资金是西部地区社区社会组织健康发展的重要因素。一方面，政府已向专注于公共服务的社区社会组织分配了部分资金。另一方面，西部农村社会组织的资金支持较

少,导致西部农村社区社会组织的资金链条运行不畅,阻碍了西部社区社会组织的发展和壮大。

三、西部社区社会组织长效保障制度有待完善

(一) 西部地区社区社会组织参与政策制定缺少法律支撑

缺乏法律依据,是西部地区社区社会组织的政策地位不高和政策参与不强的根本原因。这涉及两个问题。一是政策的内容和结构。没有相应的法律,它只能是法规形式的政策主体。它的约束力和效力低于法律,这也使社会组织的社会治理地位尚未得到有效澄清,对社会组织的发展产生了负面影响。二是在有关西部地区社区社会组织政策参与的法律和相关政策中,没有明确规定西部地区社区社会组织,作为社会治理的重要力量,参与制定各种形式的政策。西部地区社区社会组织的政策参与处于可放弃状态,更多地取决于相关政府部门负责人的态度,社会组织政策参与意见的采纳率也很低。①

(二) 政策体系尚不完备,主要领域存在政策空白

当前,西部地区社区社会组织的培养和发展政策还存在很多空白,主要集中在人员、资金、社区社会组织的自我完善及其对社区社会组织地位的理解等方面。对地方政府来说,对社工人才的优惠政策远远不能跟上社会组织的发展。社会工作人才仍未真正包括在"人才"系列中,社会工作者的"低薪",加剧了社会组织雇员的流失,极大制约了西部地区社区社会组织的发展。②当前,政府向社区社会组织购买的公共服务包括:家政服务、老年人的心理安慰、

①　参见赵洋:《我国民间社会组织参与政策制定及影响因素分析》,湖南大学硕士学位论文,2012 年。
②　参见钟亦舒:《社工在社区社会组织培育中的角色分析》,华中科技大学硕士学位论文,2016 年。

健康检查、小组工作以及一些文化和体育活动。在实际工作中,专业人才的比例较低,因此每项活动只能表现为开发活动,不能从专业角度进行深入服务。在老年人的心理安慰项目中,社会工作者知晓服务项目的核心,不仅限于给老人过生日、说话和聊天。一些普通居民就可以完成这项工作,但由于缺乏专业护理技能,在活动中,除了举办一些正式的主题活动外,还不能真正深入到老年人家庭、生活、心理等各个方面,开展基本公共医疗服务。

第三节　西部地区社区社会组织的政策选择

一、强化服务意识,依法履行社会组织登记管理职能

根据有关政策,以及"公开政府事务和优质服务"的要求,社会组织的日常登记和管理要做到高质量发展。针对西部地区,制定适合西部地区具体情况的社区社会组织核准进入政策,督促社区社会组织优化资源配置。以"积极培育,重点支持,加快发展,逐步规范"的工作理念为基础,建立镇(街道)社会组织服务中心。以满足人民的需求为目标,建立和完善西部地区社区社会组织的机制体系。

二、继续做好西部地区年度社会组织年检工作

根据民政部门的部署,结合西部地区实际情况,继续做好社会组织年度检查。监督和整改年检中存在问题的社会组织。通过年检制度,加强对西部地区社区社会组织的监督管理,促进社会组织健康发展。

三、推进社区社会组织备案管理职能下放

按照 2020 年 1 月民政部《社会组织登记档案管理办法》,进一步推进社区社会组织档案管理职能的下放工作,西部地区城镇(街道)社会组织服务中

心,要加强对本辖区基层社会组织的备案和活动的指导,加强备案工作。大力培育社区公益社会组织,为社区社会组织高质量发展服务。

四、进一步做好西部地区社区社会组织登记档案归档工作

为了做好西部地区社区社会组织的培养和支持工作,西部地区应当加强社会组织登记档案的规范化管理,加强专业档案人员和互联网专业人员使用社会组织服务平台管理,对在西部地区社区注册的社会组织的注册文件进行归档和保存,进一步提高社会组织日常注册管理工作的真实性、准确性和有效性,确保社区居民可以使用互联网及其他方式,准确掌握社区社会组织的详细信息,方便参加社区社会组织的各种活动。

第四节　西部地区社区社会组织的政策培育与扶持

一、理顺管理体制,加强规范管理

（一）形成西部地区基层社会组织三级管理模式

西部地区的城镇、街道建立社会组织服务中心,乡村社区建立社会组织服务站,经镇人民政府、街道办事处和乡村社区授权委托,分别承担本辖区内,培育和管理基层社会组织的有关职能,做好基层社会组织建设的相关管理和服务工作,保障基层社会组织与行政管理部门间形成协调、高效的运营管理系统。

2015 年,云南省昆明市政府对社会组织建设工作的部署进行了多次专题研究,先后发布了《昆明市城乡社区社会组织记录管理实施办法》《昆明市实施社会工作计划》《昆明市促进社会组织建设创新与示范》等文件,对社区社

会组织登记备案的全过程作了详细规定,确保社区社会组织安全、有序开展其所承担的社会活动和公共服务。此外,云南省昆明市很多社会组织"孵化园"承担了致力于培育、发展社区组织骨干的工作,街道社会组织服务中心致力于培育和发展解决居民冲突的新方法的工作,积极培育和发展五类社区社会组织。一是邻里互助类社区社会组织,例如感情驿站、为民解忧微信服务平台、邻里互助协会等。二是社区家庭服务类社区社会组织,例如春风送暖社区帮扶队、绿化服务队、乐万家家电维修队等。三是精神慰藉类社区社会组织,例如"老吾老"互帮社。四是老专家服务类社区社会组织,例如法律咨询服务机构、夕阳红快乐营、早教社团等。五是社区文体类社区社会组织,例如"梦之韵"舞蹈队、老年空竹队、西部高原影像协会等。积极引导和促进小型社区服务和公益慈善组织的规范运作和健康发展。

（二）加强西部地区社区社会组织登记和备案管理

对于已经存在,但尚未达到法定注册要求的基层社会组织,可以向村庄(社区)提出申请。初次审查后,这些社区社会组织应向村庄(社区)所属的镇(街道)报告,以进行资格审查,镇(街道)应提交审查文件意见。申请建立基层社会组织的会员达到一定数量时,引导他们制定活动章程。

近年来,内蒙古自治区包头市昆都仑区大力发展社区社会组织,建立直接注册和备案注册的"二级注册"机制。一种是在地区一级直接注册,第二个是街道直接登记。昆都仑区政府按照相关文件的要求,降低社区社会组织的注册门槛,放宽社区社会组织的办公空间、会员人数、资金规模的限制,逐步扩大其影响范围。到目前为止,昆都仑区实行全区社区社会组织登记制度,该地区已经直接注册登记了 75 个社会组织。

（三）强化西部地区社区社会组织日常监管

加强对于社区社会组织的预审工作,严格控制境外社区社会组织入境,严格限制以党政机关工作人员为主体的行业协会、研究协会,禁止建立违反国家法律、法规的社区社会组织,依法取缔不利于国家安全和社会稳定的其他社会组织。例如,打着"养生锻炼""修仙拜佛"旗号,暗地里分裂国家、危害社会公共安全的非法社会组织。

（四）提升西部地区社区社会组织的服务能力

西部地区社会组织监督管理部门依法对社区社会组织进行管控,助其建立和完善内部规章制度、人事管理制度、组织活动细则以及其他自我管理机制,提高基层社会组织的信誉。建立良好的社会服务品质、良好的自我调节管理、良好的活动运营、良好的公益形象、较高的居民参与积极性,推动提升西部地区社区社会组织的组织能力、服务能力。西部地区各级政府,应向具有统一社会信用代码的新注册社会组织,颁发新的注册证书,逐步转换现有的社会组织代码和证书。使西部地区社区社会组织,获得全国统一的18位"身份证号码"。

二、实行分类指导,推进重点领域的西部地区社区社会组织发展

（一）重点发展公益服务类社区社会组织

培养和发展能够满足社区居民生活需求,享有良好声誉并提供优质服务的公益性社会组织。结合西部地区的当地特色和居民的生活习惯,为社区居民提供方便、有益的社会服务,特别是为居民提供志愿性公益服务,加强社区居民的日常互动,丰富居民的娱乐活动、精神生活。

（二）扶持发展社会事务类社会组织

培育和发展可以承担政府社会事务的社会组织,针对不同基层群体的不同需求,提供个性化服务。通过社区内各种基层社会服务组织,为城镇居民提供公共服务。

（三）推进发展文化体育类社会组织

培育和发展能够满足基层人民精神文化需求的基层社会组织,大力开展文化体育、知识科普、法制宣传等相关活动,大力推进社会主义精神文明建设,丰富社区居民的精神文化生活,倡导科学、文明、健康的生活方式,推动社会文明不断向前发展。

（四）引导发展基层维权类社会组织

积极引导基层群众加强自我教育和自我管理意识,培育和发展为青少年、老年人、残疾人和其他弱势群体提供合法权益保护的基层社会组织,拓宽其合法权益保护渠道,建立多元化维权机制,创造和谐稳定的社区环境。

三、加大扶持力度,创新西部地区社区社会组织管理机制

（一）强化政策和资金扶持

西部地区可以通过多种渠道多项政策,建立社区社会组织的资金和激励机制。通过政府补贴、公益慈善补贴和其他社会基金赞助,筹集社区社会组织的发展资金,促进社区社会组织可持续发展。地方财政每年安排一定资金,以项目扶持、购买服务等形式,对重点培育和扶持的社区社会组织予以财政支持,镇、街道也可以安排一定的资金,支持当地社区社会组织发展。

（二）加强人力和物力支持

加强社区社会组织骨干的培养,推荐政治素质过硬、业务水平高、热心社区建设和公益事业、在社区中有影响力的居民作为社区社会组织的领导者,增强其吸引力,促进社区社会组织的发展、进步,提高社区社会组织的凝聚力。同时,西部地区社区社会组织应逐步建立和完善人才激励机制,加大对社区社会组织工作人员,特别是业务管理负责人和法务的培训,不断提高社区社会组

织依法开展组织活动的意识,提高其服务水平和质量。

(三) 创新社区社会组织的运作机制

建立健全西部地区政府向社会组织购买公共服务的机制。西部地区政府根据创新水平、服务项目的实施状况和社会效果,对社区社会组织进行综合评价,并根据评价水平,给予相应的奖励和支持。[①] 新疆库尔勒市团结社区于2002 年3 月成立,其位置在城市中心区,地理位置优越,它属于库尔勒市的传统少数民族聚居区,少数民族人口占社区总人口的六成以上,有400 多名外来居民,共计1500 人,均为南疆籍人员,该地区人口流动性较大。团结社区结合当地特色,进行结构创新,增强团结社区的示范带头作用。按照"一居一特"的要求,团结社区根据自身实际情况,适应当地特殊条件,开始创建有关维护社会稳定、民族团结、文化和体育宣传以及关爱"空巢老人"的社会活动。其社区对西部地区社区社会组织的创新发展提供了如下经验。一是加强组织领导,科学划分管理领域。社区根据居民区、商业区和行政区,将辖区划分为几个"单位"管理区,并促进辖区内区域的统一管理。二是分站式管理。为了充分发挥社区维护稳定、服务人民、管理社区的作用,居委会和社区工作站明确分工,扩大服务范围,淘汰落后的基层管理服务。根据"各方履行职责,网格覆盖和信息共享"的原则,社区工作站承担了包括社区社会组织的所有日常化的事务和所有业务的初次审核和登记办理,其中有党建活动、维稳洽谈、民生工作等。居委会成立网络系统化管理,其工作人员全部归入网格化管理中心,社区工作站人员并不包含在内,其业务性工作不再由网格工作人员承担。同时,团结社区实行"一张卡、两个环节、三次帮扶、四个控件、五个服务、六个记录"的"123456"工作方法,保证居委会工作人员四分之三的时间进入社区家庭,准确掌握居民所思、所想、所求,真正做实"五百"服务,把真实可靠的数

---

① 参见苗红培:《政府向社会组织购买公共服务的公共性保障研究》,山东大学博士学位论文,2016 年。

据交付给社区工作站的工作人员。在创建维稳特色的社区工作中,团结社区坚持做到维稳宣传教育常态化、落实维稳措施统筹化、安全生产法治化、重点人口帮扶有效化、信访调解长效化,起到示范带动作用,有效地保证了社区的和谐稳定,社区社会组织的健康发展。

四、加强政府领导,强化工作保障

(一)加强政府领导,推动社区社会组织科学发展

西部地区政府积极支持社区社会组织的发展,西部地区社会组织管理领导小组,定期召开社区社会组织培育与管理联席会议,协调地区内社区社会组织的发展与管理,研究制定相关的政策和制度,并帮助解决社区社会组织在培训与管理中遇到的新情况、新问题。各镇(街道)要建立社区社会组织发展长效机制,结合本地区经济社会发展目标,研究制定社区社会组织发展计划,建立相应的指导和协调机构,明确其关键支持目标和具体支持措施。[①]加大考核力度,将社区社会组织的培育和发展纳入城镇(街道)目标管理和年度工作考核的重要内容,确保社区社会组织的培育和发展得到落实。

新疆乌鲁木齐市社区社会组织的发展与内地一些省、市的发展有所不同。其鲜明的特征是社区社会组织的发展由政府支持和主导。新疆的经济和社会发展水平,相对于内地而言有一定的差异性,人民的物质和精神文化生活水平相对较低,受主观和客观条件的限制,使居民自愿建立的各种类型的社区社会组织的发展受到约束。即使居民可以自发成立社区社会组织,也大多限于一些具有共同兴趣的文化、体育团队,或少数志愿者团队。面对新疆维吾尔自治区严峻的治安任务,为了维护社会稳定的局面,必须依靠政府的强大力量,动员和组织各族人民。因此,自治区党委和政府在各社区设立社区稳定维护巡逻队伍,并建立领导干部必须实际参加的社区稳定维护活动。同时,面对就业

---

① 参见王涛:《三社联动背景下社区社会组织培育研究》,新疆大学硕士学位论文,2018 年。

困难问题,政府通过发展公益性职位或临时工岗位,解决了大批下岗失业人员的工作问题,在每个社区中,张贴并统一安排清洁工和稳定巡逻人员,解决了大部分家庭就业和再就业问题,赢得人民群众的支持,化解了积压的社会矛盾,减轻了社会压力。总体而言,目前新疆的社会形势使政府成为培养和促进社区社会组织发展的重要力量。政府在加强领导、促进社区社会组织有序发展方面,起着重要的主导和强化作用。

(二) 明确政府职责,形成社会治理合力

西部地区有关部门,乡镇、村(社区)应当按照各自的职责,明确发展目标和要求,共同促进社区社会组织的建设。民政部门要加强对社区社会组织建设的组织指导,财政部门要加大对社区社会组织的培养和管理的经费保障,镇人民政府、街道办事处作为社区社会组织的档案管理组织,负责规划和指导城镇(街道)和乡村(社区)的基层社会组织的发展,变更备案管理制度,取缔管辖范围内的非法社区社会组织,每两年对社区社会组织的备案证书进行审查。村(社区)作为社区社会组织的日常监督管理部门,专门负责社区社会组织的指导、服务、管理、监督和审前登记。

第三章　西部地区社区社会
组织准入条件

近年来,西部地区城市化水平逐年提高,社区成为居民居住的主要单位。由于我国尚未为西部地区的社区社会组织制定成立条件标准,因此,社区社会组织在建立过程中社区社会组织的合法性存在问题。因此,有必要分析西部地区社区社会组织的现状及存在问题,研究西部地区社区社会组织的核准进入条件,设计合理标准和规范程序,以免浪费大量社会资源。确保可以从源头上对社区社会组织进行管理、监督,拒绝不符合条件的社区社会组织的登记,增加社区社会组织的社会公信力、影响力,充分发挥其积极作用,防止"山寨"社会组织,确保社会和谐稳定。

第一节　西部地区社区社会组织准入条件

一、社区的概念

20 世纪 30 年代后,"社区"这一概念逐步从发达国家传播到发展中国家。中国关于社区的研究,也是建立在西方社区理论和实证方法之上。根据社会变革的大趋势,1887 年德国社会学家滕尼斯在其著作《社区与社会》一书中,将人类共同生活的形式分为两种:社区和社会。他认为,社区主要存在于传统乡村社会中,是指在一定地理区域内,存在着相同价值观的人民集合体。在相应地理区域内,人们自然会根据自己的想法进行组合,社区由此产生。社会不同于社区。在社会上,人与人之间关系的基础是建立在一定的理性意志之上,主要表现为个人主义和"冷漠情感"。在这之后,许多西方社会学家承接了滕尼斯的部分观点,结合区域性,进一步提出社区的区域特征。此后,更多的西方社会学家的研究重点不再关注社会关系的亲密程度,而是关注社会关系的地理边界。

20 世纪 30 年代,"社区"一词被引入中国。当时是燕京大学学生的中国著名社会学家和社区研究专家费孝通,用英语将"community"翻译成"社区",并在 1953 年出版的《中国社会学》中谈到了"社区"的起源,即人际关系可以分为两个层次。第一层次是人与基层的共存关系,就像所有生物一样,每个人在社会中都有生存空间。而更上一层的位置是通过相互利用来维持生存,这就是我们常说的第二层关系,即道德关系,与第一层不同,它是一种连接荣誉与耻辱的道德关系,由此形成了社区,并逐步演变为社会。20 世纪 80 年代,费孝通先生在《社会学概论》中指出,"社区是由聚集在同一地区的不同群体(家庭、国家)或社会组织(组织、群体)组成的生活群体"[1]。

二、西部地区社区社会组织核准进入的概念

核准进入是指一个国家对商品、劳工服务和资本的核准进入。每个国家都有权根据自身的经济社会的发展状况和居民的现实需求,根据本国或本地区利益,通过立法决定可以进入哪些商品。因此,国家可以根据其政治和社会管理需要,为社区社会组织建立一定的核准进入制度。

西部地区社区社会组织核准进入制度,是指西部地区政府主管部门根据有关程序,确认和审查西部地区社区社会组织作为社会活动主体的资格、条件和身份,允许合格的社区社会组织进入相关领域并从事相关社会活动的各种系统规范的总称。该制度的目的在于加强对社区社会组织的业务指导和监督

---

① 费孝通:《社会学概论》,华东师范大学出版社 2008 年版,第 113 页。

管理,确保社区社会组织在核准的业务范围内开展活动,以形成权责明确、运转协调、监督有效的治理结构,构建人人参与、人人尽力、人人享有的社会治理格局。

第二节　我国社会组织准入条件的发展历程

自先秦以来,"会"和"社"的形态已经出现在中国古代社会。东汉末年"黄巾起义"即起源于民间结社。到宋元时期,我国民间组织的形式和规模已发展到一定水平。但是,我国传统社会的"会"和"社"尚未发展成一个独立的社会部门,主要是因为我国一直处在"普天之下,莫非王土"这种大社区的格局中。为了限制地方豪强的权力,历朝历代政府采取许多政策和方法来分散地方权力,以加强中央集权。1840年,鸦片战争之后,外国势力逐步入侵中国,独立的社会组织才在中国社会产生,并在争取自我保护的斗争中得到一定程度的发展,获得了成长和繁荣的空间。清朝灭亡后,中国社会在统治观念和方法上走上了不同于传统中国的道路。但是,作为一种历史遗产,中国传统社区是一个大型的,以辖区管控为基础的国家统一社会,对我国现代社会组织制度产生了重大影响。这主要体现在两个方面:一是国家控制社会,成为管理制度建设的首要选择和自然选择。二是长期的社会压力,迫使公民社会不发达,没有健全的社会基层结构。限制国家基层权力的制度化机制,使国家在社会融合过程中,易于形成集权国家和选择集权政权。鸦片战争后,新的社会危机出现,传统中国社会开始瓦解。面对外部入侵和内部动乱,上层权力不仅未能完成维护国家统一和领土完整的使命,而且还爆发了全面危机。面对侵略者背后富裕的国家及强大的武力,立足于保卫国土和人民的实际需要,当时中国社会的主要问题是建立统一的民族国家,重新融入世界,为民族生存而奋斗,承担国家重建和社会重建的历史使命,面对中国社会制度的艰难转变,从根本上影响了人们对国家制度的选择。公民社会的缺乏和社会中自我组织机制的不足,驱使中国社会走上"统一国家"的道路。针对国家权力建设和社会秩序重建的双重使命,国民党政权建立后,对当时的中国各地军阀分裂主义和地方分裂势力采取了民族主义的态度,只有政府机关批准才能建立社会组织。

1949年10月,新中国成立后,国家进入了统一的计划社会。人民政权通过对社会组织的改造,使得独立的社会组织协会不再存在。在这种"国家与社会高度融合"的整体格局下,国家几乎占用了所有社会资源,接管了社会的所有事务,从根本上切断了社会组织生存和发展的所有空间。在高度集权的背景下,这种类型的社会管理模式也酿成了一定程度的危机,因为高度的社会集权,不是基于社会子系统功能的完美契合,而是以高度集中的行政管理为基础。就长期发展而言,高度综合的管理模式,不利于基层社会的形成和发展,妨碍了基层社会中职能明确、责任明确的群团组织的形成。

20世纪60年代,由于我国在政治制度和经济制度上存在的诸多缺陷,整个社会处于功能失调的状态。历史证明,高度集权的制度体系,难以维护社会的和谐与稳定。在这种情况下,我国平民社会应运而生,并逐渐成熟和发展,其试图改善中央集权制度的不足,通过促进民众参与,修正民主和民意的不足,重塑政权的合理性与社会组织的可行性。20世纪后期,面对政府转变职能和功能下放,社会组织随着经济社会的不断发展、变化,也出现了蓬勃发展的局面。既弥补了政府管理的不足,也在公民生活的多层次、多样化需求方面,发挥着越来越重要的作用。总之,我国现代社会组织的发展,随着经济社会的形势变化而不断变化、发展。

第三节 社区社会组织许可登记制度

一、许可登记制的概念

登记是我国建立社会组织的必要程序,也是我国社会组织具备法律地位的必要条件。严格来说,社会组织的登记注册包括登记注册、变更注册和注销注册。本节主要讨论了建立社会组织的注册制度。因此,有关社会组织的登记注册,是指社会组织通过特定法律程序,获得权利能力并具有独立的法人资格和民事主体资格的建立过程。

从世界范围来看,社会组织的建立分为三种类型:许可制度、部分许可制度和自由放任制度。自由放任制度是一种在德国和荷兰等欧洲国家流行的治理方法。自由放任制度强调国家对社会组织的建立和活动没有特别限制。自由放任制度不符合我国的特定国情,现阶段不适合采用自由放任制度建立社会组织。因此,本节着重于前两个注册类型的分析,而不涉及自由放任制度。

社会组织登记制度是规范社会组织成立过程的程序要求和实体要求的相关法律制度。就我国而言,社会组织使用双重许可注册制度,主要依据《社会组织注册和管理条例》、《非企业私营单位注册和管理暂行条例》、《基金会管理条例》和其他相关法律法规。社会组织在注册时,应先向登记管理部门提出注册申请,在获得登记管理许可后,须按照社会组织自身章程规定的主营业务,依托业务主管部门,再一次进行注册登记,两证齐备,社会组织方获得合法地位,取得法人资格。

二、社区社会组织登记的要件

(一) 社区社会组织登记的形式要件

我国对社会组织的接纳与承认,实行严格的许可登记制度,体现了"分级管理、双重许可、限制竞争"的基本特征。

"分级管理"是指国家社会组织在民政部注册,地方社会组织在相应的地方民政部门注册,行政区域内的社会组织由行政区域内的共同上级人民政府管理,注册管理机构负责注册管理。社会组织的分级注册管理并不能反映层次的差异,处于同一层级的社会组织,其权利义务均处于同等地位,其社会活动的开展同样受到法律的约束与保护。

"双重许可"是指无论申请哪种社会组织,都必须先获得业务主管部门的批准,然后再向注册管理机构申请注册,在符合一定的实体条件的情况下进行注册,例如,社会组织要有建立目的、业务范围、拟成立的社会组织负责人具备相应的资格和能力以及保证社会组织相关材料的真实性。业务主管部门的预备审查程序是建立社会组织注册的必要先决条件。经业务主管部门审查批准后,拟成立的社会组织的发起人可以向登记管理机关提出设立申请,并提供书面文件,例如准备申请书。业务主管人员负责审核、批准相关文件及组织章程。登记管理机构应当自收到上述所有有效文件之日起 60 日内作出是否批准设立的决定。

"限制竞争"是指在同一区域内,已有业务范围相同或相似的社会组织,没有必要设立的,对于其设立申请不予批准。也就是说,在同一地区只能有一个相同类型的社会组织,这就是我们通常所说的"一个行业,一个地方,一种协会"的模式。

(二) 社区社会组织登记的实质要件

民政部的"三个条例"不仅规定了建立社会组织的严格的法律程序,也规定了注册管理机构对发起人建立社会组织进行实质审查的主要内容。

一、必须有 50 人以上的个人成员或 30 个以上的单位成员,个人和单位必须由不少于 50 名成员组成。其中,个人成员不包括外国公民或无国籍人。二、社会组织的名称应准确反映其特征,并与其主要活动、成员分布和活动范围相一致。三、其购买的财产、租赁的或借来的财产可以用作社会团体的固定场所。四、社会组织必须有专职人员从事其业务活动。五、全国性社会组织的活动经费须超过 10 万元,地方社会组织和跨行政性社会组织的活动经费须超过 3 万元。六、社会组织应当符合设立法人的要求,并能够独立地承担民事责任。

设立民办非企业社会组织,没有成员人数的限制,但名称应符合国务院民政部门的规定,不得冠以"中国"、"中华"等字样。基金会对会员人数没有要求,但必须为特定的公益目的而成立。国家公募基金的原始资金不少于800万元。

三、我国西部地区社区社会组织登记制运行的社会效果

我国采用的双重许可注册制度,几乎是世界上最严格的社会组织制度。理论上讲,这个系统应该能够有效地解决社会组织发展的混乱局面,但实践中并非如此。例如由村民自发成立的临时互助组织,被赋予解决当地村民的公众事务的众多需求,以缓解政府机构和专门固定机构解决社会矛盾的机构和人员的不足。对于类似短期临时组织的存在,原因主要是在国家对一切事物进行控制的概念下,现行政策对社会组织规定了过多的注册要求,合法与非法之间存在严格的界限,导致临时组织或社会团体有存在的需求和必要。

根据社会团体登记制度的正式要求,建立和登记社会团体的必要前提是要找到一个符合法律规定的相关行业、学科或业务范围内的业务主管部门或私人非企业单位归口管理。不仅如此,受分级管理原则的限制,社会组织可以选择的业务管理单位的范围已大大减少。对于国家级社会组织,它们必须向国家各部委申请。基于行政成本和风险考虑,大多数单位对社会组织持观望和犹豫的态度。一份有关儿童救助组织的调查报告曾经指出,无法找到业务主管部门是限制民间组织成功注册,解决相关社会事务的关键问题。

我国现行的法律、法规从会员人数、专职人员人数和活动经费等方面,提出了建立社会组织的要求。但限制最低活动经费和会员人数,则增加了公民的社团成本,在一定程度上影响了基层社会组织的建立和发展。对于各地民政部门来说,现行的双重许可登记制度,在实施上也存在一定的困难。根据法律规定,行政主管部门和登记管理机构的责任范围涉及建立社会组织开展日常活动、取缔非法社会组织的所有方面。但是,由于人员编制和财政预算有限,要求两级机构充分履行上述职责是不现实的。最重要的是,现行法律并未对业务主管部门的主体作出强制性规定。同时,由于逃避相关社会责任,会为某些社会组织带来利益,其也可以被用作获取利益的资本。实际上,确实有许

多业务部门获得诸如福利费和管理费之类的隐性收入,放松了对社会组织的管制。我国社会组织管理的初衷是严格的双重许可,但在具体实施中,产生了双重许可与自由放任并行的结果,导致社会组织管理的混乱。这表明当前的双重许可证注册制需要进行改革和创新。

第四节　西部地区社区社会组织准入条件面临的问题

一、我国西部地区社区社会组织成立中存在的问题

(一)非法社区社会组织存在

从西部地区现实情况,西部地区社会团体可以分为四种:社会团体登记管理条例中不要求登记的社会团体、在民政部登记管理机构合法注册的社会团体、在工商登记管理局注册为企业的社会团体、尚未注册的社会团体。在现行制度的框架内,前三个被称为"合法社会组织",最后一个被称为"非法社会组织",其依据是 2000 年民政部发布的《取缔非法民间组织暂行办法》。2002年,就数量而言,"合法社会组织"只占很小的比例,而"非法社会组织"大致占到 80%。在调查中发现,大多数西部地区的社区社会组织没有按照法律程序建立,没有专门机构的授权,也没有经过有关部门的登记程序。①其成立的目的是丰富业余活动,召集具有相同兴趣的社区居民一起交流,并代表自己的社区参加相关的社会活动。这些社区社会组织在维护社会健康发展和促进老年人身心健康方面发挥了巨大作用。严格来说,他们在资金、人员、活动场所等方面,完全不能满足建立社区社会组织的条件。根据法律,这些社区社会组织

---

① 参见梁肖月:《城市社区社会组织发展困境研究》,首都经济贸易大学硕士学位论文,2014 年。

也属于非法社会组织。80%当中,只有一小部分是真正非法的,大多数是为社会服务的社会组织和服务组织的成员。它们之所以"非法",仅是由于其临时自助性质、自助组织不需要注册、其自身条件无法满足当前的社会组织全部要求、无法找到业务主管而无法注册等问题,致使不能成为正式、合法的社会组织。

(二) 弱势群体组织获得合法性认同有一定难度

人生来具有社会属性,对权利的主张无疑是一种自觉的意识。但是,为了将这种意识转化为组织行为,除了需要组织渠道和手段之外,它还需要强调组织能力。目前,我国市场机制的建立,已经实现了资源的有效配置,但不能纠正不同利益集团之间利益失衡的现象。这种内部分化,要求通过有效渠道,表达不同利益集团的合理诉求,以实现社会多样性利益的新整合。随着社会的不断发展,不难发现强大的利益集团,已经开始有意识地使用有组织的手段来组成联合利益组织,它们的声音和影响力已经对政府的行为决策产生了相当大的影响。

尽管弱势群体强烈希望表达利益主张并行使其权利,但由于缺乏有效的组织能力和方法,弱势群体无法通过个人行为有效地表达其利益主张和权利实践。西部地区的经济发展速度和人们对法律制度的了解要比其他地区滞后。这些地区存在更多的弱势群体,如"留守儿童"、"空巢老人"、残疾人等。当他们的权利受到损害时,往往不知道如何用法律保护自己的利益,甚至在行使权利时无意中违反了法律和法规。一个健康的社会组织的生态环境应该能够为所有社会阶层提供多样化的社会服务。从这个角度看,要检视我国西部地区社会组织的社会环境,目前,西部地区社会组织的发展环境仍有很大的改善空间。从服务目标的角度出发,大多数服务目标是为中间群体或优势群体提供服务,向弱势群体提供社会服务的社会组织所占的比例很小。从社会组织结构的角度来看,西部地区的社会组织主要分为产业组织、专业组织和学术组织,基于兴趣而产生的社会组织的发展非常缓慢。如果社会组织对资本和法人的注册要求过高,弱势群体不再具有足够的能力来建立联系,可能会加剧社会不平等的程度。结社自由是每个公民的基本权利,平等地保护不同团体协会的权利,是我国建立法治社会的重要目标,使他们能够在一个相对公平的平台上竞争和合作,谋求自己的利益和定位,从而实现利益相对平衡和维护社会稳定,推动社会发展。

(三) 合法社会组织处于政府的附属地位

社会组织由社会成员自愿组成,并依法成立。为了满足社会多元化利益的需求,实现互惠互利或公益目的,它们是政府认可的,具有独立性、自治性、开放性的非营利组织。它的主要特征之一是其自治性,这也是社会组织与政府组织之间差异的主要标志。自治性要求社会组织是独立的自治组织。它们既不隶属于政府,也不隶属于企业。每个社会组织都有自己的独立判断能力、决策和行为机制。①在现行制度的框架内,我国对社会组织实行"双重许可"制度。社会组织在获得法律地位之前,必须先获得注册机构和商业机构的审查和批准,并且双方都必须对其进行实质性证实。现行法规没有明确规定,业务主管部门是否必须进行批准。此外,业务主管部门需要对其所监督的社会组织的活动负责,却不能从中获得报酬。因此,在实践中,业务主管部门不愿意承担太大的风险,并且将在审核之前对社会组织进行"筛选"。对那些达到自己价值取向和行政目标的社会组织进行审查并达成共识。对于不利于其行政管理的社会组织,它们通常不愿意成为其业务主管部门。经过这样的"筛选"后,可以获得注册的社会组织通常成为行政机构的附属单位。除此之外,该管理机制仍有许多弊端,例如,非营利组织有时甚至成为主管机构逃避制度改革、抵制职能转变和维护既得利益的工具。

(四) 自身组织能力发展不充分,缺乏专业化人才

由于社区与社区之间发展的巨大差异,许多社区社会组织处于非标准化

---

① 参见梁莹:《基层政治信任与社区自治组织的成长:遥远的草根民主》,中国社会科学出版社 2010 年版,第 98—99 页。

状态,经济条件及人员素质差异很大。许多人认为社区社会组织的作用是有限的,并且没有认识到社区社会组织的重要性和必要性。除了支持社区社会组织发展政策缺乏的因素外,还有一些原因导致社区社会组织自身缺乏发展能力。这主要表现在以下四个方面:管理法规薄弱、组织约束差、社区自律性低和缺乏专业人员。

社区社会组织的内部管理一定程度上取决于组织"精英"人物或关键人员的个人素质和运营控制能力。如果董事长或负责人组织能力强,其开展的社会活动将是正常的,甚至是活跃的。如果董事长或负责人组织能力薄弱,社会活动的开展会受到很大的限制。通常,社区社会组织固定人员的工资水平很低,负责主要业务的专业团队少,也影响社区社会组织提供高水平、优质化、专业化的公共服务。

（五）居民参与意识淡薄,社会组织参政、议政渠道不成熟

随着经济的发展,我国城市化的特征日益突出,农村人口在减少,城市人口在增加。但许多社区居民却越来越疏远,作为社会成员的社区居民并没有真正参与社区建设。社会组织缺乏独立发展的空间。居民的参与意识薄弱,导致居民与政府之间的沟通更加困难。[①]社区居民大多数以老年人为主,对社区服务的需求和渴望更大。但是,许多相对应人才对社区建设的热情不高。特别是社区社会组织参与地方政府、社会团体的参政议政的渠道没有完全打通。

二、西部地区社区社会组织核准进入条件法律法规存在的缺陷

（一）立法层次较低,存在法律缺位

面对公民对结社自由的要求不断提高,我国现行的行政法规似乎更加供

---

① 参见申可君:《城市社区建设中的居民参与研究》,华中师范大学硕士学位论文,2013 年。

应不足,并且在某种程度上,有人怀疑行政法规的权力范围超越了立法机关所制定的法律。尽管民政部修改"三项规定"的计划已提上议事日程,但还是希望尽快制定"社会组织法"或"社团法",以规范和保障公民的结社权和联系权。

造成这种情况的原因很多,与社会组织管理部门注重行政、忽视法律约束有直接的关系。有关社会组织相关立法的层级偏低,不利于保护公民的结社权,难以限制行政权力的任意扩张。当地方政府改革社会组织的登记制度时,它们基本上是依托法律地位较低的规范性文件。这在一定程度上增加了社区社会组织改革的不确定性和随意性,造成社区社会组织管理失序的局面,不利于构建现代化社会组织法治治理体系。

(二) 核准进入制度不完善,登记门槛偏高

只有注册的社会组织才能被视为具有独立法人资格的社会组织,它们可以获得相应的法人资格,这就是大多数社会组织都在努力加强自身建设以获得注册资格的原因。而系统注册必须解决,什么样的社会组织可以满足相关公益活动的标准,并注册成为社会组织。就国家而言,正式注册的社会组织在整个社会组织体系中并不占据绝对主导地位。由于对社区社会组织实施双重管理,机构注册必须经过两次审批,而社会组织活动的开展必须经过两次检查。此外,除了严格的审批条件外,一些社会组织由于未能找到"监督单位",而无法批准注册,从而导致监管真空,增加了社会组织的运营成本,并在一定程度上影响社会组织的积极性,削弱了社会组织的发展潜力。

(三) 成立条件笼统,审批程序较为烦琐

双重许可注册制度不仅规定社会组织必须具有法人资格,并具有最少的成员人数和财务要求,而且社会组织的建立必须经过主管业务部门和注册管理机构的双重审查。阈值太高使得无法获得建立社会组织的许可。尽管某

些协会可能会获得许可,但是由于财产或人数限制,而导致的须承担先期投入的组织成本,也增加了这些组织成立的财政负担。显然,在某些情况下,有关社会组织的法律体系中,下位法的法律内容与上位法的法律内容相抵触。

目前我国采用的社会组织许可注册制度,仍然是对社会组织最为严格的干预监督机制。从权利实现的角度看,我国的"许可证登记制度"意味着公民社团的活动,只能通过国家许可才能合法化。这实际上将结社自由(这一由宪法规定的公民基本权利)"过渡"到通过国家让步才可获得的权利。我国对建立社会组织采取了预先审查的措施,但对建立社会组织的实体要求非常低。

(四) 法律规定模糊,行政自由裁量权过大

设立社会组织的行政法规过于模糊。例如,"社会组织的名称应符合相关规定……该社会组织的名称应准确反映其特征……该社会组织必须有专职人员从事其业务活动。"如何判断社会组织名称是否准确反映了社会组织的特征以及其专职人员是否具有开展业务活动的能力尚难以确定。社会组织登记管理机关是否批准设立、法律法规要求是否明确、社会团体的目的和经营范围是否符合法律要求,以及是否允许建立具有相同或相似经营范围的社会团体等相关问题,经营管理单位和登记管理机关具有更大的自由裁量权,一定程度上不符合信息公开制度,使社会组织的建立过程充满了不确定性,提高了公民行使"结社自由"这一基本权利的现实门槛。我国法律具有明确的原则要求,政府不能使用过多的公共权力来限制结社自由,在审批社会组织成立与否的过程中,行政机关不应拥有过多的自由裁量权。

第五节 西部地区社区社会组织登记制的完善

一、变革社区社会组织理念

(一) 从政府权力的合法性角度考虑

权力的合法性不能建立在传统的领导才能或纯粹的经济利益上,也不能从历史道路上找到权力合法性的根源。唯一的办法是通过实现民主,以此为自身政权提供合法性。全面的社会动员并不意味着民主,民主的实现取决于一套整合民意的科学机制。重塑社会治理模式的过程,就是重建政府权力合法性的过程。

(二) 从政府职能转变的角度思考

随着经济社会的发展和公民需求的多样化,政府在社会管理过程中的能力需要不断增强。在"强国弱民"的背景下,必须加快促进政府职能的转变。其具体内容体现在简化政府职能和社会治理权力下放,政府移交过多控制的公共服务事务,使社会组织重新塑造国家与社会之间、市场与社会之间的关系,在实现公民权益的程序化表达和社会融合的高效率过程中,起着举足轻重的作用。①同时也减少了政府"盲目决策"的不利局面。值得注意的是,现代社会高度分化,政府和社会都没有足够的能力独自完成社会管理任务,因此,社会组织是现代社会实现自我治理的重要方式之一。

---

① 参见张婷婷:《社会组织参与基层社会治理的对策研究——以上海长宁区为例》,华东政法大学硕士学位论文,2015 年。

（三）克服社会组织的"原罪论"

一般来说，一些非法社会组织会对社会产生负面影响，如动机不良的非法社会组织只会对政府监督持回避态度。因此，政府不应对所有社会组织"嗤之以鼻"。从维护社会长期稳定的角度出发，有必要给社会组织一个宽松的发展空间，维护社会组织社会环境的生态平衡。

二、针对社会组织制定专门法律

党的十九大以来，随着全面依法治国的不断推进，我国法治化进程突飞猛进，最引人瞩目的是，2020 年 5 月 28 日，十三届全国人大三次会议表决通过了《中华人民共和国民法典》，自 2021 年 1 月 1 日起施行。这是我国法律法典化的一大亮点，但是在社会组织领域，缺少一部专门的系统性规范性法律，如"社会组织法""社会组织促进法"等。目前，我国社区社会组织的核准进入没有明确立法调整，有关社会组织核准进入条件的法规不明确，而核准进入条件对一个社会组织未来的发展状况和对地区的影响至关重要。我国应对社会组织核准进入条件严格把关，防止非法社会组织成立，提高社会组织的整体质量。因此，有必要出台专门的"社会组织法""社会组织促进法"，对社会组织的成立条件作明确的规定，在实体和程序两方面加以规范，可以规定不同性质和不同功能的社会组织成立的条件不同，防止"一刀切"的管理办法，同时登记机关应该有相应的自由裁量权。目前，我国西部地区社会组织的发展，对维护民族团结和社会稳定发挥了重要作用，但是如果不对社会组织的相关事项加以规范，则会引发一些社会问题。我国对社会组织及西部地区社区社会组织的调整和规范主要依靠其他的部门法律管理，相关的社会组织管理法规主要有两种类型：一种是涉及全体社会组织的相关法律规定，另一种是涉及一些具体领域的特殊社会组织的相关法律规定。例如，2013 年 1 月 1 日实行的《律师法》，其第五章规定了律师协会的成立、章程和法律责任。对西部地区社区社会组织的法律法规，可再做深入分析和研究。

三、深化登记管理体制改革,建立备案登记制度

社区社会组织与一般社会组织之间的最大区别在于,社区社会组织自身具有民间性和自发性,其大多为基层群众组织。因此,民政部门可以进一步改革创新,全面审查社区社会组织的性质、特点和规模,优化登记程序,加强备案管理,促进备案和登记统一管理。具体来讲,一是进一步规范登记程序。在同一城镇区域,发起人可以申请在各个村庄之间建立社区社会组织。二是建立和完善档案管理制度。社区社会组织根据活动范围,向相应的村(居)委会或乡镇申请,由基层登记部门批准并备案,并向市一级民间组织管理局报告。

四、构建复合登记制管理模式

目前,我国统一采用的双重许可注册制度,由于活动特征、目的和范围的差异,没有专门考虑不同类型社会组织的不同管理需求。"一刀切"管理模式将阻碍社会组织的发展。因此,我国应构建复合登记机制,以形成理想的管理模式。具体而言,我国应废除对所有社会组织必须具有法人资格的要求。对不符合法人注册要求的社会组织,可以经行政机关正式审查后,确定备案和登记的方式;对于符合法人注册要求的社会组织,可以选择注册为法人或公司,并经行政机关许可设立。对于具有政治和宗教性质的社会组织,仍然采用双重许可登记制度。

五、降低社区社会组织人才门槛

我国对社会组织的成立采用登记制度,根据有关法律法规规定,就准入条件而言,成立社会组织的个人成员必须超过 50 个,单位成员必须超过 30 个。如果个人和单位一起统计,则不得少于 50 个。个人成员不包括外国公民或无国籍人士,单位成员是指法人或政府机构以外的非法人组织。可以看出,在我国,建立社会组织的条件在成员数量上较为严格。正因为有了人数的限制,很多准社会组织都被拒之门外,这样反而影响社会组织应有的社会功能。因此,

在立法时,可以适当降低对成员人数的要求,根据社会组织的具体性质和社会功能,把社会组织划分为不同的种类,不同种类的社会组织成立的时候,成员人数可以有所不同。人数的多少并不影响社会组织发挥作用。可以要求社会组织在成立的过程中,对成立该组织需要的专业人才数目进行规定,保证各类人才在社会组织中充分发挥其专业所长。

六、放宽对西部地区社区社会组织的财产限制

我国民政部规定:全国性社会组织设立活动经费必须超过 10 万元,地方社会组织和跨行政社会组织的活动经费必须超过 3 万元。从现行法规看,中国对社会组织在财产方面的要求显然太高了。对社区社会组织而言,尤其不宜对其施加过多财产限制。对于社会组织,过度的财产限制不仅使建立社会组织困难,而且不利于组织解散时的财产清算。因此,对社会组织施加过多财产限制是不合适的。而且,部分社会组织的成立本身就不需要多少资金的支撑,比如,社区中的老年人,因为兴趣爱好相投,相同爱好的老年人集中在一起组织成立一个书画协会或者围棋协会等,定期把大家召集在一起组织相关的活动,或者在每天固定的时间,大家一起讨论举办相关活动的具体事项等,这种社区社会组织就不需要过多资金。西部地区相对其他地区来说,经济发展相对缓慢,所以在财产方面,应结合经济发展情况和当地社会组织发展条件,兼顾西部地区的实际情况,降低对社区社会组织的财产要求,在资金来源方面也应该有所差异,而不适用于统一的规定。

七、建立健全独立的社会组织财务管理制度

不同的社会组织在成立的过程中在财产方面应也有不同的要求,部分社会组织在成立的过程中必须要有财产,比如慈善组织,资金充足是其成立的必要条件之一。但是目前,现行法律法规没有对社会组织在成立之时的财产进行规范,从而导致社会组织在成立之后财务管理不规范、账目混乱。因此,我国应构建社会组织成立财务审核管理制度,对社会组织财产进行管理。第一,

在成立前期,各个会员应该按照成立时的章程,缴纳自己应出的份额。第二,不能按照章程规定缴纳资金的,其他会员可以要求其承担违约责任或者取消其成员资格。在各会员出资之前,应该由有会计知识(学会计专业或者聘用注册会计师)的人员专门对账目进行管理,做好财务预算和清算。第三,在成立时,应该按照法律规定的注册金额,到民政局登记注册,在以后的活动中接受民政局的监督。部分社会组织,如公益性的社会组织,应该将相关的财务进行公开,接受相关部门和社会公众的监督,让公众了解资金的来源和流向,使社会组织的财务公开化、透明化。

第四章 西部地区社区社会
组织财税调控

目前,我国正处于社会转型和政府职能转型的大环境中。随着不同地区间经济社会发展差距不断加大和社会需求的多样化,社会公众对于公共服务的需求与日俱增,我国公共服务建设亟待改进。在公民意识的逐步发展和社会组织不断增长的背景下,社区社会组织在参与提供公共服务中的积极作用逐渐受到社会和政府的关注和认可。本章从财政角度研究社区社会组织,并探讨如何在财政和税收领域支持社区社会组织的发展,提高社区社会组织参与公共服务的能力,实现社区公共服务的多元化发展。

本章从研究意义、国内外研究方法等角度,综合介绍了社会组织税收的基本特征和理论基础,总结了社区社会组织财务管理的特点、功能和内容,结合社区社会组织的经费来源,分析了社区社会组织的税收制度和审计工作,总结出关于社区社会组织财税政策的缺陷和不足,并提出了优化社区社会组织财务管理的具体建议。

社区是城市的细胞,社区建设是城市社区服务深化发展的产物。我国城市社区的建设时间不长。虽然它是一个"基层居民自治组织",但实际上却具有很大的行政性。在医疗保健、健康、教育和安全等许多领域,政府一直是社区建设的领导者、计划者和资源分配者。同时,作为社区居民相互交流的基本单位,一些公益事务的"社会化"也成为社区建设的重要手段。因此,从多功能和多元化的角度看,社区是政府、市场、公民和社会的结合产物。财务管理作为社区社会组织重要工作,是维系社区社会组织正常运作的关键。如何更好地管理社区社会组织的财务工作,是培育、发展社区社会组织的基础问题。目前,我国现行法律法规对于这一部分的规定并不明确,但根据我国社会组织的相关财政制度,结合国务院和民政部的未来规划和愿景,相信不久的将来关于社区社会组织财务管理的相关制度也会日益趋于完备。

第一节　西部地区社区社会组织财税的基本问题

一、社会组织财税调控实行的理论基础

20世纪50年代,美国耶鲁大学汉斯曼(Hansmann)教授提出了基于社会组织所面临的"利润不分配限制"的资本结构理论。他认为,"非营利性分配限制"使社会组织能够弥补某些市场领域中存在的"合同失败"缺陷,即消费者与服务提供商的信息不对称,使消费者在交易中处于不利地位。如果在这些领域中的产品或服务是由非营利性社会组织而不是营利性企业提供的,则消费者会更加地信任非营利性社会组织所提供的社会公共服务。

20世纪60年代,美国哈佛大学帕森斯(Parsons)教授提出的利他主义理论认为,除了政府应向公众直接提供的公共物品外,社会组织还可以提供更高级别的公共利益。社会组织本身的存在显示出多种价值和多样性。社会组织创造的公共利益促进了志愿服务,并有助于体现民主和社会自由的价值。所有这些使社会组织应享受政府的财政援助和税收优惠政策。

20世纪80年代后,美国耶鲁大学社会学者彼特克(Bittker)和德国学者拉德特(Rahdert)则从税收层面解释了社会组织享受税收优惠政策的原因。他们认为社会组织本身的收入不应该征税,原因是所得税只能用于营利活动,而社会组织的应税收入为零。就收入而言,社会组织收到的捐款和捐赠不应被视为收入,不包括在社会组织的总收入中。

当前,对社会组织的管理已从复杂而琐碎的综合控制转变为履行核心服

务职能。由于社会组织可以在政府系统之外提供各种公共福利和志愿社会服务，它们的活动可以减轻政府的负担，并使公众受益。因此，它们可以作为政府的合作伙伴，获得政府在公共服务管理方面的支援与扶持，如灵活登记、财政支持、税收减免等相关优惠政策。

二、财税调控对社会组织发展的意义

（一）财政扶持对社会组织发展的价值

因政治原则、经济形势和财政政策等因素，各国政府在特定问题上安排专项经费，用于实现政府的特定目的。从各国的实践看，政府向社会组织提供各种形式的财政补贴。不同形式的财政补贴对社会组织的发展有不同的作用。①生产者补贴是通过特殊财政账户直接分配给社会组织的政府资金，以支持其日常运营和提供公共服务。政府以发放消费者凭证和用户付款的形式，对社会组织提供财政扶持。

具体来讲，政府采取各种形式，例如启动成本、设备购买、租金补贴和人员补贴，以在初期阶段刺激社会组织的能力建设。支持性补贴通过为社会组织执行项目提供必要的支持资金，进一步巩固了社会组织执行项目的能力，并加强了公共产品、公共服务的提供。作为一种间接性补贴方式，消费凭证是指政府向符合相关标准的消费者发放官方凭证，并在一定范围内向社会组织购买相关服务的书面证明。用户付费是指在社会组织提供公共服务的过程中，政府承担了很大一部分公共服务费用，要求消费者按照"用者付费"的原则收取部分费用。社会组织提供服务的部分资金来自政府财政资金，另一部分来自消费者支付的费用。②与其他政府财政支持方式相比，消费券和用户付费对社会组织起到了绩效激励作用，有利于促进社会组织之间的竞争，提高社会组织

---

① 参见李冬妍：《加强政府与非营利组织合作伙伴关系的财税政策探析》，《财贸经济》2008 年第 10 期。

② 参见陆建桥：《我国民间非营利组织会计规范问题》，《会计研究》2004 年第 9 期。

提供的社会服务的质量。

（二）税收对社会组织发展的支持作用

1. 税收支出

政府提供给社会组织的税收支出主要包括捐赠扣除和社会组织的税收减免。政府通过给捐赠者减免捐赠来鼓励捐赠行为的增加，而社会组织可以从捐赠者那里获得更多的捐赠收入来支持它们的项目，保持其日常业务活动。政府应对社会组织开展的某些商业活动给予税收差异待遇，也就是说，社会组织可以缴纳税收比例较少的增值税、印花税等。

2. 税收规制

随着社会组织（特别是私营非企业单位，如疗养院、日托机构等）的兴起，在支出压力增加的情况下，社会组织开始探索商业运作模式。但是，社会组织享受的税收减免优惠，将导致市场上非营利组织与营利组织之间在提供产品或服务方面存在不公平竞争，对市场秩序产生巨大影响，这违反了良性互动的原则。为了维持市场秩序的统一性，保证政府、市场和社会之间的和谐稳定秩序，政府应按照法定税率对社会组织开展的商业活动进行征税与纳税。①

三、社会组织财税调控的基本特点

尽管政治制度、法律制度、文化背景等方面存在差异，但世界各国在设计社会组织的税收政策和税收制度时，具有以下共同特征。

1. 合法性。无论政府如何补贴社会组织，都必须得到相应法律法规或协议的公开确认，有可以依法执行的法律法规，不允许随意或不公开操作。

2. 限定性。从税收政策看，相关社会组织的税收政策是各国政策体系中的一项特殊规定，是政府为实现促进社会组织发展而实施的一项特殊政策。社会组织的税收政策，其有特定的监管标准，为了防止这种特殊的税收政策被

---

① 参见刘汉霞：《我国非营利组织营利活动的税收优惠问题》，《税务研究》2014年第3期。

无限制无约束运用,各国政府通过相关立法,规定了享有税收政策的社会组织的类型、口号和活动。例如,根据我国《财政部、国家税务总局关于非营利组织企业所得税免税收入问题的通知》,社会组织接受其他单位或个人捐赠的收入将不计入征税范围。

3.优惠性。社会组织的财政支付和税收优惠,构成了各国社会组织财政优惠的主要内容。通过国家立法、政策扶持等手段,各国政府通过税收减免优惠,对某些特定社会组织如慈善组织等,采取减少征税或免予征税的特殊规定,缓解其资金周转压力,给予社会组织更多发展空间,促进社会组织良性、健康发展。

4.约束性。各国政府在为社会组织提供特殊的税收和税收优惠时,为了确保社会组织审慎地使用公共资金,还要求社会组织根据平等权利和责任原则接受相应的监督。例如,所有国家的政府都要求社会组织遵守公共服务义务,接受非营利性盈利限制,遵循特殊的财务管理制度,并对公共机构和社会的责任作出回应。各国政府在向社会组织提供补贴或向社会组织提供外包服务时,通常会通过法律、法规或合同对社会组织使用的公共资金的方法、类型、时间和效果作出具体规定。

第二节　西部地区社区社会组织财务
控制与管理的特点及意义

一、社区社会组织财务管理特征

(一) 政府资助是其主要的资金来源

相比于政府和企业,社区社会组织有多种资金来源,包括政府资金、服务费以及社会和慈善组织的捐款。其中,公共部门支持为其收入主要来源。这一点已经在志愿组织的发展实践中得到了证实。例如,香港明爱是一家历史较为久远的慈善性质的社区志愿组织。它成立于1953年,其使命是为香港社会提供各种社会服务。目前,该组织在香港共拥有5300名同工和逾万名志愿者,275个服务单位和140个社区服务场点,服务范围非常广泛,涉及社会工作、教育、医疗管理和社区服务等内容。虽然该组织获得了很多的社会捐赠,也对其提供的服务适当收费,但它的大部分资金来自政府以慈善奖券的方式划拨的经费。以其2011年8月至2012年9月的2800万港元的总收入看,其中44.21%来自慈善奖券,约为1240万港元;23.05%来自该组织卖物会的收入,约为650万港元;一般捐款与"明爱之友"捐款部分共计917万港币,约占总额的32.74%。从香港明爱下属的各类教育机构在2010—2011年度的收入摘要表看,政府津贴是明爱教育机构最主要的收入,约占其总收入的94.4%。

表　香港明爱特殊学校、明爱中学及郊野学园收入摘要

时间:2010年9月1日至2011年8月31日　　　　单位:港元

学校名称	收入				总收入
	政府津贴		其他		
	数额	比例(%)	数额	比例(%)	
明爱乐群学校	9554217	96.5	342627	3.5	9896844
明爱赛马会乐仁学校	28542335	99.6	104854	0.4	28647189
明爱乐群学校	17605518	93.9	1143146	6.1	18748664
明爱乐进学校	21258673	96.0	880935	4.0	22139608
明爱乐义学校	3090515	89.8	3494142	10.2	34404657
明爱陪立学校	13332751	98.5	207245	1.5	13539996
明爱胡振中学	28366450	72.9	10561876	27.1	38928326
明爱庄月明中学	40112343	98.0	828509	2.0	40940852
明爱圣若瑟中学	35479189	95.3	791364	4.7	36270553
明爱柴湾马登基金中学	29630144	96.1	1215244	3.9	30845388
明爱屯门马登基金中学	28081471	98.4	457755	1.6	28539226
明爱粉岭陈震夏中学	41414416	98.5	641587	1.5	42056003

续表

学校名称	收入				总收入
	政府津贴		其他		
	数额	比例(%)	数额	比例(%)	
明爱元朗陈震夏中学	42189188	96.7	1450496	3.3	43639684
明爱陈振夏郊野学园	8432554	95.1	435880	4.9	8868434
明爱马鞍山中学	27997777	96.6	982308	3.4	28980085
明爱华德中书院	6953677	89.0	860428	11.0	7814105

（二）不单纯以利润和财务指标衡量社会组织成效

由于义卖并非社区社会组织的主要收入来源,因而也导致此类组织在决策中不能像企业那样以利润为底线。相反,它们更多的是以社会组织使命来判断产出,或者采用项目产出与财务并重的原则来评价组织。这并不意味着社区社会组织的管理者和理事会不重视社会组织的财务,相反,他们非常关注社区社会组织的财务状况,也明白财务健康对于社会组织存续的重要性,只是在具体的财务管理过程中,他们又不能仅以利润为标准。在为社会组织所提供的社会服务定价时,社区社会组织也不能只考虑成本和收益,还必须兼顾社会组织的使命和社会公众的需要。他们获得的服务价格通常低于市场定价,有时甚至是提供免费服务。例如,在香港特别行政区活跃着各种性质的安老院,它们中有的是非营利的,有的是营利的。私营的、营利性质的安老院在收费时,主要依据社会组织的软硬件设施以及老人的身体状况自由定价,大房间的"全面护理"月费在港币 3500—10000 元之间;"半护理"的月费在港币 3000—6500 元之间;"自我照顾"的月费在港币 2000—6000 元不等。获得政府补贴的非营利性疗养院必须遵循香港社会福利署的统一定价,费用为港币 1994 元。接受自我照顾伤残津贴人士的费用为港币 1813 元;非伤残津贴受助人的费用为港币 1605 元。

（三）社会组织资产的所有者不明确

这也是社区社会组织在财务管理中一个非常特殊的现象。人们毫不质疑企业所有者对企业财产的使用、处置和收益权利;但对于社区社会组织来说,它们往往缺乏一个明确的所有者,社会组织的资产也并不必然地属于组织的创建者,社会组织对其财产的拥有、使用、处置和收益权利方面并不完整。一方面,社区社会组织的理事会和管理者不能转让或出售组织的产权;另一方面,社区社会组织资源的提供者并不以此来获取经济利益。

社区社会组织的这种所有者不明确的状况,也给其管理系统带来很大的困扰。这种困扰主要体现在两个方面:一是管理者在决定社会组织资源分配、衡量服务项目产出方面缺乏统一的标准,因而易产生争议和矛盾,难以协调统一。二是在对社区社会组织的财产管理方面,需要更多的内部治理和外部监管,以确保理事会和管理者对社会组织财产的合理有效使用,否则易产生相关管理人员对社区社会组织的财产侵占和滥用行为。

二、社区社会组织财税调控的功能

社区社会组织在财政和税收监管方面的特点使社会各界更希望通过相关的财政和税收监管体系来保护组织财产和管理者的行为。① 具体而言,完善的财税控制系统可以发挥如下功能。

（一）监督社会组织运作,保护公益资产

财务管理记录社区社会组织的日常活动支出。通过此记录,我们可以了解社会组织资源的分配和使用,并且可以掌握其成员的各种职责和行为。社区社会组织理事会成员可以通过定期检查财务状况来监督管理人员,公众还可以通过社区社会组织披露的财务报告了解理事会和管理人员对组织财产的

---

① 参见金锦萍:《社会组织财税制度》,华夏出版社 2002 年版,第 36—45 页。

托管以及法律义务的履行情况。简而言之,社区社会组织的财务管理系统直接向公众展示了组织及其员工的工作水平,可以使组织的每个环节透明公开,从而有效地遏制了该组织滥用非营利组织的资产行为。

(二) 预防社会组织财务危机,提高公信力

在社区社会组织的发展过程中,可能会遇到各种困难和危机。其中,金融危机直接影响社会组织的生存和发展。合理的财务管理、财务预算以及财务分析和财务计划,可以为社区社会组织的发展提供合理的决策依据,保障社会组织发展的资源基础,预防和解决社会组织的财务危机。此外,良好的财务控制系统不仅可以确保社区社会组织项目所需资金的收支平衡。特别是在筹款方面,社区社会组织的财务报告是该组织捐助者的正式书面账目,对于加强社会组织与捐助者和支持者之间的信任以及寻求可持续的社会捐助具有重要意义。

(三) 体现社会组织宗旨,满足政府管理需求

社会组织的收入和支出项目清楚地表明其组织活动是否符合其目的。世界各国和地区的政府及相关管理部门主要通过审核社区社会组织的财政收支情况来判断其是否具有公益组织的性质,从而确定其是否具有免税资格。对于许多国家和地区的社区社会组织而言,透明和成熟的财税控制体系也使它们成为实行优惠财税支持政策的必要先决条件,以此为依据,政府通过购买社会组织的公共服务,促进非营利社会组织的发展,从而实现自身公共服务职能,进而满足政府管理的目标和任务。

三、社区社会组织财务管理的主要内容

(一) 社区社会组织财务管理制度的基本结构

社区社会组织财务管理的主要目的在于保障社会组织资金稳定,实现组

织的使命和宗旨。其管理职能作用于以下三个方面。

1. 预算规划制度。这是社区社会组织的财务管理的计划环节。该制度的工作重点是规划社区社会组织的未来发展前景,主要通过财务规划和制定预算等手段,以确保社区社会组织的宗旨和目标在未来的发展逐步实现,从财务管理上对社区社会组织的发展提供经济保障。

2. 财务会计制度。这是社区社会组织财务管理的基础内容,其主要活动就是记录社区社会组织过去所发生的财务支出。它包括财务记录和财务报告两大类。有人将社区社会组织的财务管理等同于"记账"和"会计",原因就在于他们仅从财务会计的日常工作来理解社区社会组织的财务管理工作,没有认识到财务会计制度对于社区社会组织发展的必要性和重要性。财务会计制度既是财务管理制度中最基本的内容,也是各种规模和类型的社区社会组织都必须完成的基础性工作。

3. 财务分析制度。相比于财务会计,财务分析则更多地从社区社会组织的资金管理、财务分析的视角来理解财务管理活动。通常来讲,社区社会组织的财务分析工作,包括社区社会组织的融资策略、投资决策、成本分析和风险分析。这一部分内容是社区社会组织财务管理的核心,对于维持社区社会组织的财务健康和可持续发展至关重要。

不同的规模和性质的社会组织可根据自己的实际需要,灵活变通组织的财务管理内容。对于一个机构健全、制度规范的社区社会组织来说,上述三个方面的制度构建都是其财务管理工作的主要内容。它必须构建综合、统一的财务管理制度。但是很多未取得法人身份并且规模很小的非正式社区社会组织,只需建立合理、合法的财务会计制度即可。

(二) 社区社会组织的会计制度的基本内容

1. 会计目标。即社区社会组织会计制度设立的目标和结果。不同的国家和地区对会计目标的设立是不一样的。例如,美国财务会计准则委员会在"非营利组织财务报告编制目标"中设定了其国内志愿组织会计报告的基本目标,以向财务提供者和其他信息用户以及管理人员提供有用的信息以进行管理。责任在向组织分配资产时作出合理决定的情况。我们认为,志愿组织的信息使用者应该是各级人民代表大会及其代表,各级国家审计机构,服务对象,纳税人,资源捐赠者,财务部门和上级主管单位。

2. 会计基础。会计基础是会计核算方法。主要有两种类型:一种是收款和付款的实现系统,又称为收付实现制。另一种是权利与义务的实现系统,又称为权责发生制。所谓的收付实现制,也称为现金系统,是社会组织根据实际收款和付款来识别和记录各种收入和支出的系统。所谓权责发生制,是根据权利和义务的发生确定收入和支出。不同的会计基础会给社会组织的财务状况带来不同的评价和判断。以一个社区志愿组织为例,假设该组织现拥有银行存款5万元,但是已签订合同购买办公设备4万元,约定下月货到后付款。如果单纯以收付实现系统分析,该组织目前的资产为银行存款5万元;但若以权责发生制分析,该组织的资产只有1万元,两者差距显著。很明显,收付实现制无法像权责发生制那样真实地展现社会组织的财务状况,尤其是当社会组织面临重大的收支以及应折旧的资产时。因此,各国和地区通常要求社区社会组织在会计管理中实施权责发生制。

3. 会计模式。考虑到社区社会组织的收入主要来自政府拨款和社会捐赠,而这些组织资产资源的提供者有可能对资源的使用设置用途和限制条件,因此英美等国都要求公益志愿组织为此建立相应的基金会计模式。这种会计模式的特点在于:每一类"基金"都是一个独立的会计主体,拥有自己的资产、负债、收入、支出或费用、资金余额。这样做的好处是可以分配职责以确保组织根据有限的目的使用资金。但是,基金会计模式也有不足之处,就是基金种类繁多,使社会组织的会计主体和会计报表更加复杂,基金之间的转移也更加复杂,各种基金无法灵活调整。我国目前尚未采用这种做法,依然是将单个的社区社会组织视为一个独立的会计主体和报告主体。但从未来的发展趋势看,基金会计模式将成为主流,因其能更有效地约束社会组织的行为,披露资金的使用效率。

4.会计要素。社区社会组织的会计要素包括资产、债务、净资产、收入与支出、成本。

(1)资产指的是过去的交易或者事项形成并由社区社会组织所拥有或控制的资源。我国的"私人非营利组织会计制度"允许社区社会组织计提固定资产折旧,并在固定资产的预期使用寿命内系统地分配固定资产的成本。对于购置的无形资产,社区社会组织应在购置时计入实际成本,并在购置当月起的预期使用寿命内平均分期摊销,并计入当期费用。社会组织在日常生产运营中,除购置无形资产外,信托代理资产成为大多数社会组织保证资产稳定的另一种主要方式。信托代理资产是指社区社会组织受委托人委托从事信托代理业务后收到的资产。在信托代理过程中,社区社会组织通常只是从委托人那里接收信托资产,并按照委托人的意愿将资产转移给其他指定的组织或个人。社区社会组织本身无权更改委托代理人资产的使用或受益人。

(2)债务是指社区社会组织在过去的交易或事件中形成的当前义务,预计履行此义务将导致组织内部包含经济利益或服务潜力的资源外流。社区社会组织因参与委托代理交易并接受委托代理资产而引起的责任为委托代理责任。关于受托人的债务,社区社会组织应确认并衡量相应金额的受托人资产,以避免社会组织负担过重。

(3)净资产是指社区社会组织的资产余额减去负债。其由两大部分组成,一部分是社会组织创设当初投入的资本,包括溢价部分。另一部分是社会组织在运营过程中创造的,包括接受捐赠的资产,属于所有者权益。在对社会组织进行财务运营基本分析时,净资产是最常用的参考标准。

(4)收入与支出。社区社会组织在进行业务活动时获得的经济利益或服务潜力的流入,导致当期净资产增加,可作为社区社会组织的收入。在确认收入时,社区社会组织应区分交易所产生的收入和非交易所产生的收入。前者是指按照等值交换的原则进行的交易,即当主体取得资产,获得服务或清偿债务时,需要向交易对手支付等值或近似等值的现金,或提供等值或近似等价的交易、商品或服务等。后者是指交换交易以外的交易。在非交换交易中,当主体获得资产,获得服务或清偿债务时,无需向交易对手支付等值或近似等值的现金,或提供等值或近似等值的商品、服务等。此外,社区社会组织还必须根据其获得的收入是否有限制标准,将其获得的收入分为非限制性收入和限制性会计收入。

(5)成本。社区社会组织进行商业活动而导致当前期间净资产减少的经济利益或服务潜力的外流是收费的。根据社区社会组织的职能不同,其成本可以分为不同类型的商业活动成本、管理成本、融资成本和其他成本。筹集费用是指社区社会组织为筹集经营活动所需资金而发生的成本支出。它包括社区社会组织为获得捐赠资产而发生的支出,以及应计入当期成本的借款成本、汇兑损失(减去汇兑收益)等。社区社会组织为获得捐赠资产而发生的费用包括筹款活动的组织成本、印刷和分发筹款宣传材料的成本,以及与筹资或捐赠资产有关的其他费用。

(三) 社区社会组织的财务报告

1. 财务报告的概念界定

社区社会组织的内部管理和外部利益相关者主要通过财务报告了解组织的运营状况和效率。财务报告是记载社区社会组织的财务状况和经营效果的书面文件。财务报表是对社会组织财务流程具体展示的一个途径,其目的是向财务报表使用者报告财务状况、经营成果、现金流量等相关信息,帮助社会组织管理者作出经济决策。

2. 几种主要的财务报表

资产负债表反映了在某个时间点被占用和使用的社区社会组织的经济资源、负债能力、偿债能力和净资产状况,是社区社会组织的重要会计报表之一。资产负债表以会计恒等式"资产＝负债+净资产"为基础,以社会组织整体为报告重点,主要按照资产、负债和净资产三类会计要素分别列示。

业务活动表,也称收入支出表,其反映了一定时期内社区社会组织的收支状况。对业务活动表的阅读和分析,可以帮助我们了解报告期内不同渠道资金的数量情况、不同方向和用途的支出、组织预算的执行进度、收支的合理性等情况。业务活动表侧重于整个组织,同时全面反映了组织的收入和支出,兼顾资金的使用限制,分别列示限定性资金和非限定性资金的变化情况。

现金流量表是与业务活动表在相同时间区间内,反映社区社会组织现金流入和流出情况的财务报表。我国《民间非营利组织会计制度》要求社区社会组织主要从业务活动、投资活动、筹资活动以及汇率变动四个方面考察现金流动情况,分别列示现金的净流量,然后加总后,计算该组织的现金及现金等价物的净增加额。如果该数值为正,说明社区社会组织存在现金净流入,在报告期内积累现金。如果为负,则表明社区社会组织存在现金净流出,在报告期内耗用现金过多。现金流量表是考察社区社会组织资产流动性的重要报表。

功能性费用表主要从两个方面来展示组织的费用支出情况。行代表展示费用的类型,列代表展示费用的功能。目前,在我国的社区社会组织会计制度中并未要求社区社会组织提供此表。在美国也不是所有的公益组织都必须向管理机关和公众提供功能性费用表,美国财务会计准则委员会鼓励社区社会组织提供,但并不做强制要求。

第三节 西部地区社区社会组织财务管理的基本内容

一、社区社会组织的财务规划与预算管理

社区社会组织的财务规划和预算管理将重点放在未来的财务管理活动上,其目的是管理和控制组织的财务资源及其分配。

(一)社区社会组织的财务规划

财务规划在社会组织运营中,可具体落实为财务计划,是预算管理的前提

和基础,预算编制也是财务计划的结果。财务计划是社会组织基于其自身规模和性质以及对进行各种业务活动所需的资金和时间进行评估而制定的详细计划。根据时间长短,财务规划有长期规划和短期规划之分,但它们都遵照下面的流程进行:第一,确定计划目标,包括对组织使命、愿景的回顾以及长、短期目标的确定。第二,拟定行动计划,包括长期策略和短期的行动方案。第三,根据具体的行动方案编制预算。第四,根据实际的运营结果进行评估,评估与评价是否达成预定目标,如果需要对运营结果进行调整,还将修正计划目标,或进入下一阶段的财务规划工作。

(二) 社区社会组织的预算管理

预算管理是指社会组织在既定的时间内,为完成既定目标对计划消耗的资源进行的正式估价,以及对获得这些资源的方法提出建议。社区社会组织的预算管理不仅是社区社会组织要在一年内完成的业务计划和工作人员的财务绩效,而且是其业务规模和职业发展方向的全面反映。这是决定社会组织效率和效力的重要手段。为了落实法律法规的要求,社区社会组织应该结合行业特点和本单位的实际情况,制定预算管理的规章制度。

一般而言,一个有效的预算离不开社会组织最高管理者的支持。此外,在编制预算时,应该将责任确定到人,要让在预算体系下的每个人都知道什么时候做什么事情,由谁负责。当然,预算制度也不要太过于复杂、累赘或严格。预算应留有一定的自由裁量的余地。在编制预算时,应有员工的广泛参与。1983年,美国哈佛大学教授托马斯·沃尔夫(Tomas Wolf)在其著作《管理21世纪的非营利组织》中,将社区社会组织的预算编制与管理工作划分为八个步骤。

第一步,列出目标清单。即确定社区社会组织在下一年度的主要工作目标。社区社会组织的预算编制者在预算伊始,就必须考虑社会组织在下一年应该做什么,什么活动最重要,这些活动需要社会组织成员做些什么工作,是否需要额外开销增添设备和雇佣人员。

第二步，估算成本。社区社会组织的正常运转离不开一些基本费用的开支，这些费用包括：办公费用、工作人员的薪资、上一年度已经开展并将持续下去的活动费用，以及新增项目的相关费用。所有这一切，都必须细心估计其成本。通常社区社会组织可以采取两种方法来确定其成本：一种是渐进预算法，即在编制预算时，主要根据往年的经费收支状况进行调整，编制出当年预算。这种方法的基本出发点是尊重历史，承认历史的合理性，同时又考虑变化因素，简而言之，就是"基数加发展"。另一种是零基预算法，即在编制预算时，不考虑前期的收支状况，而仅仅以本期的业务运行和发展需要为基础编制当年预算。这实际是一种"万丈高楼平地起"的思维方式，需要耗费大量的审核分析工作，因而只能作为渐进预算法的补充，在某些具体项目的预算编制中使用。在采用上述两种方法估算目标清单中所列的各项活动的成本时，必须谨记两条基本原则：一是应略高估算成本，至少应在估计支出金额上加成 10%。二是在计算新项目的活动成本时，不能仅仅计算该项目的运作费用，还必须考虑由此给社会组织的工作人员和设备所带来的额外负担。

第三步，分配收入。即将社区社会组织所拥有的各种资金，按照是否设定用途限制而分配到各项活动之中。

第四步，项目比较。当社区社会组织的支出较多而收益不足时，有必要从使命、目的、成本与收益等多个方面对各个项目活动进行比较。

第五步，确定重点。也就是在比较的基础上，确定社区社会组织在下一年度应重点支持或投入的活动，排列好组织应开展的各项活动的优先顺序。

第六步，调整与平衡。对社区社会组织的资金动态、风险与收益等灵活调整，保持动态平衡，在对中、小规模的社区社会组织进行财务管理时，应注重实现账实平衡，提高其核心服务竞争力，从而进入良性、稳健的发展阶段。

第七步，提交与批准。即将已经编制好的预算，提交给社区社会组织的理事会加以讨论并例行批准。

第八步，监控和修正。即对预算的执行情况进行监督，并根据客观形势和实际的变化，在必要时对预算进行调整，以避免因过低估计支出和过高估计收入所带来的预算编制问题。

二、社区社会组织的内部审计

(一) 内部审计的含义

内部审计主要是通过对会计凭证、账簿和报表的审查以及使用特殊审计方法进行审查和监督。现代审计机构包括:注册会计师,单位内部设立的审计机构以及政府设立的审计部门。社区社会组织的内部审计主要在以下两个方面发挥作用:

1. 经济责任审计。即主要审查社区社会组织内部的主要领导和管理者,在管理本组织业务过程中的经济责任的执行情况,以及在任职期间是否存在重大的经济决策失误和经济损失,以便客观、公正地评估这些负责人在其经济活动范围内的表现,明确现存问题的责任归属,进一步加强社区社会组织财务管理和内部审计。

2. 财务收支审计。即主要审核社区社会组织内部财务报表的公平性、财务收入和支出的合法性以及遵守情况。通过审查和验证社区社会组织的财务收入和支出状况,以确认是否存在经济问题和风险隐患、该组织运用资金是否符合效率要求等。

此外,社区社会组织的内部审计还涉及组织资产的管理和使用,以及组织内部一些重要的经济活动和管理决策。

(二) 社区社会组织的内部审计机构

通常社区社会组织主要通过在组织内部建立审计委员会或同等机构的方式进行内部审计。以美国为例,在社区社会组织中建立审计委员会的做法已经越来越普遍。审计委员会的成员主要来自董事会。董事会主席任命独立且有组织的管理团队。

社区社会组织审计委员会的主要职责是监督组织的财务数据与外部审核

程序,以形成对社区社会组织的财务报告的内部控制系统,并与社区社会组织的内部审核员、外部审核员和财务报告人员进行沟通与询问,向社会组织管理机构提供其咨询意见。在此过程中,审计委员会主要起到监督和咨询的作用。社区社会组织的管理层和组织领导者仍应最终负责财务报告的公平性以及对财务报表审计工作的监督。与营利性公司审核委员会每年至少召开四次会议的要求不同,社区社会组织每年至少召开两次会议:一次是审查内部审核计划,另一次是审查外部审核计划。

三、社区社会组织的资金募集

(一)社区社会组织资金募集的渠道

社会捐赠是个人、企业或基金会通过各种直接或间接的方式,无偿提供给社区社会组织使用的资金。政府资助是指由政府提供的直接财政拨款、间接税收支出或者公共产品和服务购买资金。服务收费则是指社区社会组织按照市场交易的原则,向私人提供各种服务或产品而获得的收入。不同的社区社会组织拥有不同的资金来源方式。目前,我国社区社会组织的资金主要来自国家、省(市)、国内外基金会、企业捐赠、商品捐赠或无偿服务、个人捐赠、营业收入、费用、会费和利息收入。

(二)社区社会组织开展筹资活动的条件

1.系统的筹资战略规划和设计

筹资最忌盲目冲动。在向外界寻找资金之前,社区社会组织第一应该考虑的是筹资目标及条件。社区社会组织究竟为什么需要筹资?所筹措资金的使用究竟能够给社会和资助者带来什么效应?基于对自己的结构、系统、风格、员工、技术、策略和共同价值观的准确客观的评估,构想筹款的主题或项目。它是在了解其任务、目标和业务的基础上,制定社区社会组织的计划并部署自己的筹款策略,并在此基础上形成具体可操作的筹款活动计划。

2. 专业化的管理和运作方式

社区社会组织如果从事公益服务,就需要精益求精的管理。如果社区社会组织本身缺乏良好的运营和管理机制,则对社会组织各部门开展工作造成一定的干扰。专业化、高效化的运营模式,可以促进社会组织管理结构迅速运转,协调社会组织中各部门的职能,形成有序、良好的发展态势,激发社会组织的发展潜力。

3. 多元化的筹资渠道

目前,社区社会组织的快速扩张已经加剧了该领域的资金竞争。单一的资金来源已经很难满足社区社会组织的所有需要。在这种情况下,社区社会组织需要多方拓展自己的资金来源。以美国公益性慈善组织为例,其主要的收入来源就包括以下五种:1.常规性的假日募捐,这部分收入约占组织总收入的5%。2.自筹资金,即以地方慈善组织与当地社区开展合作,在当地社区募集资金。3.私人捐赠,例如美国琼·克劳克(Jone Kroc)夫人就通过遗嘱向慈善组织提供了价值12亿美元的财产捐赠。4.政府采购,即各地政府因向慈善组织购买社会公共服务而支出的费用。5.廉价商店的销售收入。总之,各个社区社会组织应根据自己的特点及资源占有情况,积极开发各种合作项目,以提高自己的筹资效率。

4. 良好的社会形象

对于绝大多数社区社会组织而言,公信力及声誉、良好的社会形象是其向各个捐赠人争取资助的敲门砖。而社区社会组织的捐赠人与会员在选择合作对象时,也主要依据社区社会组织的公众形象作出决策。越是实力雄厚、管理严谨、制度规范、业绩优秀、公众美誉度高的社区社会组织,越是能吸引到更多资金,从而进入良性运转状态。而当一个社区社会组织的资金运作出现丑闻或引发公众质疑,它就难以得到公众认可和社会扶持。成就一个良好的社会形象,往往需要社会组织几年甚至几十年的努力,而毁坏这一良好形象,却可以在顷刻间完成。许多社区社会组织已经意识到培育良好信誉与公众形象的重要性和必要性,为了树立良好的社会形象和高度的社会公信力,社区社会组织必须有明确的价值目标、规划远见和战略方向,招聘具有专业素养素质的员工和志愿者,从而激发社区社会组织的发展活力,推动其实现高质量发展。

在实际的筹款过程中,社区志愿者组织还应加强对捐赠者的调查和了解,研究和确定潜在的资金来源,并积极与潜在的资助者建立联系。在进行正式的筹款活动之前,应进行相应的准备工作,包括建立筹款团队,任命负责人,培训志愿者以及制定筹款计划。为了争取捐赠者的持续资助,社区社会组织还必须在捐赠管理方面做好工作。它们应根据捐助者的意愿使用资金时,应及时向捐助者提供反馈,以增加相互信任。总而言之,西部社区社会组织应在遵守国家法律、法规和制度要求的前提下,通过规范的内部治理、良好的运行机制、友好的筹款活动和公共信息披露,积极开展各种筹款活动。对捐助者的自我发展需求和社会责任感实现双重满足。

第四节　西部地区社区社会组织税收制度

一、我国社区社会组织相关的税收制度

税收制度指国家以法律或法规的形式确定的各种课税方法的总称。从一般意义上说,税收制度是由税收主体、税收客体、税率和违章处置等要素构成的。社会组织作为推动社会治理体系和治理能力现代化的关键因素之一,其已经成为与政府和市场并驾齐驱的独立部门。我国西部地区社会组织的发展很大程度依靠政府扶持与社会捐赠,而税收优惠政策是影响社会组织获得公益性捐赠的一个重要因素。政府在制定税收政策的过程当中,对不同种类的社会组织都会产生深远的影响。

1. 社会团体的税收优惠政策

(1)社会组织会员费收入免征营业税。

(2)部分收入免征企业所得税。

（3）其他相关规定。社会团体使用的房地产、车辆、船舶和土地免征财产税、车辆和船艇使用税、城市土地使用税、耕地占用税、契税和车辆购置税，根据不同地区的实际情况，享受适当的税收优惠。

2. 民办非企业单位的税收优惠政策

（1）民办非企业单位税收的一般规定。年应纳税所得额不超过 10 万元的民办非企业性质单位需要按应纳税所得额缴纳 25% 的企业所得税，按 20% 的优惠税率缴纳所得税。例如小型微利企业，按照 20% 税率缴纳所得税。民办非企业单位还应缴纳营业税以及营业税的附加税，合计税率为营业收入的 5.55%。但民办非企业单位的专项拨款或募集资金，属于免征企业所得税收入。

（2）特殊规定。由于民办非企业单位数量众多，各种类型的民办非企业单位都有自己的特点。从事教育培训事业的民办非企业单位，例如民办幼儿园、民办中小学。从事卫生事业的民办非企业单位，例如民办诊所、民办疗养院。从事民政事业的民办非企业单位，例如民办福利院、敬老院。从事科技事业的民办非企业单位，例如民办科学研究院、民办科学服务中心、科技服务站等。国家对这些特殊行业制定了具体的税收优惠政策。

3. 基金会的税收优惠政策

基金会是现代社会利用捐赠的资源从事公益慈善事业的一种重要社会组织实体，其作为公益组织或慈善组织，向税务管理部门提出申请，获得批准后，享有免税资格。基金会通常在以下方面享有免税优惠。

（1）接受其他单位或者个人捐赠的收入。其中公益性捐赠税前扣除资格由财务、税务、民政三部门联合确认，以公告的形式发布名单。基金会不用提交申请。

（2）根据《中华人民共和国企业所得税法》第七条规定：财政拨款、依法收取并纳入财政管理的行政事业性收费、政府性基金以及国务院规定的收入，享有免税优惠。但因政府购买服务取得的收入除外。

（3）基金会通过免税优惠所获得的收入，在银行存款过程中产生的孳息、利息,同样享有免税优惠。

(4)财政部、国家税务总局规定的其他收入。

二、我国非营利社会组织税收制度面临的问题

(一) 缺少针对非营利性社会组织的税收立法

中国针对非营利性社会组织,制定很多税收政策,分散在各个税收类别中,税法对"非营利性社会组织"没有明确定义,对非营利性社会组织所征税目缺乏系统规范。目前,我国对于各种非营利性社会组织的税收确认标准,是依据其特定主营业务制定的所有税收政策和税收管理方法。因缺乏统一、协调的上位法管理,导致针对非营利性社会组织的税收方法不协调、立法水平低、标准不规范、法律稳定性差,各种法律、法规之间缺乏合作性和协调性,无法形成科学、有效的税收管理制度。①

(二) 非营利性社会活动限定不明确

目前,我国非营利社会组织的活动范围尚不明确。例如,一些非营利性医疗机构,为了方便自身资金运转,在其负责主营业务的下属单位,设立了没有法人资格的营利性医疗机构。这些营利性医疗机构附属于非营利性医疗机构,其附带的形式和名称多种多样。因缺乏统一、有效的管理办法,这些下属营利性机构的收入和利润划分变得困难,无法准确计算应纳税额,导致一部分非营利性社会组织不能享有税收优惠,影响其做出正确的经济决策。

(三) 税收优惠缺乏规范化的统一标准

对于非营利社会组织的税收优惠政策,现有的法律、法规及政策文件均采用明确规定方式,只有法律法规中规定享受免税优惠的社会组织,必须从其规

---

① 参见金锦萍:《寻求特权还是平等:非营利组织的财产权利法律保障》,《中国非营利评论(第二卷)》2008 年第 1 期。

定,否则不享受免税优惠。就医疗保健、基础教育和科学研究等私营非企业单位和社会团体的企业所得税政策而言,从事医疗行业的非营利组织有 2 个机构免税,从事教育行业的非营利组织有 5 个机构免税,带有科研性质的非营利组织有 2 个机构免税。

1. 投资主体不同,享受的税收待遇不同

针对不同非营利社会组织所从事的不同行业,其税收优惠政策的力度也存在不同。一般来说,针对教育行业的社会团体,其税收优惠力度最大。例如,根据 2004 年,我国财政部和国家税务总局联合发布的《教育税收政策通知》规定:政府公办的高、中、小学(不包括下属单位)高级课程和培训课程的收入,以及所有学校拥有的合法收入免征营业税和企业所得税。

2. 不同预算管理体制下非营利性组织的税收待遇存在差异

在现阶段,中国存在数量很多的非营利性社会组织。其中不仅有我国的私人资本投资成立的非营利组织,而且还有由外国非营利组织在我国设立的分支机构。这些私人非营利组织的收入,不能计入政府的财政预算管理或预算外资金的特殊账户管理中。这种方法直接导致私人资本投资的社会组织,无法获得财政补贴。这与我国市场经济中的公平竞争原则相冲突,在某种程度上削弱了民间资本对社会组织投资的热情,无法达到国家大力支持和发展公益事业以及推进社会治理现代化的战略目标。

3. 对享有税收优惠的非营利组织判断标准过于简单

非营利性社会组织在一定程度上,可以帮助政府部门缓解公共服务压力,转变政府职能,但在资金扶持、税收优惠等方面,仍受政府的监督管理。然而,随着市场经济的逐步建立、发展,税收管理部门对非营利组织能否享有税收优惠的判断缺乏统一标准,影响非营利组织的稳步、健康发展。例如,当前国家不再直接为大多数医疗机构定价,即使这些医疗机构受到国家监管,医疗费用还要由政府确定指导价格。目前我国有 4000 多种医疗服务,要判断医疗价格是否高于国家规定,管理机关缺乏科学、有效的执行标准,而且不易操作。同时,医疗机构享受税收优惠政策的难度很大,并且执行起来不太方便。

（四）捐赠制度不健全，激励作用不显著

1. 捐赠扣除特许制度与税收公平原则有差距

捐赠扣除特许制度本质上是国家为激励公益捐赠，推动社会公益事业发展而对公益组织采用的"捐赠抵税"政策。捐赠人通过对较为规范、取得公益性捐赠税前扣除资格的公益慈善类社会组织进行捐赠，并符合相应条件后，允许捐赠人在计税时扣除所得税。现实中，一些"别有用心"的不法分子，利用捐赠特许制度从事逃税、洗钱等非法活动，影响税收公平。

2. 捐赠特许制度容易产生"寻租行为"

寻租行为是指人们凭借政府保护而进行的寻求财富转移的活动。其旨在通过引入政府干预或者终止政府干预而获取一定利益。目前，我国有20多万个非营利组织，只有20多个非营利组织享受税前扣除优惠政策。它们寻找与税收立法或税收政策制定方面有发言权的人接触的方法，施加力量来影响税收政策的制定，从而使自身获得捐赠特许资格，谋求发展利益。

3. 捐赠扣除比例偏低，没有形成鼓励非营利组织发展的激励机制

虽然近年来，我国获得认可的、可以享受税前扣除优惠的非营利组织的数量有所增加，扣除比例也在逐步扩大，但是根据现行税法，我国只有20多个非营利组织有资格享受税前扣除优惠政策，企业只能从对这20多个非营利组织所规定的政策范围内抵扣税款，其余非营利组织不享有税收抵扣资格。目前，中国拥有20万以上的非营利社会组织，但因多数不具备捐赠扣除资格，基于税收的因素，企业的捐赠资金很难注入这些社会组织，使得社会组织缺乏发展活力。同样，我国也缺乏针对个人捐款税收激励机制，使多数公民缺乏捐助意愿，不利于鼓励民众参与社会公益事业。综合来看，我国尚未形成鼓励企业和个人捐款的税收制度。

4. 忽视对中小企业捐赠的税收优惠，不利于社区性非营利组织的发展

由于大多数公共福利和救济社会团体，尤其是社区公共福利机构，努力筹

集资金但无法提供可扣除的捐赠证书。从政策全面扣除的受益者的捐赠金额变化可以看出,非营利组织的资金来源由于政策变化而出现了新情况。自新的全额扣除政策实施以来,基金会收到的社会捐款金额已增加到 7000 万元。

三、完善我国西部地区社区社会组织的税收优惠制度

为了促进社会公益事业及公益性慈善组织的发展,国际上各国针对社会组织普遍进行税收优惠。为了进一步支持和促进我国西部地区社区社会组织的发展,应完善相关的税收优惠制度,促进西部地区社区社会组织加快转变发展模式,学习先进经验,充分发挥社区社会组织在基层社会治理中的引领性作用,推动西部地区社会治理体系与治理能力的现代化。

(一) 制定相对统一的社会组织税收制度

我国社会组织的发展时间相对较短,现行立法中有大量关于社会组织的税收政策,但这些相关政策只分散在各个不同的税收类型的系统中,没有形成统一、独立且完整的社会组织税收制度。例如,目前我国立法缺乏对整个社会组织的免税规定。只有《公司法》在规定公司所得税时,包括有关社区组织的所得税缴纳,至于社会组织的其他类型税收,仅仅以举例的形式简单介绍,没有进行系统、详细的规定。不同类型的社会组织的免税规定严重不平衡,并且不同级别立法机关制定的法规较为散乱,缺乏系统性法律体系。总之,为了真正发挥社会组织的社会价值,促进社会组织提供公共服务,必须通过完善有关社会组织的法律制度,提高其法律地位。尽快出台相关法律法规,明确界定社区社会组织的概念和识别标准,以促进税法对西部地区社区社会组织减免税政策的支持。

(二) 尽快制定税法范围内社会组织及其活动的分类标准

我国社会组织根据其注册的不同类型进行分类。例如,社会团体、私营非企业单位和基金会,这三类社会组织的特征和运作模式具有很大差异,但总体

来说,当今我国对其实行统一的、无差别的税收政策。在一些发达国家,如英国、德国等,政府制定税收政策时会根据社会组织的职能,将社会组织分为公益型社会组织和互利型社会组织。前者提供公共服务,以促进全社会的公共利益,即以提高全社会的福利水平为目标,充分体现社会团体的公共福利和自愿性质。后者是为特定对象提供服务,其着眼点并非落在提高社会的整体福利水平。而是将社会公益的对象具体化,针对其现实状况,进行定向帮扶。因此,有关社会组织的税收体系中,对公益型社会组织的优惠扶持力度更大。但是,我国现行的有关社会组织的税收法规,没有针对社会组织的相关业务活动进行分类,对公益型社会组织和互利型社会组织的分类标准没有明确界定,对不同社会组织所享有的税收待遇,需要根据其主营业务和实际情况酌情调整。

(三) 对较小规模的社区社会组织采取低税率优惠政策

在我国,社区社会组织是社区公共服务供给的主要来源。目前,我国社区社会组织,尤其是西部地区社区社会组织整体数量相对较少,尚未形成一定规模。同时,我国有关减免小型社区社会组织税务的政策法规尚不明确,制度体系化建设应有所提高。政府应考虑到小型社区社会组织的经济压力和负担,加大相关税收优惠政策在税收体系中的倾斜度,并在特定时期内向社区社会组织提供减税和免税政策。

四、完善公益性捐赠的税收优惠制度

公益性捐赠是社区社会组织生存和发展的社会基础,是支持社区社会组织多样化发展的主要资金来源。通过完善公益性捐赠税收优惠制度,可以促进教育文化、科学、卫生等领域的快速发展,引导更多社会资本流入促进社会发展和进步的其他社会公共和福利事业,形成不同社会群体之间互联、互通、互惠的共赢局面。[①]同时,保持社区社会组织、企业与居民之间的良性互动,构

---

① 参见何建堂:《有关公益性捐赠的税务问题》,《注册税务师》2012 年第 8 期。

建相互扶持、相互交流的环形发展结构,不仅有利于促进我国公益事业、志愿服务的开展,也有利于社区社会组织的长远发展。

(一)　加大企业捐赠的税收优惠力度

社会组织,特别是新发展阶段的社区社会组织,要发展壮大,必须注意与企业之间形成良性互动。就政府而言,间接支持社区社会组织的发展,有必要增加企业捐赠的优惠待遇,提高企业捐赠在税收方面享有的优惠力度。考虑我国目前的税收制度,从三个方面加以完善。

1.增加企业一般公益捐赠的税前扣除额。为了鼓励企业更多地参与慈善捐赠,促进社会组织的全面发展,应当继续提高企业一般慈善捐赠的税前扣除额。

2.调整非货币性资产捐赠的有关政策。在我国,非货币性资产的捐赠在营业税制度中被视为销售,即在计算营业税时,税额的计算基础是根据售价而不是成本价来计算的。这意味着流转税的税基有所提高,从而增加了捐赠人的税负,不利于鼓励慈善捐赠。因此,有必要研究和调整现行政策,放宽对非货币性资产捐赠的税收计算基础。

3.调整未来几年的结转扣除政策。根据我国《企业所得税法》第九条规定:"企业发生的公益性捐赠支出,在年度利润总额的12%以内的部分,准予在计算应纳税所得额时扣除;超过年度利润总额12%的部分,准予结转以后三年内在计算应纳税所得额时扣除。"如果慈善捐赠的金额超过当年应纳税所得额的扣除标准,则该笔抵减将不结转到以后年度。这也不利于鼓励企业慈善捐款。因此,可以尝试规定允许根据实际金额在税前扣除一定百分比,超出部分可以在未来几年结转。

(二)　完善个人捐赠的税收制度

社区社会组织源于基层,服务于公众,群众性是其相对于政府提供公共服务的独特优势。实现社区社会组织的长远发展,不能离开群众的支持和参与,也不能离开志愿服务的倡导和普及。因此,政府间接支持社区社会组织的发展,在税收方面,有必要改善个人捐赠的税收建设,倡导自愿参与和公益捐赠,促进社区社会组织与公众之间的良性互动。①应根据捐赠物品的形式、接受捐赠的慈善组织的税收状况、捐赠慈善组织的使用形式以及捐赠财产的特点等多种因素,综合判断慈善捐赠的性质,确定捐赠财产本身的用途,以此来确定对个人捐赠的税收优惠程度,从而不断丰富、完善个人捐赠税收法规。

第五节　西部地区社区社会组织财税政策的现状及对策

一、西部地区社区社会组织财税政策的现状

(一) 财政经费不足,缺乏资金支持

财政资金能否提供有力支持,是社区社会组织发展必不可少的经济基础。对社区建设的投资,主要由地方政府资助即公共财政完成。但是,在大多数地方政府的具体权责划分中,没有明确规定社区建设资金的分配额度,在社区公共财政领域留下了"空白"。②特别是在分税制改革后,地方财政紧缩。此时,西部地区地方政府难以维持用于社区建设的公共财政支出,导致经常出现社区财政资金短缺的情况,加剧社区社会组织申请资金到位的困难,严重影响了社区公共服务的数量和质量。

(二) 资金来源单一,其社会性有待加强

在社区建设的过程中,我国各级政府大多是通过行政隶属关系或行政命

---

① 参见朱梦文:《试论公益捐赠税收优惠制度体现的税法原则》,《经营管理者》2010 年第 6 期。
② 参见刘剑文:《公共财政与财税法律制度的构建》,《政法论丛》2012 年第 1 期。

令,直接进行财政拨款。但财政拨款往往只能满足临时需要,难以保证社区社会组织的长期稳定发展。社区社会组织进行资金申请,其批准和分配都受到当地政府的严格管控,资金周转的灵活度有待提高。按照专项资金"专款专用"原则,更增加了各个社区社会组织的资金审批难度。除了来自地方政府的财政补贴外,社区社会组织活动资金的主要来源还需要依靠合法社会资本的支持,其中,大部分来自于社区中相关企业和机构的捐助,或以展开共同建设的合作模式筹集资金。但是,在实践中发现,社会资本的实际比例较小,不到社区社会组织总资本的20%,在实际运作过程中存在很大的不确定性。这种具有一定商业化程度的筹资方式,将在一定程度上,对社区社会组织的志愿服务产生不良影响。同时,除了服务质量参差不齐之外,资金分配两极分化的问题也日益突出。在一些发展相对缓慢的地区,社区社会组织由于难以获得外来资金,会出现资本压缩或活动被迫中止等问题。

（三）资金的综合利用度不足,浪费财政资源

当社会组织资金来源单一,其社会性程度不高时,政府即成为社区资金的实际提供者,这导致社区社会组织的事务权,必须遵循其财务制度,逐渐增加了社区作为"社区基本自治组织"的行政倾向。因此,自上而下的行政管理体制一直是"社会重建"和社会治理转型过程中的一大障碍。

20世纪80年代以来,国务院发布了多份关于社区发展建设的重要文件。但不同政府部门关于社区社会组织的管理权限交织在一起,导致社区建设不能以社区为核心,很难超出部门视野。此外,由于这些政府部门本身缺乏精通社会工作的人才,因此通常只针对社区一级,进行各自的行政管理,难以形成统一、全面的整体规划。正是这种不协调的管理体系,使政府部门之间的财务关系变得复杂多样,引发了很多重复建设和盲目投资。造成资源浪费的同时,使得社区社会组织的公共服务难以为继,其责任划分不明。同时,社区建设具有很强的行政色彩,社区社会组织过多依靠财政资金的问题仍然悬而未决,没有充分考虑到不同社区的实际情况,对不同社区社会组织的资金分配相同,资

金数额统一,导致资金供应逐渐样板化。由于社区委员会都是按照行政职责进行工作,因此,社区通过各种绩效考核指标,将其大部分时间和精力用于收集资料或传达行政命令。在使用资金的过程中,对社区居民的相关意见没有足够重视,居民的诉求没有得到实质性的表达,大大降低了社区的自治权。更为重要的问题是,超过一半的社区居民,对参与社区基金管理的监督不感兴趣。这与长期以来,我国公民缺乏参与社会治理热情的问题有关,居民的认同感和归属感不足,导致其不能真正建立社区"主人翁"意识,从而导致人们参与社区公共活动时积极性不高,缺乏创造力,影响社区社会组织的凝聚力,影响和谐社区建设。

（四）审计监督错位,志愿性需提升

在我国,上级行政管理人员负责审计和监督,居民对社区社会组织资金的使用情况知之甚少,居民代表大会的职能没有得到有效发挥,居民缺乏对社区社会组织的财务监管,形成了社区在财务审计监督过程中的错位。此外,我国的社区志愿人员,主要是由20世纪80年代后期国家民政系统开展的社区服务工作而产生,并以此为基础逐步建立了社区志愿组织。其行政性色彩浓厚,难以充分发挥社会志愿服务的力量,不足以弥补社会组织参与的不足。从志愿者招募的类型来看,我国社区志愿人员呈分散状,大多数是临时招募的志愿者,使得社会志愿服务缺乏长期效力和可持续性。从志愿者组成的结构看,不同地区的社区志愿人员显示出较大的年龄差异,其中东部沿海地区社区志愿人员以年轻人和专业型社会工作人员为主,西部地区社区志愿人员以中年人及业余人员为主,其年龄结构偏大。虽然,目前西部地区的社区志愿人员仍然可以满足社区的基本需求,但是,在西部地区尤其是经济发展相对缓慢的地区,社区志愿者大多是退休人员,专业型社会工作人员和年轻人的比例相对较低。这无疑加大实现社区数字化管理的难度,不利于新技术、新业态在西部地区的推广,影响西部地区基层治理的现代化进程。

二、多元主体共同参与,化解西部地区社区社会组织财政问题

(一) 发挥政府引导作用,建立复合型筹资模式

从政府主导模式逐步过渡到政府引导模式。对于一些与社区居民的生产和生活有关的大型项目,政府应主要承担资本投资和监督的责任。对于一些中小型社区社会组织所举行的公共服务和社会活动,政府应鼓励居民自愿参与,调动社区居民的积极性。同时,政府应引导社区社会组织,积极寻找其他筹资渠道,例如企业捐赠、非营利慈善捐赠及个人捐赠,充分发挥市场自身的优势,高效运用社会资本,从而在政府统一引导下,更好地集中和分配资金,增强社区社会组织的运营效率。

(二) 发挥社区社会组织自主性,积极引入社会力量

在市场经济为主导的发展模式下,我国企业对社区社会组织的发展,在一定程度上具有积极作用。因此,可以放宽对社区社会组织投资来源的约束,降低企业资金注入非营利社会组织和其他社会服务机构的门槛,赋予社区社会组织一定的财务自主权。通过引导经济实体对社会公共服务注入资金,降低社区社会组织的筹资难度,充分利用社会资本,激发社区社会组织的潜能,从而间接推动社会治理模式的转变,完善新型社会治理体系。

(三) 明确财政支持重点,创新资金利用模式

政府要发挥对社区社会组织的引领作用,各级政府部门要保证用于公共服务的财政资金,重点流向社会保障等迫切需要的民生领域。地方政府应深入基层社区,要认识到在基层社区建设方面,是否与社区社会组织保持沟通,以确保社区建设资金的合理分配和有效利用。政府要建立和加强与社区社会组织的长效沟通机制,开展多种多样的社会公共服务,丰富资金利用模式,确

保财政扶持资金运行合法、监管到位,真正实现依靠社区社会组织与基层保持联系并向基层民众提供福利的作用,保证政府、企业、社会组织形成有机互动的多方服务体系,从而推动我国社会治理迈向新台阶。

(四) 强化审计监督,发挥志愿服务的力量

行政主管部门应实现对社区社会组织资金的分类监督,认真履行监督职责,以确保资金的有效利用。此外,政府还必须在改善社区财务体系的过程中,发挥社区志愿者的重要作用,为志愿者提供必要的社会补贴,大力表彰做出杰出贡献的志愿者,使志愿服务成为一种高尚的生活方式,并通过税收减免,鼓励企业积极参与社区志愿服务建设,以弥补社区社会组织资金不足的现实问题。

创新多渠道、多层次的社会组织投资模式,离不开多个社会部门的共同参与。随着"新公共管理"概念的逐渐深化,政府已逐渐从社区社会组织的发起人转变为监督人。在此过程中,政府的监督责任与对社区社会组织的管理能力、监督意识得到了加强,基层社区社会组织的公共财政体制得到完善,创新城乡社区与社会组织、社会工作者、社区志愿者、社会公益资源的联动机制,集聚多元治理合力,围绕居民日益增长的美好生活需求,运用云计算、大数据等数字化手段推动治理精细化,提升社区智慧治理能力,优化社区服务格局,推进城乡社区综合服务设施建设,实现从社会管理向社会治理的转变。

第六节　优化西部地区社区社会组织财税的法律控制与管理

一、建立社区社会组织财政保障体系

社区社会组织财务保障体系的财务需求分为三部分。一是支付社区社会

组织管理人员的生活费或工资,包括社区社会组织基本管理和服务所需的办公和业务费用。二是支付与社区社会组织签订服务协议,专职从事社区服务的社会工作者的生活费或工资。三是用于社区社会组织的建设和发展的专项资金和社区福利基金。目前,对于大多数西部地区社区社会组织来说,对第一笔资金的需求仍然有很大的缺口。第二笔资金只能保证社区社会组织仅限于"维护"级别,即保证其不会被"关闭"。第三笔资金至少有一半以上的社区社会组织根本无法使用。显然,资金来源不足或某些担保渠道不畅道,成为社区社会组织发展的难题。因此,当务之急是尽快建立和逐步完善社区社会组织的财务保障体系。该保障体系应包括三个部分。

(一) 以财政拨款为主,社会捐赠为辅

湖北省襄樊市采取政府财政每年按1∶1的比例,向每个社区分配1万元的办事费,对每个社区社会组织的骨干成员,给予年度生活津贴、养老保险、医疗保险共计12000元,差额由社区从收益中补贴。目前,襄樊市采取的对社会组织工作人员的保障措施,既保证了社区社会组织成员的基本生活,同时不会给政府带来过多的财政负担,其保障力度相对适中,推动当地社区社会组织工作的有序开展,加快襄樊市社会治理模式的转变步伐。

宁夏回族自治区银川市的社区社会组织,其收入中极少一部分来自于政府的合作收益,大部分收益来自于社区社会组织自身的销售活动、服务性收入及社会捐赠,受赠金额与资助方的意愿和实力呈正比例关系。近年来,我国综合国力和企业的迅猛发展有目共睹,所以,国际社会组织对中国的社区社会组织的影响力及支持力度正在下降。例如,银川市社区社会组织接受国际社会组织捐赠的额度大幅度削减,其社会捐赠主要是来自于银川市当地企业或其他社会组织,如新华百货、银川市妇女联合会等。

银川市社区社会组织通过社会捐赠引来的资金,其总量并不多,供给源头不太稳定,不足以支撑社区社会组织的正常运行,造成社区社会组织内部人才流失情况严重,无法及时注入新鲜血液,影响其健康发展。在实际调查过程

中,我们发现一个很普遍的现象:银川市社区社会组织的成员每月只有1500—2000元工资,且身兼多职,工作任务相对繁重,缺乏相对完善的生活保障机制,例如,一些社区社会组织不能对其工作人员提供基本的医疗保险等,使得社区社会组织的工作人员经常会产生很大的工作量和生活压力,加剧了社区人才流失的速度。社会组织的生机和活力来源于高质量的专业人才。部分社区社会组织缺乏专业人才,在开展活动时难以充分吸引居民的关注,无法与社区居民建立良好的长效沟通机制,影响社区社会组织发挥服务职能。因此,应尽快建立社区社会组织的财政保障体系,保证社区社会组织发挥专业人才的治理效能,提高社区社会组织的服务质量。

(二) 发展社区经济,增加社区社会组织收益

基层社区要充分发挥主观能动性,大力发展社区经济。广西壮族自治区玉林市鹿塘社区成立于2014年5月,位于广西"七彩花园"现代特色农业示范区的核心区域。共有居民665户、2752人。鹿塘社区(原鹿塘村)自2014年起,大规模统一流转农村土地,因地制宜利用社区优势,发展特色支柱产业,丰富了居民收益渠道。2018年,鹿塘社区成立了"茂林镇鹿塘社区居民合作社",依托当地资源以及周边的区位优势,实现产业深度融合的可持续发展。鹿塘社区充分发挥社区资源优势,建立现代农业经营体系,推动社区经济的快速发展。社区成功引进高科技农业展示馆、蓁蓁(农产品)农业、樱花种植基地、荷塘月色、隆平高科等一批企业,大力发展以现代农业、观光农业和旅游业为支撑的支柱产业,通过进驻的电商平台建设了"东盟土货集市区",带动本村居民致富、促进居民增收。为顺应"互联网+实体"的发展态势,实现"互联网+"在商业环境中的应用与市场价值的转化,鹿塘社区于2019年成立"广西玉林鹿塘互联网技术服务有限公司",引入基于微信小程序的新零售套餐服务模式,为社区培养高科技应用技术人才并增加农民集体经济收入。鹿塘社区还通过三个方面拓宽居民增收渠道。一是合作社将土地托管给隆平高科、蓁蓁农业等农业企业经营,居民获取固定的租金收入。二是合作社与"中农

富玉国际农业科技有限公司"合作,居民获取保底分红和收益分红。三是合作社每年拿出 50% 自主经营的停车场、保洁公司、运输队、物业管理等项目的收益,分红给社区居民。

二、明确政府地位,充分发挥政府职能

(一) 政府应制定对社会组织资助的规范和标准

我国对社会组织实行双重管理制度,即通过注册管理机构和业务监督部门对社会组织进行双重管理。由同一行政级别的两个不同政府部门,对同一个社会组织进行监督和管理,而不同的业务监督部门不仅在与社会组织打交道的态度和方式上,与注册管理机构存在很大区别,而且因管理职能、行政职能、机构设置、人员配备、国家政策和体制规范的不同,表现出许多差异,由于面临的政府部门不同,使不同的社会组织受到不同的对待,造成社会组织日常管理工作的混乱局面。目前,我国各种社会组织与各级政府部门合作的机会依然很多,政府应根据其主营业务,对社会组织进行分类并制定资助标准,以更好促进社会组织进一步发展。

(二) 政府应平等资助各类社会组织

大多数基层社区社会组织缺乏获得政府资金的正常渠道。即使享有社会组织的税收优惠政策,也存在明显的差别。目前,涉及社会组织的数十种税收类别中,只有企业所得税的免税规定,涵盖了整个社会组织。其他大多数免税规定仅涉及某些营利类社会组织,而教育机构、医疗机构等非营利性质的社会组织则涉及很少。政府应根据社会组织的实际情况,综合制定有关社会组织财税的法律法规,平等地对社会组织进行资助。[1]

---

① 参见张彪:《论政府对非营利社会组织发展的财务支持》,《求索》2008 年第 9 期。

（三）政府应加强对社会组织资助的问责和绩效考核制度

政府对社会组织所给予的财政和税收支持,实质上是运用公共资金促进社会治理模式的转变。因此,提供资金的政府和接受资金的社会组织都应向纳税人披露有关资金的使用信息,并接受社会监督。但是,针对我国目前的情况,政府对社会组织的资助,存在信息公开不透明和绩效控制标准不明确等问题,对于受委托提供服务和救济方法的社会组织,政府通常缺乏具体的评估标准和相应的服务反馈。政府向社会组织购买公共服务的模式,仍处于探索和创新阶段。

2016 年以来,宁夏回族自治区在政府资金投入方面,累计投入福彩公益金 9841.3 万元,其中用于政府购买社会工作服务项目和公益创投项目 2810 万元,投入比例正在逐年加大。2018 年,民政厅划拨资金 1655 万元,建成"儿童之家"149 个,下一步计划再建 1164 个"儿童之家",每个补助 5 万元。支持 11 个县建设残疾人康复、托养服务机构,每个补助 400 万元。养老服务体系建设项目划拨补助资金 10375 万元,其中农村"老饭桌"划拨补助资金 434 万元,社区养老服务设施建设项目 5250 万元;用于社区社会组织"公益创投"项目补助资金 200 万元,社会服务"人才素质提升"工程项目补助资金 120 万元,社会力量参与防灾救灾补助资金 200 万元。宁夏各地方政府结合当地社会组织的发展实际,适时提请自治区党委政府出台相关文件,指导各部门加大对社会组织的帮助和支持。

三、完善对社区社会组织的特殊财政资助制度

（一）建立健全财政补贴专项制度

政府对社区社会组织的财政补贴,通过专项财政资金,补贴社区社会组织的特殊事务。社区社会组织向社会提供免费或低成本的公共服务,政府通过专项财政补贴,使社区社会组织获得资金补偿和财政支持,从而鼓励社区社会

组织继续向公众提供必要的公共服务。建立、健全对社区社会组织的财政补贴专项制度,重点在以下方面。

1.完善财政预算制度。应增加政府对社会公共服务领域的总体投资。近年来,我国政府在社会领域对社区社会组织逐渐增加了财政补贴,但地方公共服务的供求缺口仍然很大,而政府提供财政补贴的对象,往往是提供公共服务的社区社会组织,因此政府应增加对医疗救助、疾病控制、预防保健、食品和药品安全等方面的投资,将用于发展社区社会组织的专项资金纳入财政预算,构建高效、完善的公共服务财政预算体系。

2.建立区域性财政补贴政策及投资扶持措施。政府应明确本地区社区社会组织提供公共服务的范围及规模,以此为基准,结合社区社会组织所取得的社会效益,确定财政补贴的比例和指标,如根据社区社会组织的主营业务,确定其启动资金、日常资金、服务对象固定补贴、专项项目补贴等。同时,政府应明确特定社区社会组织的财政补贴标准和实施方法,重点支持社区公益服务,对涉及儿童、老年人及残疾人的公共福利性服务的社区社会组织,实行优先支持。对于从事公益服务及慈善事业的社区社会组织,政府可以在财政预算中提供专项资金,以提高社区社会组织的救济能力。

（二）完善政府的行政性奖励和固定资产补贴

行政性奖励是一项特定的法定行政行为,可以激发和调动社区社会组织提供公共服务的积极性。目前,我国对社会组织给予行政性奖励的规定,大多分散在不同的部门法中,缺乏统一标准。因此,有必要专门制定有关社区社会组织行政性奖励的法律法规,并明确进行行政性奖励的具体条件,有利于政府完善对社区社会组织提供公共服务的管理结构,转变社会治理模式。

固定资产补贴旨在解决社区社会组织起步阶段面临的租金过高、场地不足等相关问题。例如,在我国,城市土地归国家所有,其用途包括有偿使用和政府划拨。在实际的运营过程中,由于社区社会组织的规模、资格认定等现实因素,政府无法对其提供现实保证,相关税费对于发展初期社区社会组织来说,仍然是沉重负担。因此,各级政府应完善具体可操作的固定资产补贴政策,向处于初期发展阶段的社区社会组织提供资源、场地和公共设备。例如,提供免费场地、减少水电费、为房屋租赁提供政府租金补贴等,以便社区社会组织平稳度过起步阶段,充分发挥其公共服务作用。

(三) 落实政府对西部社区社会组织的财政间接资助制度

财政间接资助制度主要是政府向社区社会组织购买公共服务的行为,其属于国家的财政间接支持。政府采购公共服务,指政府根据相关法定程序,为某些特定的公共服务目标,从市场上以购买者的身份购买公共服务。购买公共服务是政府大力支持社区社会组织的措施之一,在不影响社区社会组织独立性的情况下,为社区社会组织提供公平的资金来源,我国政府通过向社区社会组织采购公共服务,以此完善社会救助体系,完善特困人员认定条件,提高救助供养水平。[1] 在居民养老方面,通过社区社会组织,加强社会福利院、敬老院等托底保障性养老机构,实施养老服务体系提质增量工程,健全社会福利体系。例如强化残疾人基本服务,为有劳动能力和就业意愿的残疾人提供职业培训和就业服务,多渠道扶持残疾人自主创业和灵活就业。向社区社会组织购买公共服务,已成为许多国家支持社区社会组织健康发展的重要方法。政府除直接对社区社会组织进行财政拨款外,应将向社区社会组织购买公共服务的行为,统一纳入对西部社区社会组织的财政间接资助范围,以此提高公共资源利用效率及社区社会组织的社会影响力,向居民提供更为优质的公共服务。

(四) 放宽对西部社区社会组织的财政限制

我国西部地区的社区社会组织,因为长期依赖政府财政,加剧了基层政府对社区的直接管理,影响了居民自治的社会治理方式。因此,在明确政府和社

---

① 参见黄露:《社区社会组织参与公共服务供给中的问题研究》,陕西师范大学硕士学位论文,2017年。

区社会组织在社区建设中的相应职责后,可以在一定程度上赋予西部地区社区社会组织财务自主权,放宽对社区社会组织的财政限制,调动社区社会组织及社区居民的积极性,扩大社区建设的投入,使社区建设的内容立足于人民需要,满足人民愿望,充分激发社区的创造精神,从而更好挖掘社区社会组织的发展潜力,构建新型社会治理格局。

（五）构建综合性社区建设经费拨付机制

除了大幅增加社会资本以丰富社区建设外,还应对政府投资于社区建设的财政资金进行整体规划,构建综合性社区建设经费拨付机制。在现阶段,我国的社区服务建设应采取二分法,不仅要加强政府在这一过程中的目标和责任,还应培养社区社会组织的自我服务意识,以提高社区社会组织的公共服务质量。[1] 但是对于政府部门来说,主动放弃某些领域的责任,并不意味着短期内就会减轻负担。由于长期以来政府的直接干预,严重影响了社区福利资金的使用效率。因此,只能从加强政府部门协调性的角度,整合各部门利益,以此来构建系统性的社区建设经费拨付体系。

现阶段,我国政府应继续依靠社区社会组织,在社区安全、社区矫正、公共卫生、劳动就业、社会保障等方面,开展基础公共服务项目建设。因此,只有完善政府对于社区社会组织的公共财政体制,社区社会组织才能成为社会健康运行的基本单位。为了确保社区社会组织落实自身公共服务责任,应以社区财政制度建设为起点,对财政资金的预算和决算进行顶层设计,国家根据社区发展的总体水平,编制社区社会组织的财政发展规划。在规划过程中,各个政府部门根据自身职责,因地制宜制定本部门财政规划,并在规划执行期间,认真评估涉及社区社会组织的公共服务项目,制定相应的财政预算、合同审查及第三方评估机制,以提高社区社会组织的资金使用效率,为社区社会组织的可持续发展注入新的活力。

---

① 参见李少怡:《不断完善社区服务——逐渐增强城区功能》,《学习导报》2000年第5期。

第五章 西部地区社区社会组织
人才培养机制

随着我国政府与社会部门分离的进程不断加快,2019年10月31日,中国共产党第十九届中央委员会第四次全体会议通过了《中共中央关于坚持和完善中国特色社会主义制度、推进国家治理体系和治理能力现代化若干重大问题的决定》,我国社会组织进入了新的发展阶段,并拥有更大的自主权,社会组织将承担更多的历史使命和社会责任,在一定程度上反映了现代政府与社会组织之间相互影响、相互制约、相互促进的关系。社区社会组织作为社会自治的重要载体,已成为社会力量崛起的重要标志。由于我国长期以来对社区社会组织发展的重视程度不高,对社区社会组织人才发展认识不充分,缺乏针对性的人力资源开发研究,导致社区社会组织对社区志愿者和相关专业人才的吸引力不强,使得社区社会组织人才队伍建设已成为社区社会组织未来发展的难题,影响社区社会组织的进一步发展。本章结合西部地区社区社会组织发展的总体状况,对西部地区社区社会组织人力资源开发作一些有益的探索。

通过深入青海省、甘肃省、宁夏回族自治区、陕西省、内蒙古自治区等地进行实地调查研究,收集社区社会组织人才队伍建设的第一手资料,结合西部地区实际发展状况,系统阐述西部地区社区社会组织人力资源开发的现实状况、存在问题及形成原因,并根据西部地区社区社会组织人才队伍发展的实际情况、客观条件及自身特点,提出建设西部地区社区社会组织人才队伍的综合性建议,从而进一步完善西部地区社区社会组织的人才团队建设,充分发挥社会治理中的人才效能,推动西部地区社区社会组织人才队伍建设向信息化、数字化、智能化方向迈进,培养、激发社区志愿者的新型奉献精神,加快社会工作人才队伍向专业化、年轻化转变,助力构建"共建共治共享"的新型社区治理共同体,推动基层治理创新,实现西部地区基层治理能力历史性飞跃。

第一节　西部地区社区社会组织人才培养机制的相关概念

一、人才的相关概念

"人才"一词,最早出现在《易经》中的"三才之道"中。当代对"人才"的解释有几种:1999 年版《辞海》对人才的解释是指具有较高才干和知识且道德高尚的人。通常来说,"人才"泛指各行各业的领军人物。在现实社会中,"人才"指具有一定的专业知识或专门技能,进行创造性劳动并对社会作出贡献的人。"人才"一方面包括具有非凡知识的知识分子,另一方面包括具有顶尖技能的专业人员。此外,"人才"还包括意志力坚定、眼光长远的领导型人员。对社会组织而言,"人才"指社会组织人力资源中能力和素质相对较高的劳动者,是推动社会组织发展的"第一资源",在一定条件下,优秀人才对社会组织的良好运营及未来规划的实现发挥着不可替代的作用。

二、社区社会组织人才的概念和分类

社区社会组织人才是指在社区社会组织中开展有效工作,且具有一定专业技能的管理者及服务人员。社区社会组织的相关人才应具有高尚的道德操守和奉献精神,积极开展公共服务和社区创新工作,为社区及整个社会的发展进步作出贡献。社区社会组织人才包括社会工作者、其他工作者、志愿者。三者之间呈相互依赖、相互协调的关系,即在社区社会组织中三者工作的着重点有所不同,又统一于社区社会组织的运行整体。社会工作者指持有社会工作从业许可证,具有社会工作专业教育背景,隶属于社会工作组织或相关协会并以社会工作为职业的授薪人员。其他工作者指除社会工作者之外,在社区社会组织中从事日常管理及基本运营的员工。这些工作者并不是严格意义上的社会工作者,因其大多数缺乏相关教育和社会工作背景,并无正式的社会工作从业许可证,但也在社区社会组织从事管理和服务工作。志愿者指不为任何物质报酬,主动承担社会责任从而奉献自身能力的人。与前两者最大的不同,志愿者并非社区社会组织的授薪人员,其参与社区社会组织的公共服务是出自志愿精神,自愿无偿地进行劳动。其中很多人属于兼职工作,其本职工作可能是司机、警察、教师等。志愿者在积极参与社会公共服务的过程中与相关专业人才紧密结合,实现社区社会组织的高效运转。社区社会组织紧密依靠社会工作者、其他工作者、志愿者等相关专业人才,充分发挥志愿者的积极作用,完善社区协商机制,是促进社区居民实现自我管理、提高社区社会组织现代化水平的必要举措。

第二节 西部地区社区社会组织人才队伍建设中存在的问题及原因

一、西部地区社区社会组织人才队伍建设的现实问题

党的十九大以来,国家越来越重视社会组织在我国经济社会发展中的重要地位和积极作用,许多社会内部问题依托社区社会组织来解决,进一步满足人民对美好生活的向往,社区社会组织从高数量进入到高质量发展阶段,中国社会治理的现代化进程迈入新阶段。新时代加强我国社会组织管理和服务能力的重要性更加凸显,基层社会组织专业人才队伍的发展及志愿者

队伍的充实完善将得到更多重视,制度建设和人才吸纳是社会组织磅礴发展的"双翼",我国社会组织人才队伍的建设工作已纳入国家人才工作体系,达到前所未有的高度。社会组织的人才规划将进一步完善制度设计,我国社会组织在拥有更多权利和义务的同时,也将承担更多的社会使命和社会责任。

(一) 西部地区社区社会组织人才发展政策规划尚不明确

在社区建设的初期,由于社会组织自身的管理和服务能力较弱,政府会通过行政手段,向社区社会组织分配人才资源,因此,在早期社区的人才队伍建设中,政府的行政权力发挥了重要作用。为了消除过度行政化带来的弊端,打破社区社会组织对行政手段分配人才的路径性依赖,应完善基层社会组织人才发展的系统性、针对性政策体系,培养一批骨干人才,鼓励有条件的城乡社区通过设置社会工作岗位等方式,配备专人联系、指导和服务辖区内社区社会组织,不断提升社区社会组织的专业服务能力。

(二) 过多行政干预影响社区社会组织的人才活力

长期以来,"政府双重管理"一直是中国社会组织管理制度的核心,导致我国社区社会组织的行政化色彩过于浓厚,尤以西部地区为甚。面对"十四五"时期转变政府职能的现实需要,西部地区社区社会组织需要克服对政府的长期依赖,由于社区社会组织的行政化色彩过于浓厚,使得大部分社会公众对政府行为与社会服务存在一定程度的认知偏差,混淆了社会治理的现实范围,难以针对社会组织的相关需求供应专业人才。[1]当前西部地区基层社会组织的行政管理权力分配不合理,职能交叉、责任空白等问题严重,人才效能难以实现,这必然导致社区社会组织运营过程中模式僵化,影响社区社会组织人才队伍建设,社区社会组织的专业化优势不能得到充分发挥,制约西部地区社

---

[1]　参见王名等:《社会组织与社会治理》,社会科学文献出版社 2014 年版。

会治理的现代化进程。

(三) 社区社会组织的专业人才发展空间狭窄

专业人才的数量与质量决定社区社会组织发展潜力的上限。作为社区建设的主体,社区社会组织在工作内容、工作方法、运行机制、社会资源调配等方面具有很强的行政色彩,尤其在人才发展方面,西部地区社区社会组织缺乏从事社会工作的专业化、职业化、年轻化人才队伍,青年人才上升渠道窄,缺乏长远职业规划。在双重管理的社区组织管理体制下,难以充分激发专业人才的工作热情与创新活力,一定程度上阻碍社区社会组织的专业化进程,长此以往将导致社区社会组织发展缓慢、服务质量低下,难以满足社会公众对更高质量公共服务的需求,不利于打造现代化、便民化、公益化的社区建设格局,影响西部地区新型社区治理的良好局面。

(四) 社会组织人才与社区居民的沟通机制尚不完善

社区社会组织的不断完善需要社区居民的广泛参与,通过激发社区居民参与社会活动的积极性,解决社区组织过于行政化管理的弊端。目前,西部地区的社会工作者缺乏与社区居民的沟通机制,使得社区社会组织与社区居民更加分散,对社区的归属感和认同感相对较低,没有融入统一活动网络。在社区管理方面,因相关人才的组织能力未能得到充分发挥,一些居民公众参与意识较弱,限制了其参与公共事务管理的范围和深度。①大多数居民对于"互联网+"、传统社区升级改造、新型基础设施维护等公共事务不为了解,同时对于推进智慧社区、便民一站式服务等数字化治理手段的积极性不高,致使大部分西部地区社区未能形成信息化、智能化、多元化的现代治理格局,导致社区社会组织公共服务的提供效率低下,影响现代化社会治理体系全面推进,削弱新

---

① 参见曾红颖:《社会组织参与社会管理现状、问题与对策》,《中国经贸导刊》2012年第2期。

型社区建设的群众基础。

二、西部地区社区社会组织人才队伍建设的外部环境

西部地区的经济基础相对薄弱,社会和文化发展水平发展较为缓慢,具有独特的地区差别特色。西部地区政府在对社区社会组织人才队伍建设完善政策设计的同时,在文化发展和管理策略方面也具有其独特需求。这些因素决定了西部地区政府需要对社区社会组织的人才环境进行深入分析,以便制定符合西部地区实际发展情况的社区社会组织人才治理体系。

(一) 社会公众对社区社会组织人才存在认知误区

任何社会组织的发展,都离不开该地区的历史文化和公众支持,支持的第一步是理解,只有理解才能更好支持,才会有更多人才投入社区社会组织事业。当前,公众参与社区治理意识的缺乏,是西部地区基层社会组织人才相对稀缺的根本原因之一。尽管社区社会组织的工作取得了一定的成效,但很大一部分公众尚未了解社区社会组织的宗旨和作用。在一些发展较慢的地区,居民对社区社会组织的合法性及活动目的尚不清晰,有些人甚至抱着"事不关己"的态度,拒绝社区组织提供的公共服务或社会援助。因社会公众对社区社会组织认识观念的偏离,导致西部地区社区社会组织的发展受到限制。更严重的是,一些社区社会组织的出资者和志愿者对社区社会组织本身也不甚了解,未能领会社区社会组织的真实目的,一部分志愿者甚至处于"被志愿"状态。这些"参与者"的认知偏差急需社会组织人才队伍建设环境的改善。

(二) 缺乏培养专业化社区社会组织人才队伍的有效路径

当前,高等教育系统缺乏为社会组织培养专业化人才的途径,许多交叉学科尚未建立。以管理学为例,高等院校专业设置一般已经包含企业管理专业、公共管理专业等,但并未结合社会工作领域,设置社会组织管理专业,导致社

区社会组织专业人才只能去"沾光"公共管理专业的人才。除了社会组织工作所需的管理职能外,社区社会组织的工作还需具备其他专业技能,例如,个案分析、心理辅导和医疗护理知识等,一些复合型人才甚至需要根据社区组织的主营业务,掌握有关社区社会组织日常运营的相关技能。然而目前,针对社区社会组织人才的相关专业并没有进行具体区分,导致复合型人才极度匮乏,一些社区社会组织内部培训大多是职业道德方面的宣传和培训,缺乏专业化培养机制,造成了社会人才专业化程度不高,需要大量专业人才填补行业空缺。

(三) 社区社会组织人才的社会地位有待提高

随着西部地区社会组织人才队伍建设的改革趋势与发展实际,其中最需要关注的是社区社会组织人才的"声望"问题。西部地区社区社会组织人才的职业"声望"不高,一些社会公众甚至认为社会组织员工的工作都是义务的、无薪水的,这导致一部分潜在的人才不愿意去学习社会工作专业,同时也不愿从事基层社区工作。即使选择成为其中成员,也因为这种"无收入"的误区,很难得到家庭成员的赞同。由于社会公众理解的"慈善"约等于"不挣钱",这种自愿、无报酬导致社会组织人才在工资薪酬与社会地位等方面存在困境,造成人们主观上对社会组织和人才队伍建设的不支持态度。许多员工仅将社区社会组织当作临时过渡的"跳板",缺乏长期职业规划,给社区社会组织吸引和留住人才带来极大困难。

解决社区社会组织人才队伍建设过程中外部因素的影响,需要梳理好社区社会组织人力资源管理运作的困境,以保证社区社会组织发展与人力资源管理相互促进,提高西部地区社会公众对社区社会组织的认知和认可,充分实现社区社会组织在基层治理中所发挥的作用,开拓西部地区社区社会组织人才队伍建设新局面。

三、西部地区社区社会组织人才队伍建设不利的内部原因

（一）社区社会组织筹资能力差，自身建设缓慢

西部地区社区社会组织资金来源形式比较单一，一方面靠出资人、慈善家的捐献，另一方面依靠政府"照顾性外包"的公共服务来赚取资金。因其自身公益性特点，社区社会组织的筹资能力受到限制，而提供的公共服务质量有时又差强人意，难以获得长期、有效的资金供应链，使得社区社会组织资金短缺的问题更为凸显。

由此，社区社会组织人才薪酬自然也被客观现实压低，大部分社会工作人才不愿意进入社区社会组织工作。与此同时，西部地区社区社会组织因资金相对匮乏，自身建设缓慢，导致西部地区社区社会组织整体发展规模较小，其所提供的公共服务形式单一，社会服务质量有待提高，导致西部地区社区社会组织整体发展有很多困难。当前，西部地区社区社会组织对人才的现实需求不够重视，忽视专业化社会工作人才的薪资待遇，其配套设施和相关政策不够完善，导致专业化人才不满意个人发展平台，难以认清社会工作事业的发展前景，导致人才流失现象严重。

（二）西部地区社区社会组织人才管理理念缺失

西部地区社区社会组织人才管理的模式，基本沿用公共机构的管理模式，人才的招募、选拔、培训和管理始终由政府安排。虽然一些社区社会组织内部具有一般性的绩效评估激励措施，但在情感管理例如奖励志愿者等方面，西部地区社区社会组织的相关人才激励机制仍属空白阶段。造成这些问题的原因是西部地区社区社会组织缺乏科学、规范的人才管理理念，对社区社会组织的人才队伍建设缺乏系统性判断，忽视对西部地区社区社会组织的人力资源研究，未能及时完善西部地区社区社会组织人才的培育办

法和管理方法,导致西部地区社区社会组织专业人才队伍建设与社区社会组织发展速度和规模不相匹配,致使社区建设人才大量流失,影响西部地区社区建设质量。

（三） 志愿者对西部地区社区社会组织信任不足

西部地区社区社会组织选择志愿者参与社会活动的形式比较单一,注重宣传成了大部分志愿活动的主要方式。这种乏味单调的志愿活动,使得志愿者对社区社会组织后续安排的志愿活动产生抗拒和逆反的心态,由于社区社会组织没有明确地规定志愿者的主体地位和主要责任,导致志愿者长期在社区建设过程中扮演"补充者"角色,其主体地位作用未能充分彰显,社会公众普遍认为志愿者仅仅是社区社会组织的宣传员和普及者,导致志愿者对自身工作的价值产生误解,削弱志愿者的社会荣誉感,从而影响专业人才加入和服务社区社会组织的主动性、积极性和责任感。

（四） 社会组织"孵化器"对社区社会组织服务功能的局限性

西部地区社会组织孵化器的发展仍处于起步阶段。尽管已经成形,但仍然面临许多挑战,例如,难以获得孵化的政策保证等。西部地区社区社会组织在孵化过程中,针对组织结构构建的工作相对成熟,但针对人才引进、运营技术完善等方面,仍然很难满足西部地区社区社会组织的发展要求。在一定程度上,西部地区社会组织孵化器本身也严重缺乏相关人才,对社区社会组织的专业人才培养周期较长,导致社区社会组织的专业人才出现"供不应求"的局面。

综上所述,西部地区社区社会组织内部在人才队伍建设的过程中,存在一系列内部问题。这些不合理因素将严重限制西部地区社区社会组织的内部发展动能,难以激发组织内部成员的创造活力,导致西部地区社区社会组织的现代化发展进程遭遇"人才瓶颈"。因此应系统分析西部地区社区社会组织的内部问题,转变西部地区社区社会组织在人才建设方面的发展模式,完善专业化人才队伍,推动西部地区社区社会组织的智能化、现代化步伐,开创西部地区社区治理的新格局、新气象。

第三节　健全西部地区社区社会组织
人才培养机制的对策

一、构建西部地区现代社会组织管理体制

(一) 顺应国家政策,深化"政社分开"的制度改革

西部地区社区社会组织人才队伍建设发展,需要一个良好的政策环境。为了进一步促进政府与社会的分离,指导社会组织健康有序发展,政府必须加快职能转变进程,使社会组织回归社会,特别是在社区社会组织的人事任免方面。改变一部分社会组织的负责人来自上级部门的任命或选拔制度,针对社区社会组织专业人才的培养,应从基层社会组织的领导开始,减少政府对社区社会组织的干预,规范培养组织领导者的方法,形成现代化的社会组织管理体系。

在社会组织全面发展过程中,政府积极寻求与我国国情相适应的社会基层治理模式,为社会工作者服务社区社会组织提供有利的政策指导。同时,政府要建立各种形式的社区社会组织孵化平台,如购买社会工作服务项目或为社会工作者提供相关工作,为社区社会组织活动的发展提供资金和场地支持。随着社会工作者在社区中开展丰富多彩的活动,政府作为社会工作服务的介绍者和领导者,发挥好顶层设计作用,做好对社会工作者的评估工作,以便于更好地服务于社区社会组织。

(二) 针对地区特点增加政策支持力度

深化国家治理能力的改革,构建精准的社会组织体制,应该深入研究政府

和企业、社会分开的根本任务和战略目标,处理好放权和管控的关系,为基层治理的发展、专业化人才队伍的建设提供有利的政策支撑。兼顾西部地区的差异性及西部地区社区的实际情况和发展程度,特别需要当地政府对国家政策及时研判、把握准确、详细解读的同时,尽快作出适应本地社区社会组织成长和发展的实时调整和精准细化。

为西部地区的社区社会组织建立政策平台,不仅需要了解和完善国家政策,而且需要根据西部地区的特点创新制定社会组织的地区政策。例如,在内蒙古自治区的农业牧区建立社区社会组织需要民族地区政策支持。特别是社区社会组织人才队伍建设需要对少数民族人才实行特殊优惠政策,明确民族地区社区社会组织人力资源建设的目标和任务,逐步组建具有民族地区特色的社区社会组织专业人才队伍。

二、矫正广大群众对社区人才的误解和偏差,传播正确公益理念

(一) 普及、培训和提升对社会组织和社会组织职业的认识

第一,要让普通民众了解社区社会组织的作用。它与政府和企业有什么样的区别,可以为社会提供哪些公共服务和公益事业。认识什么是社会工作者、社会工作者的任务和职责是什么、普通居民有超出自身能力不能够达到的社会需要时能否借助社会工作者的帮助来完成他们的基本需求,减少不必要的猜测和不到位的认识,他们才会加深对社会组织的认同,更加准确地理解社会组织的工作、支持社会组织的活动,营造和谐的社会组织内部和外部环境条件,推动社区社会组织健康有序发展。第二,改变普通民众对社会工作复杂性、特殊性的认识,除志愿者以外,社区社会组织的雇员在薪酬方面与正式工作人员应当是一样的,不能把他们归入"志愿者"的范畴。第三,提升社区社会组织的职业声誉和专业人才的社会地位与法律地位,希望更多的人理解并积极参与社会服务和社会公益,纠正个别人对社区社会组织专业人才不正确

的看法,以便于社会组织工作者专心致志地投入社会服务和社会公益事业。

（二）提升社区社会组织专业人才的自身定位和价值追求

强调一般群众普遍包容和理解的同时,首先要求社区专业人才树立积极向上的公益、慈善理念,特别是该组织的负责人,要深刻领会和理解社会组织运行的基本原则,不能简单粗浅地以为公益就是不挣钱,在特殊需要收费的情况下要合理合规合法的收取,收费过程要公开和透明。社会组织通过举办各种活动,为公众提供所需要的公益服务,收取适当的资金以支持活动和社会组织,可以让社会组织循环往复提供更优质的服务。其次要树立社区社会组织人才的职业荣誉感,增强专业自信。让他们充分了解和认识社会工作专业的目标是提供社会服务、增加公民福祉,这一职业具有崇高的历史使命,是值得追求和奉献的职业。执业者们只有热爱和融入自己的职业和工作,社会组织才能产生蓬勃的活力,继续发展壮大。

三、完善西部地区社区社会组织人才培养体系

（一）细化社会组织管理专业

根据国务院学位委员会和教育部学位委员会制定的"学位授予与人才培养目录"的修订和完善,在"公共管理"下设立了第二级专业。我国高校本科教育中的"管理"一级学科目前在西部地区高校建立"社会组织管理"专业,并逐步建立了人才培养体系,该体系适用于本科、硕士、博士学位等层次的社会管理专业。一方面,社会组织管理区别于企业管理,最终的目的不是追求利益最大化;另一方面,社会组织管理比公共管理更加细化,在创造公共福祉的同时,又要保证社会组织可以经得起市场的优胜劣汰,使社区社会组织自负盈亏、相对独立发展。

社会工作专业也需要精细化,单一的社会工作专业,目前并不能满足社会组织对人才的要求,社区社会组织的工作几乎涉猎了社会各个方面,包括科

技、教育、文化、卫生、劳动、民政、体育、环保、法律等。这需要社区社会组织的专业化人才在掌握社会工作专业的基本技能的情况下,参加复合型人才培训,以应对社区工作过程中存在的各种情况。复合型人才的增长,有利于培养社会组织"专业化""职业化"的人才队伍,改变社区社会组织过分依赖兼职人员的落后局面。

(二) 建立社区社会组织人才在职继续教育制度

在职人才的培养是人才建设的重要组成部分。这与社会组织的人力资源能否维持和提高现有水平有关。因此,有必要建立西部地区社区社会组织人才在职继续教育制度,提高和确保社会组织人才的专业性。同时,教育部门和民政部门有必要进一步补充和完善社会组织人才的职业资格证书制度。强调对社会组织职称的评价,增强社会组织雇员对职业的认同感和归属感。可以使用特定的方法,例如在薪资待遇或社会福利方面的优惠待遇和对持证员工的福利倾斜。

(三) 建立社区社会组织人才联合培养体系

培养社会组织人才需要依靠多方的努力。西部地区需要建立高校与社会组织联合培养的社会组织人才培养体系,高校派遣缺乏实践经验的社会工作专业的学生到社会组织中去学习工作经验,培养团队精神,社会组织也可组织专业程度较低的社会组织在职员工到学校学习专业相关知识,加强理论学习。依托这种模式,提高社会组织人才专业程度的同时,也锻炼了"准社会组织人才"的实践能力。形成一个既有专业技能培训,又有实践经验锻炼的综合型模式,形成"学"和"用"有机结合的社会组织人才培养体系。经过专业的教育和培训,专业的社会工作者具有一套较为完整的科学价值理论和实践技能,可以有效避免社区社会组织和基层社区组织规模较小、组织不强的严重弊端。准社会组织人才的培养模式是鼓励专业人才与居民通过一个地区的自助和互助解决社区问题,其工作重点是在提高居民的民主参与意识的同时培养本地社会组织人才。在实践过程中,社会工作者可以充分利用这一专业知识发展社区社会组织,促进社区居民的自治。同时,社工在孵化社区社会组织的过程中要善于挖掘和发现社区居民和社区骨干的优势,并根据每个人的特点给予充分的肯定和鼓励。此外,社工们要遵循接受、倾听、尊重和自决等职业价值观,在培养社区社会组织的过程中,认真地倾听服务对象的需求,接受不同的声音,通过协商和咨询尊重社区组织骨干的决定,为社会组织的健康发展提供专业支持。

四、完善社区社会组织人力资源管理制度

(一) 明确西部地区社区社会组织薪酬管理办法

首先,未来的工资制度在实施过程中,不仅要做到不同职位的重要性、工作强度、职责范围有所区别,还应对员工的社会组织贡献度有所区别。用制度去制止"大锅饭"的情况发生,避免干多干少一个样的问题。其次,西部地区社区社会组织人才的薪酬水平,不能继续按照过去的评判标准来定,应根据业务领域的总体薪资水平进行调整。同时,西部地区人力资源和社会保障部门发布的工资指导价和工资指导线也是重要的可参考指标。最后,相关部门要就工资收入水平和调整幅度等事项,与社会组织不同工作岗位、不同职级的员工进行平等的协商确定。

社会组织应当依法为职工缴纳社会保险和住房公积金。对于条件较为成熟的社会组织,还可以建立企业年金和其他补充保险。避免在兑现工资过程中出现不合时宜、不规则的现象,从根本上解决西部地区社区社会组织人才薪酬偏低、福利保障制度不完善的问题,合理满足社会组织人才的基本利益诉求,为社会组织人才解决后顾之忧,保障非营利性组织在人才竞争中不处于弱势地位。

(二) 介入附带正确价值观指导,并以非物质需求为主的鼓励措施

首先,专业人才的服务观念和公益慈善理念,一方面需要专业人才本身树

立正确的价值观,另一方面也要社会组织加强对工作人员的正面教育。因此,教育社会组织专门人才通过社会组织平台更好地实现自我价值和精神激励是社会组织员工的主要激励手段之一,应重视对社会组织雇员的内部激励。①其次,这种专业人才相比工业农业组织员工,需要具有服务他人且不被物质利益和金钱驱使的精神。因此,积极指导该组织专业人才通过各种平台实现和完善自我价值和精神鼓励,应重视对该组织雇员的内部帮助。单纯的内部帮助机制有时略显空泛,并不适应在早期发展阶段具有差异性的社会团体。因此,对西部地区社区社会组织的人才激励机制,应当采取物质帮助和精神奖励相结合的方式,这样避免了单纯的精神奖励,同时也对长期从事服务社会、从事公益服务的该组织人员给予物质上的帮助。由于社会组织对社会的服务有时会不定时地延长工作时间,有加班情况,可以使用加班时间抵税的方式免交少交个人所得税,对有突出贡献者采用延长假期的方式奖励,针对长期从事志愿者的青年人给予优先择校的权利等鼓励措施,这能有效地鼓励专业人才对服务社会和公益事业投入更大的热情和时间。上述方法和措施也是政府和企业使用比较少的,这样会在无形当中增强社会组织在专业人才市场的竞争力和创造力。

(三) 提高社区社会组织工作人员的工作热情

随着公众的教育水平和权利意识的不断提高,人们对社区治理和服务水平的期望也越来越高。当前的社区治理和民生服务要求已显示出复杂化、多样化和个性化的基本特征。新旧社区管理和服务问题的深入交织增加了其复杂性,社区居民需求的内容和水平也越来越多样化。同时,社区居民参与社区建设和主体意识有所提高,但参与机会、渠道和平台相对有限。人民的需求期待着基层社区治理的更大行动,居民参与要求社区积极开放空间并建立

---

① 参见周丽娟:《我国社会组织成长激励机制研究》,华中科技大学硕士学位论文,2016年。

有序参与的组织载体。社区社会组织是最重要的本地化和强大的可持续参与渠道之一。同时，作为居民社区，它也有助于促进社区互助和熟人社区的建设。

一方面，由于社会组织人才的工作特质，使得他们必须要保持优良的精神状态，将一种积极正面的形象传递给服务对象，同"微笑"和"圆脸"型服务有相似之处，而这种要求的服务某种程度上有时是社会组织的雇员们在思想上难以接受的，在行为上并不是出自本能而做出的。另一方面，由于他们是处理社会关系和调节社会关系的调节器，更加容易受到负面情绪的影响和冲击，有时直接成为接受服务者的发泄接收者。按照心理效应原理，不良情绪和低落心境会沿着社会关系链条逐次传递步步加深，进而引发递增的负面效应。因此，以上两个因素都客观地要求该组织自身要有情绪管理工作，以便逐步缓解和消除负面情绪对劳动者的影响和干预，提高社会服务工作的质量。

社会工作者在服务过程中努力培育社区社会组织，充分挖掘和培育社区组织的骨干，遵循"帮助他人自助"的基本原则。通过社区组织的骨干，更多的社区居民可以关注社区事务，参与社区活动，有利于实现社区居民的互助，协调社区治理，为建设充满爱心的社区和可持续发展的社区打下坚实基础。从社会工作的角度，培养社区社会组织，整合社区资源以及为社会工作者寻找更多的志愿合作伙伴，有助于将社会工作提升到一个新的水平。从政府的角度看，社会工作组织和社区社会组织只有变得越来越成熟并有所成长，才有利于减轻政府压力，转变政府职能，实现多主体社区治理的目标。

社会工作者在正确价值观和专业知识的指导下，通过案例研究、小组工作、社区工作等工作方式，为有需要的社区居民提供服务，同时挖掘和培育社区社会组织的骨干力量，培育社区社会组织，在实践中结合理论研究直接或间接服务社区居民的需求，这将在一定程度上进一步丰富和完善社会工作的理论和方法。孵化社区社会组织，有利于促进社区社会工作的发展，促进社区多主体社区组织体制的改革。这不仅是中国社会工作本土化、社会基本管理体制创新和促进社会建设的意义，也是社会工作学科的重要研究领域。

五、建立长期、优秀的志愿者团队

(一) 严禁"被志愿"的情况发生,优化志愿者队伍

随着社会转型和制度转型,基层社区治理进入了关键时期和相对困难的攀登阶段。但是,当前的社区工作仍然存在突出的问题,仍具有强烈的行政色彩。各部门烦琐的行政事务使基层社区不够灵活,加上社区服务能力薄弱,社区养老、育儿保护、新老公民融合等社区治理和服务严重不足。这种"强管理,弱服务"的现状使社区居民难以参与到社区管理中,无法获得幸福感,这需要扩大参与力量并增加帮助者。引入专业社会组织和内部社会组织的社区教育是解决这一问题的两种主要方法。其中,社区社会组织具有突出的地方特色,在社区环境治理、老年人和残疾人服务、文化建设、空间重建和便利服务等方面都发挥了重要作用,并成为社区居民参与社区治理的重要渠道。

建立长期优秀的志愿者队伍必须要纯洁志愿者群体,社会组织人才队伍中加入大量不能秉承志愿精神的"志愿者",这对社会组织的工作百害而无一利。第一,先要杜绝"被志愿"的情况发生,只吸收符合志愿精神的志愿者加入社会组织。第二,在志愿者之中强调志愿精神,规范志愿者工作准则,依靠志愿活动和志愿者自身影响力吸引更多有志之士加入志愿者团队。

(二) 与志愿者建立长期的合作关系

建立志愿者人事管理制度,要求志愿者在团委或其他志愿团队登记注册的同时,在社会组织注册登记,从而建立长期可靠的合作关系。这不仅可以让有相关工作经验的志愿者继续积累经验,发挥自己的优长,也可以长期对他们的工作进行有理有据的绩效评估,提供合理的奖惩,提升社会组织与志愿者之间的信任程度。对于初次参与志愿团队的志愿者还可以采取"老带新"的形式,有助于志愿者培养的可持续发展。

宁夏社会工作者和志愿者队伍的发展在近几年志愿服务中发挥了重要作

用。通过简化注册程序,降低注册门槛,降低公益风险资本,补贴和奖励措施等,鼓励符合条件的个人和团体注册申请志愿服务组织。目前在服务信息系统中注册的志愿者团体有 1060 多个,志愿者近 580000 人。持续保证为志愿者服务特别培训提供资金,并培训 1000 多名志愿者。开展"环境保护行动""建设幸福家园""帮助贫困者""邻里守望""关爱特殊困难者,农民工"等系列志愿服务活动,评选出 11 种先进模式,有力地推动了宁夏志愿服务品牌的发展。持续安排发展公益慈善基金优秀志愿服务项目,微公益事业项目,涌现出大量的"留守儿童志愿服务项目""幸福雷锋项目—雷锋饺子""爱心慈善广场"等热门人气品牌项目。

(三) 对志愿者灵活且谨慎的授权

建立长期的合作关系,社会组织就可以依照以往工作绩效的反馈,赋予有经验、有水平的志愿者一定的管理权或策划权,从而形成一种双赢的局面。一方面,社会组织可以依靠志愿者以往的经验,对工作活动进行更周密的筹划和管理。另一方面,志愿者参与程度提升,不再处于以往不受重视的辅助地位,志愿者转变为管理者、策划者,成为社会组织人才队伍中不可忽视的力量。志愿者授权灵活谨慎,一方面是因为他们是社会组织人才中重要的人力资源,需要得到重视和有效利用,另一方面是因为他们大多数是在校学生,可能包括未成年人,他们在一定程度上缺乏社交经验和处理能力,对他们的授权不能不考虑志愿者自身能力的客观条件。

随着社会的不断发展,社会组织对人才的需求越来越大,人力资源管理的压力越来越大。如何激发人才活力,充分发挥他们的热情和创造力,无疑已经成为组织人力资源管理中非常关键的部分。社会组织人力资源的管理和开发,是新的历史条件下社会组织能否发挥"社会稳定器"作用的重要保证。这是实现以人为本、促进人的全面发展的基本要求,这是建设小康社会、促进社会和谐的关键,这也是尊重和保护人权的含义。如何充分利用人才,不仅是社会组织快速繁荣发展的关键,也是人力资源可持续发展的基础。

　　社会组织在西部地区的社会、经济、文化、科学技术、教育和医疗等领域的作用越来越重要。尽管西部地区社区社会组织的发展仍处于起步阶段,无法充分发挥其最大的活力,还有更严重的生存问题。是否可以建立一支优秀的社会组织人才队伍,在很大程度上决定了社会组织的发展。因此,对西部地区社会组织人才队伍建设的研究,对于改善西部地区社区社会组织的现状,优化社区社会组织的整体人才队伍,促进西部地区社会发展具有积极的借鉴意义。各个社区的组织,将依赖于地方社区社会组织对自身建设和人才建设不足有更清晰的认识,解决好这些问题,将促进社区社会组织的发展。一是缺乏人才队伍的发展规划,二是人才队伍的数量少。这些问题严重制约着社会组织的发展,也是西部地区社区社会组织发展必须克服的瓶颈。西部地区社区社会组织要进一步发展,必须重视人才队伍的建设。社会的发展需要社会组织的积极参与,而人才团队的发展不足,限制了他们主体作用的发挥。正是在这样的背景下,我们希望通过深入研究西部地区的社区社会组织,来了解西部地区的社区社会组织人才队伍建设的现状,并通过研究和分析,形成科学、规范的社会组织人才队伍建设顶层设计,以期为社会组织建设提供理论支撑和实践参考。

第六章　西部地区社区社会组织绩效考评机制

　　社区的服务质量和民众的需求满足度是社区社会组织公共责任的首要考核标准,社区社会组织以社会使命为出发点,不但注重程序的有序性和过程的合理性,更要重视在资源方面对于预定的目标完成情况以及大众对于社区社会组织工作的评价。为得到社区社会组织的实际工作效果,即社区社会组织是否切实有效地落实其公众责任,就必须借助体系的绩效考核指标对其进行绩效考评。

　　西部地区社区基层组织对促进西部地区经济和社会发展有不可替代的作用,把西部地区社区基层组织的绩效考评机制的研究放在重要地位能够进一步充分发挥社区基层组织的作用,提高社会治理水平、鼓励社会工作者充分发挥积极作用,是社区社会组织能够有效管理和社会共享共建的必然选择。研究社区社会组织的绩效考评机制以提高西部地区社区的治理、建设水平和社区社会组织的综合实力,充分动员社区组织和社会工作者在实现可持续发展的基础上寻求社区组织管理发展的有效方法,让社区社会组织领域的研究成果发挥"智库"作用和推动西部地区社会组织发展也至关重要。若想最大限度发挥社区社会组织治理社会的积极作用,就要分析、研判社区社会组织的绩效考评发展建设中的问题,并收集、吸纳和借鉴先进经验进行本土化转化,为社区社会组织建立长效的绩效考核机制,提供理论基础和实践支持。

　　自党的十九大以来,国家发展进入了新时代,社会主要矛盾已经发生巨大变化,人民对美好生活的需要日益广泛,不但对物质文化生活提出更高要求,而且在民主、法治、公平、环境等方面提出新需求。党的十九大报告指出,要建立共建共治共享的社会治理格局,加强和创新社会治理。将社会治理的重点转移到基层,增加对基层人力、财政和物质资源的支持,加强网格管理和社会服务,改善基层综合服务管理平台,提升城市和乡村社区的自治和服务功能,改善社区管理和服务系统。特别是,城乡社区社会组织在实现居民的良性自治、政府的治理和社会监管方面发挥重要作用。

在西部地区社区社会组织内部实行绩效考评,对厘清、发挥社区社会组织功能,推动社区法治化建设具有重要意义。西部地区社区社会组织的任务是复杂而繁重的,不仅要贯彻执行上级政府布置的各项绩效目标和政策,还要完成许多涉及居民切身利益的工作。所以,以关键要素为基础,建立完备的指标体系对于绩效考评指标科学性的提高、绩效考评体系的完善、社区社会组织职能的转变以及新型现代化社区的建设大有助益。

第一节　社区社会组织绩效考评机制概述

无论何种社会组织,其管理内容、职责和发展过程都需要进行绩效考评,通过绩效考评机制,社区社会组织成员可以直观看到自身优点和存在的不足,进而增强对社会组织评估体系的信心,调动他们的主观能动性,积极参与社会组织工作,增强社区社会组织的凝聚力和效率。对西部地区社区社会组织绩效的综合评价也是考察社区社会组织如何参与社会活动和自身发展的重要指标,有助于提高其整体素质和竞争力。

一、绩效考评机制的含义

绩效包括结果和效果,可以表明一个组织最终目标的实现情况和组织中个人的工作成果。评估结果不仅要看最终成果,还要重视成本投入。绩效考核机制是包括工作改进、效率提高、服务改进、绩效比较等一系列部分有机结合的组织管理体系。①学术界对该问题的看法百家争鸣,但对其基本性质的理解有共性。学者普遍认为绩效考核机制是管理和发展社会组织、企业和政府的重要一环。对于个人和组织,目的是评估工作目标、标准和具体指标,运用科学的评价方法和程序整合绩效信息。绩效考核机制是对参与任务的程度、工作表现和发展程度进行评估和反馈的系统过程,及时发现组织的经营过程中发生或即将发生行为的结果与预定目标之间的差异,以便于组织或个人发现问题解决问题,充分利用激励措施,实现组织和个人的可持续发展和企业的发展。现代组织管理通过总结上一阶段工作的绩效评价,为下一步发展和规划寻求更好的途径和方式。

二、绩效考评机制的基本内容

中国的绩效考评机制最早源于宋朝的吏部考核体系,宋朝考核官吏绩效的方法分为三种:一、磨勘制。宋代政府勘察官吏政绩,要求官吏在基层任职一定时间后才可以晋升。二、历纸制。分为官吏自我鉴定后提交上级和由上级鉴定下级官吏善恶及德才表现并作为考核依据,考核结果用考辞记录、公布,作为赏罚和升降官职的依据。三、巡视制。皇帝不定期从各个部门临时抽派官吏到各地巡视考察复核。宋朝的吏部考核方法贴近基层,注重挖掘基层优秀人才,考核官员方法公正严谨,促使官员廉洁办公,对当今绩效考评机制具有历史借鉴意义。英国为了改变闲杂工作人员过多、工作执行力弱和效率不高的局面,进行文官制度改革,根据每项考核指标逐条对文官进行考核,依据文官的优势进行奖励。得益于此,激发文官的工作热情,促进政府的廉洁性,提高文官的工作效率。美国借鉴英国的考核制度实践,18世纪80年代末形成较为成熟的绩效考评机制,非常注重对工作人员实际工作能力的考评,即功绩制度。其他国家学习借鉴后,各种文官考核制度百花齐放。绩效考评制

---

① 参见吴俊:《建立民办社会工作组织绩效考评机制必要性的问题研究》,《太原城市职业技术职业学院学报》2017年第1期。

度的共性在于考察德、能、勤、绩的同时,把工作成果作为最重要的考核要素,根据考核结果确定公职人员的福利、处罚和晋升。越来越多的公司和组织受到启发,在公司和组织内部考核、评估员工的绩效和成果,例如将工作人员的个人能力、随机应变的能力作为员工晋升、福利和处罚的依据。

(一) 非营利性社会组织绩效考评

英国、日本、新加坡等国家为了加强政府对非营利性组织的监管、管理,先后建立非政府性、中介性、学术性的评估机构,运用定性、定量方法评估非营利组织的职能发挥和实践运行状况,在此基础上形成非营利组织的考核评估机制,具有一定的科学性、宣传性和有效性。我国的非营利性社会组织起步较晚,对其绩效的评价重视还有待提高,在经济社会平稳运行和不断提质升级的背景下,非营利性组织顺应时代要求,不断加强对绩效评估机制的把握和运用,发挥非营利性社会组织绩效评估机制推进组织管理科学化、创新社会治理、激发社会组织活力等作用,提升社区社会组织治理法治化水平,推动新时代西部地区经济工作高质量发展。

表　社会组织绩效评价指标文献梳理

国别	管理学家	评价指标
美国	Kaplan、Norton	顾客、财务、内部业务流程、学习与成长
中国	邓国胜	问责、绩效和组织能力
中国	罗文标、吴冲	顾客、财务、内部业务流程、学习与成长、政府、竞争
中国	张玉周	观念层、行为规范标准和结果标准
中国	王智慧、陈刚	顾客、财务、内部流程、创新和学习、政府、竞争、环境、沟通
中国	蔡玉凤、唐恒书	社会效能、发展能力、资金筹集能力、运营能力、政府效能

学术界对非营利社会组织绩效概念的理解有所不同,但对非营利社会组织绩效的基本内容达成共识:"组织效益既是组织的行为模式,也是其整体的个体生产的行为模式,因此,应该是行为和生产的结合。"社会组织的绩效考

评是依据监管、鼓励、发展、传播等指标的标准对民间组织行为、活动及结果进行考察、评价、测定的过程。①当社会组织无法达到预期的绩效目标，无法满足政府、社会、社区等外部主体对最终成果的要求和预期时，就会面临组织解体的困境，而社会组织最终能够存续下去需要通过绩效考评机制进行评估和考核，社会组织的实际绩效成果由服务项目数量、服务效率和满意度等部分共同组成。因此，非营利性社会组织的绩效考评机制应具备两个方面的要求：首先，应具备可信性和有效性，所以在绩效考核时应当考虑全面。一是要考虑社会组织的基础方面，二是内部架构机制方面，三是外部运作机制方面，四是运行时的财务状况，使各方面共同构成整体。其次，还应具备全面性、客观性、准确性，能够真实地反映组织绩效实际情况。

表　我国非营利性社会组织绩效考评标准指标

目标	考核方面	具体指标
社会使命和经济效益	组织基础	组织结构
		规模条件
		资产情况
		成员情况
		组织特征
	内部架构	战略计划与管理
		内务运作情况
		人力资源状况
	外部运行	项目能力
		服务能力
		客户关系
	财务状况	预决算体系
		资金筹集能力
		内部收支平衡
		资金投放效果
		财务信息公开

①　参见仲伟周：《我国非营利组织的绩效考评指标体系设计研究》，《科研管理》2006年第3期。

2007年,我国民政部下发对于民间组织考核的相关文件后,逐步展开对社会组织的考核工作。根据民政部公开数据统计,截至2020年,全国共有社会组织89.4万个,比上年增长3.2%,吸纳社会各类人员就业1061.9万人,比上年增长5.2%。全国共有社区社会组织80.2万个,其中社区养老服务机构和设施29.1万个,综合服务机构和设施51.1万个,城市社区综合服务设施覆盖率100%,农村社区综合服务设施覆盖率65.7%。2014年,各省、自治区、直辖市全面开展社会组织考核工作,利用第三方评价机制建立更完善的考核机制,改进社会组织考核工作存在的问题,解决考核工作面对的新挑战。

2015年5月13日,民政部发布《关于探索建立社会组织第三方评估机制的指导意见》,从深化社会组织管理制度改革的全局出发,按照加快转变政府职能,激发社会组织活力的新要求,明确建立社会组织第三方评估的总体思路、基本原则、政策措施和组织领导,对加快转变政府职能,激发社会组织活力,完善社会组织综合监管体系将产生重大而深远的影响。2016年8月21日,中共中央办公厅、国务院办公厅下发《关于改革社会组织管理制度促进社会组织健康有序发展的意见》,这是我国社会组织考核工作的重要文件,为我国社会组织考核的发展提供依据并指明方向。文件全面贯彻党的十八大和十八届二中、三中、四中、五中全会精神,以深化社会组织管理制度改革为出发点,厘清利用第三方考核的方式完善社区社会组织绩效考评机制的总体设计思路、应当遵循的指导原则、加强党对其工作的领导以及具体的扶持政策和措施等具体要求,为充分发挥社区社会组织服务国家、服务社会、服务群众、服务行业的作用,努力走出具有中国特色的社会组织发展之路保驾护航。

非营利组织绩效考评依托于绩效成果,而非营利组织的绩效成果主要包括个体成员和组织整体两部分:第一,个体成员是指员工工作任务的数量、质量、效率和效益。第二,组织整体是指在政府扶持、社会资源的帮助、发挥组织自身能动性的基础上作为一个整体生产有形或无形的产品。

（二）社区社会组织绩效考评机制

我国的基层社区社会组织按照组织性质和功能可以划分为党政组织、自治组织、中介组织三个部分，三个部分共同构成一个整体组织系统，三个部分各自有不同的任务、分工和角色，并且相互联系、贯通，进而实现管理社区和服务社区的目标，[①]所以对其绩效考评也要因地制宜具体分析。

1. 党政组织。包括社区党组织、街道办事处以及政府职能部门的基层单位等。该类组织在社区社会整体体系中处于"上位阶"的位置，主要发挥统领作用，协调社区社会组织运行过程中的工作。以最典型的社区街道办事处为例，向上其职权由上级人民政府授予，向下管辖居委会或行政村。根据全面落实构建基层社会治理新格局工作要求，不断满足人民群众日益增长的美好生活需要，应不断夯实党政组织党建工作责任，不断突出党政组织引领作用，确保正确发展方向。

2. 自治组织。比如社区居委会等，在上述党政组织的领导下发挥群众自治的作用，扮演执行的角色。但与街道办事处存在一定差异：第一，组织手段不同。街道办事处在管理辖区时主要通过行政方式进行，而社区居委会主要通过内部治理进行居民自治。第二，财政资源、资金支持不同。街道办事处主要依靠政府的资金扶持进行，而社区居委会除政府资金扶持以外，可以通过多种渠道寻求资金帮助。

3. 中介组织。例如社会团体、非营利性组织，承担公益性的实体服务，是政府管理下推动社区建设的补充手段，作为基层社会治理的中坚力量得到政府的提倡和发展。

据民政部的数据统计，截至 2020 年底，全国共有社会组织 89.4 万个。全国基层群众性自治组织共计 61.5 万个，其中：村委会 50.2 万个，村民小组 376.1 万个，村委会成员 207.3 万人，居委会 11.3 万个，居民小组 123.6 万个，

---

① 参见蒋山花、杨钊:《基于自组织理论的和谐社区构建》,《理论探讨》2005 年第 6 期。

居委会成员 61.6 万人。

表　2020 年社会组织按登记机关分类的统计　　　　单位:个

指标	社会团体	基金会	民办非企业单位
民政部登记	1979	215	98
省级民政部门登记	31769	5813	15278
市级民政部门登记	90033	1732	65619
县级民政部门登记	250990	672	429964
合计	374771	8432	510959

　　社区社会组织的绩效考评包括静态和动态两个层面,社区社会组织绩效考评的静态层面呈树状形式分布,包括价值取向、绩效信息、评估方法等子元素。① 社区社会组织绩效考评的动态层面包括明确目的、确定指标、制定方案、收集分析数据、完成评估报告等阶段,重点体现考评过程、流程。绩效考评的静态子元素为动态的实际考核提供理论依据和管理规范。社区社会组织的绩效考核应当考虑党政组织、自治组织、中介组织不同类型的特点,例如,某些社区的中介组织主要带有慈善帮助和自愿参与的性质,所以应当考虑不同社区社会组织的实际情况,把其他组织的细化指标和评价方法作为参考。

　　非营利性社会组织的绩效主要包括个体成员和组织整体两部分,因此,社区社会组织的绩效考核也应当包括个体成员和组织整体两个方面:1.个体成员是组织中的单个个体,应当评估该个体对于工作任务、职责履行、成果效果的影响程度等指标。2.组织整体是政府扶持、社会资源和发挥自身能动性三个部分作为一个整体,其产生的绩效成果作为评估标准。

　　党的十九大以来,我国奋力完成改革发展艰巨任务,构建新发展格局迈出

---

　　① 参见张梦恬:《我国非营利组织绩效评估问题及对策研究》,河南大学硕士学位论文,2014 年。

新步伐,高质量发展取得新成效,实现了"十四五"良好开局。社会组织要主动适应新时代要求,立足新发展阶段,完整、准确、全面贯彻新发展理念,在服务和融入新发展格局的同时考虑社会组织的独特性。经济效益对其他企业组织而言是较为重要的一项指标,而非营利的社会组织以社会使命为出发点,侧重于公共利益的实现。因此非营利性社会组织与企业其他组织不同,其价值不在于其创造多少利润,在于承担多少社会责任。因此,社会组织的经济效益指标通常只是考核指标中的一部分。

三、西部地区社区社会组织绩效考评的特点

(一) 具有社会组织的普遍特征

社区社会组织是社会组织的所属单元,社会组织所具有的特点,例如不以营利为目标的特点、自我管理的特点、公益性的特点等,社区社会组织也同样具有。因此,对西部地区社区社会组织的绩效考评具有普遍性。

(二) 具有不同于其他社会组织绩效考核的特殊性

由于地理条件、文化传承等多种差异,西部地区社区社会组织因地制宜地具有特殊性,例如:被考核主体的特殊性、过程的复杂性、考核机制的多样性以及考核体系的公开性。社区社会组织作为社会组织中的一种,其绩效考核机制必然包括静态、动态两种模式以及四维度评价机制。静态系统是指绩效评估的过程将必要的指标体系、管理技术和机制整合成为体系,以改善西部地区的社区社会组织。动态系统是指明确评估的目的、建立绩效结果数据库、编写绩效评估报告并建立反馈,指代动态运行机制的绩效结果。四维度评价机制由组织架构、内部治理、外部协调、财务制度四个维度组成,每种维度都包含特定指标。西部地区社区社会组织应科学合理地将动态过程与静态指标体系相结合,以此发挥绩效评估的实效。

第二节　构建西部地区社区社会组织
绩效考评体系的重要性

社区社会组织进行绩效考评在人力资源管理中是关键部分。对于我国社区社会组织而言,通过对社区社会组织及其内部员工进行绩效考评,科学开展星级评定,提升社会工作者专业能力、志愿者协同能力,支持社会组织承担社会事务、参与社区治理,为居民提供专业化、多样化服务,不断提高服务能力,促进我国社区社会组织的健康发展。

一、推进社区社会组织管理科学化、增强自身竞争力的重要保障

社区社会组织的可持续发展,必须充分发挥自身优势,而绩效评价考核机制是否有效合理直接影响其自身建设。若绩效评价考核机制科学合理,可以增强公众、工作人员对社会组织的认同感和信心,从而获得更多资金帮助。目前,社区社会组织的资金来源主要来自政府和社会的扶持帮助。因此,社区社会组织必须充分发挥自身优势获得更多的政府、社会资金帮助。2021年4月28日,中共中央、国务院出台《关于加强基层治理体系和治理能力现代化建设的意见》提出,街道要做好社会组织培育引导工作。习近平总书记指出,社区是党和政府联系、服务居民群众的"最后一公里"。社区社会组织的绩效考核机制应当符合加强和创新基层社会治理、增强基层为民服务能力的发展方向,对工作人员的工作情况以及社会组织进行综合测评,衡量该组织对预期目标的实现程度和完成情况,提高社区社会组织制度化、专业化和职业化水平,从组织架构合理化、社会工作者激励、行业优胜劣汰等方面推进组织管理科学化,增强自身竞争力,促进社区社会组织良性发展。

二、优化人力资源科学配置的迫切需要

有效评价社区社会组织的绩效成果能够为人力资源管理提供客观依据。通过社会组织的绩效考核评估员工的工作态度、工作热情、工作方法,根据个人和社区社会组织的要求和目标,向员工提供针对性培训和指导,充分发挥员工的业务优势、提高工作效率。①建立完备有效的绩效考核评估机制,才能建立符合当前社区实际情况的人力资源管理体系,完善和规范发展社区的各项规章制度。社区社会组织借助绩效考评体系,科学判断社区社会组织工作人员的优势和劣势,从"知人""选人""育人""留人"中快速找到合适的优秀人才、留住优秀人才、发展优秀人才,优化社区人员结构,提高社区工作人员综合素质,充分调动员工积极性,有效发挥激活人才的劳动效能和发展潜能,动员员工发挥工作热情投身组织建设,为社区社会组织保持强大生命力和核心竞争力发展提供人力资源支持。

三、提高社会组织认知度、社会公信力的根本途径

社区社会组织的公共责任以服务质量和满足社区人民需求为主要评估标准,既强调程序有序、合理、合法,且注重公众对社区的满意程度是否达到预期目标。对体系化考核指标进行收集、分析,通过绩效考核,才能知道社区社会组织发挥职能、落实公共责任的实际情况。绩效考评体系促进社会组织秉持公益慈善价值观,履行社会责任;形成完备的社会组织内部治理结构和内部管理制度,进行组织内评估、评比,对表现好的人员给予奖励,激励社会组织的良性发展;定期公开披露人员组成、财务开支、提供服务、重大事项决策等相关信息,形成规范透明的运营机制,增强公众对社会组织相关信息的了解和掌握,获得公众的理解和支持,提出意见和建议,提高公众的参与程度。对社会组织

---

① 参见邓国胜:《民间组织考核体系:理论、方法与指标体系》,北京大学出版社2007年版,第123—130页。

评价要注重社会效果,提高社会公信力。例如,志愿者将社区社会组织的绩效评价机制看成是提高、促进自我能力提升的一种方式。志愿者可以通过绩效评估了解社会组织对他们所开展工作的评价,是否对社区社会组织起到作用,以及是否完成公益使命。通过绩效评估志愿者实现志愿活动价值,为组织和社会提供高质量服务。社会组织的绩效评价对于员工也至关重要,员工为获得更高评价结果,避免被社区工作淘汰,明确社会组织及公众对他们的要求,高效管理自己,积极努力地参与工作,提高社区社会组织的运营效率,规范社会组织的行为,加大公众认同感,提高社区社会组织的社会公信度,提升社会组织的服务水平。

四、有效绩效考评是西部地区社区社会组织的必然选择

西部地区社区社会组织依托政府的扶持和社会的帮助才能够得以发展,社区社会组织必须承担相应责任,对政府和社会负责。作为反馈,社会必然会关注社区社会组织工作的开展情况,能否完成预定目标和计划。这需要对社区社会组织整体工作的绩效进行评价和认可,对社区社会组织的具体工作情况进行分析,因地制宜针对具体情况和特点给予指导。政府和社会等考核主体应当根据一系列标准判断社区社会组织及工作人员的运行效率,对比分析、总结、评价和指导社区社会组织真正履行公共责任,并及时反馈结果,提升社区社会组织发展质量,解决束缚社区社会组织发展的机制问题。因此,绩效考评是西部地区社区社会组织高质量发展的必然选择。

第三节　西部地区社区社会组织绩效
考评存在的主要问题

社会治理是国家治理的重要基石,开展社会组织绩效考评,提高社会组织的自我治理水平,是推进国家治理能力现代化的必然要求。国内众多学者认

为,绩效评估是社会组织有效发展的管理工具,是社会组织完善自我的必然选择。但在过往研究中,国内学者大多从企业角度出发,研究政治关联对组织绩效的积极影响。进入新时代以来,以社会治理成效为着眼点,以新业态经济布局为关注点,结合数字化发展趋势,社会组织的绩效考评呈现层次性改变。

学者晁罡认为,政府与社会组织合作治理正日益成为中国社会治理的重要形式,怎样提高合作治理绩效是眼前破题的关键。在对社会组织合作绩效考评过程中,政府财政状况、行政能力和行政效率与社会组织的治理机制和专业化水平,将深刻影响政府与社会组织的合作模式,从而影响社会组织绩效测量评价指标和组织形式。

学者梁海霞、叶萍则认为,针对非营利性社会组织,开展绩效考核与评价的要点则在于能否建立科学合理的社会组织绩效评估体系。当前,我国针对社会组织的绩效评估重要性的认识不到位,导致现有评估指标体系复杂,绩效评估开展缺乏独立第三方参与,对此相关学者认为可构建由基本指标为观测点的指标模型结构,并构建由组织基础维度、内部治理维度、外部运营维度、财务运作维度四类维度组成的绩效评估体系,以完善我国社会组织绩效考核机制。

学者梁小威、康伟则认为,关于社会组织服务的绩效评估,应以运用合法性理论的"合法性—有效性"分析框架进行考评,把社会组织的服务绩效视为公共政策绩效和公共服务绩效的综合体,从公共性、制度化、社会化的维度来评价社会组织服务的有效性。

党的十九大报告指出:"加强社区治理体系建设,推动社会治理重心向基层下移,发挥社会组织作用,实现政府治理和社会调节、居民自治良性互动。"结合国内学者对社会组织绩效考评的研究现状,根据西部地区社区社会组织的成长样态,西部地区社区社会组织应在保证自治性和自主性的前提下,有效利用社会资源,降低运作成本,完善社会组织考评机制。同时,西部地区政府必须紧跟国家治理体系改革步伐,释放和还原社会自主空间,推进"国家—社会"关系的进一步磨合,从而为社会组织考核机制的完善提供改革空间,推动社会组织服务水平与治理水平迈进新高度。

我国的社会组织先期重视程度不够、发展起步较晚。虽然部分社会组织已经建立绩效考评体系,但其实用性和有效性有待商榷。我国西部地区的社区社会组织在绩效考评方面也存在很多问题,主要表现在:

一、社会组织绩效考评的指标体系不够完备

选择评估标准是评估业绩有效性的关键条件。通用的社会组织绩效评价方法目前还没有形成,现有社会组织绩效评价以既定标准衡量,在初始评价的基础上进行,指标体系构建具有主观性,没有将评价指标在定性基础上进行完善和本土化的改进。评价考核指标侧重经济指标,对于增加公众满意度、学习能力、创新能力等指标的设置存在难度。绩效考核机制的评价方法是否有效、实用、具备整体性尚未得到确认和解决。社区社会组织具备非营利和公益性的特点,不同于以往的政府和企业绩效评估体系,因此标准与政府和企业绩效指标标准不同。社会组织的效果和实际影响短期内效果不明显,有的甚至相互矛盾。所以,很难找到准确的计算方法,必须充分考虑社会组织的现状和特性,选择协调性和匹配度高的指标体系作为初始绩效考核指标,并不断总结、改进和完善。

二、缺乏科学统一的绩效考评标准,考核方法选择不恰当

由于社区社会组织缺乏统一的绩效考核标准和体系,特别是社区社会组织的绩效考核体系没有针对自身特点和实际情况进行设计和构建。许多社区社会组织不是以经济效益作为目标,而是以社会效益为目标,因此资金投入没有其他以营利为主要目标的企业灵活,大多数资金是政府赠款或社会捐赠,部分社区社会组织只想维持安逸现状,缺少人力资源绩效评价。加大对绩效评估人员的培训费用更是难上加难,主观上可能导致评估与考核缺乏客观性和科学性,例如,考核人员会根据某位员工与自己关系给出评估。社区社会组织没有掌握各种评估方法的优缺点,没有根据社区组织的不同特点选择适合组

织的评估方法。因此,社区社会组织的绩效评价结果无法得出清晰、客观、科学的结果。社区社会组织绩效评价结果引起争议和矛盾,会阻碍社区社会组织工作效率的提高和社区社会组织可持续发展。

三、对绩效考评的重要性认识不到位

许多社区社会组织的管理者和雇员不了解绩效评估,甚至认为对社区社会组织进行绩效评估没有必要,也不知道绩效评估的目的,认为评估就是对其工作进行"找茬",担心评估结果可能会损害他们的形象,害怕投入更多资金、人力和时间。为了获得较好的绩效考核评估结果,部分社区社会组织隐瞒对考核不利的因素,这会影响绩效考核的结果。此外,基于人情社会的习惯性做法,一些主管人员不想因为"人情"和"面子"而"冒犯"员工。社区社会组织中的志愿工作者有不确定性,因为他们无法长期确定地在社区社会组织中工作,使得社区社会组织的评估者认为考核志愿者们实在没有必要,既浪费时间,又浪费资源。因此,为获得满意的绩效评估结果,会在绩效考核中添加主观因素,而且既定的考核标准也含糊不清,使绩效考核失去有效性。

四、社会组织绩效考评的主体较为单一

我国社会中的社会组织考评主体主要为政府部门和社会组织的领导部门,主体较为单一,缺乏相关专业机构、专业人员和相关人员的评估。社区社会组织进行绩效考评时,虽然相关的工作人员被邀请参与进来,但由于工作或知识储备方面的限制,他们大多数只是提供相应的信息并回答相关的问题,无法对评估提供带有专业性可以参考的建议,在具体的操作评估过程中,单一的评估主体给评估的其他部分结果带来限制及不确定性。

五、缺乏独立决策权,导致绩效考评考核的作用减弱

根据相关调查结果,目前我国很多非营利组织缺乏独立的决策权,大部分非营利组织的主要人员来自企业主管部门。由于缺乏任命和解雇工作人员的

权力,直接影响非营利组织的运作效率。非营利组织不能将绩效评估的结果应用于人事任命和免职,西部地区社区社会组织也面临这样的情况。绩效评估存在的缺陷会影响社区社会组织的工作进度和组织的健康发展。缺乏任命和解雇工作人员的权力,阻碍非营利组织的绩效评估提高组织管理效率、员工素质和优化员工结构。

第四节　完善西部地区社区社会组织绩效考评机制的措施

一、确立西部地区社区社会组织绩效管理体系的基本原则

基本原则是西部地区社区社会组织绩效考评机制的指导性规定,建立科学有效的绩效评价体系,必须要遵守各种社区社会组织绩效评价体系的原则。西部地区的社区社会组织有各自的特点,因此,在建立绩效考核体系时,要注意其与一般企业和其他地区各种社会组织的不同之处,实行适合西部地区具体情况的绩效考核体系才能有效促进西部地区社区社会组织发展。①具体而言,我国社区社会组织应该在原则的指导下形成科学有效的绩效评估机制。

1.绩效考评结果和考核指标的客观性和科学性的原则。如果虚构绩效考评的结果和考核指标,没有科学性和客观性作为建立绩效考核体系的前提,那么绩效考核的结果将没有代表性。

2.绩效考核体系可操作性强的原则。如果既定的评估指标与现实脱节且无法操作,那么进行评估就没有意义。因此,评估应符合实际情况,采用定量和定性相结合的方法,并且易于操作。

---

① 参见江瑶:《框架理论视角下社区社会组织参与社区治理研究》,西南财经大学硕士学位论文,2019年。

3.绩效考评结果公开透明的原则。绩效考评的结果能够使人信服的关键就在于程序、结果上的公正和公开,才能打破员工对绩效考评的偏见,认识到绩效考评是提高工作效率、促进社区社会组织能力提升的有效措施,不是对他们工作成果的否定和挑错的过程。评估结果的公开性和明确性是确保评估结果可信的基础。

4.评估结果及时反馈原则。即评估的最终结果要告知、反馈给被评估者,让员工充分意识到工作完成的质量好坏,知道他们在哪些方面没有达到领导的要求,他们应该如何改进以免被淘汰,促使他们扬长避短,发挥优势的同时及时发现自己的缺点,并不断学习以提高工作效率,获得加薪和晋升的机会。

二、构建科学有效的西部地区社区社会组织绩效考评体系

科学有效的社区社会组织绩效评价体系是一切绩效考评机制的前提,直接影响着社区社会组织的运行效率,如果缺乏科学性和有效性,会造成社区社会组织的资源浪费。科学有效的社区社会组织绩效评价体系还直接决定政府和公众是否能够有效地监督社区社会组织的行为。因此,为西部地区的社区社会组织构建科学和可操作性强的绩效考评体系,是促进我国社会组织能力建设的重要依托和保证西部地区稳定和谐的根本要求。因为西部地区的社区社会组织各有特点和不同的组织文化,所以对于西部地区的社区社会组织应该建立各不相同的绩效考评体系,不能广泛适用统一标准衡量、适用每个社会组织。

社区社会组织的最大特点是社会使命的完成和公共利益的追求,而非获得经济效益。社区社会组织的绩效评价与物质利益的激励没有直接关系,评价指标主要集中于定性分析指标。因此,西部地区社区社会组织的绩效评价指标体系的内容侧重于定性指标,共包括三个部分:(1)员工工作态度评价指标。在社区社会组织中,员工的工作态度应该列为首条评价指标,因为社区社会组织大部分工作主旨在于提供服务,提供服务的直观表达就是工作态度的好坏。(2)工作能力评估指标。工作能力是考核的硬性指标,工作能力直接

影响社区社会组织运行的效率和质量,对社区社会组织的工作有直接影响,工作能力是最为重要的一项指标,可以作为晋升或降职的重要标准。(3)绩效考核指标。工作绩效考核的结果直接展示组织工作的实际效果和成效,绩效考核指标不包含主观意识具有客观性,结果直观可见,是最客观、有效、科学的评价指标。此外,社区社会组织的绩效也包括其他部分,比如预期目标的完成程度、投入成本的高低、社区公众对社会组织工作的认同程度等策略性的指标,一些非营利性的组织着重根据这些指标进行绩效考核。

绩效考核中形成完整具有体系化的一系列具体指标是首要环节,其次把握对指标的体系构建的重点,例如增加某指标的分值比重,可以利用有说服力的数据展示考核评价的结果。对于西部地区的不同社区社会组织而言,由于各地区的特殊性和特点,具体的评价指标侧重点都不同,所以就要根据西部地区各社区社会组织的特殊性,合理有针对性地确定指标比重。主要有三种方法:(1)经验法。考核者根据自己以往的经验直接给考核指标加权。(2)专家调查加权法。通过整理各位专家的考评比重取平均值作为最后结果的确定。(3)德尔菲加权法。让所有专家对已经加权的每个考核指标的权重系数进行统计处理,然后将专家给出的权数与平均值进行分析,并进行反复比较。这种方法增加统计处理环节,更具有科学性,但操作较为烦琐。由于社区社会组织追求的并非是经济效益,所以对其组织进行考评时,员工的工作态度会影响社区社会组织的能力和形象,所以员工的工作态度指标一般会占有比较大的比重。此外,社区社会组织的绩效考评要结合组织的特性,选择合适的方法使绩效考评更为合理、有效。

客观、准确、可行的评估指标体系一般要求从目的出发,量化一系列评估指标,在此基础上完成绩效评估的初步设计,并在实践中不断完善优化,形成客观、准确、可行的评估指标体系。①所以,要在实际运行过程中不断测试、实

---

① 参见仲伟周:《我国非营利组织的绩效考评指标体系设计研究》,《科研管理》2015 年第 3 期。

验,在试错的基础上进行改进,最终确立适合西部地区社区社会组织的评估指标体系。

三、打造智慧信息平台,使西部地区社区社会组织信息网络化

融媒体、大数据、区块链、云计算迅猛发展,利用信息手段和信息传递平台的构建促进社区社会组织之间互通有无、共同进步。为确保组织信息的及时有效传递,社区社会组织成员应及时沟通,利用智慧信息平台使组织内部和外部的信息贯穿组织内部控制的各个要素,提高社区社会组织控制、运行、改进、完善过程的工作效率。因此,社区社会组织可以利用网络信息技术构建组织信息网络,收集内部和外部相关信息,对信息进行有效的筛选和整合。

(一) 建立科学有效的绩效信息反馈和公开机制

如果行业协会对其下属机构及其员工发布绩效考评指标,由于员工并不理解该协会组织的目的,产生抵制和逆反心理,有部分成员产生退会的想法,甚至一部分志愿者以各种理由离开协会使该协会工作受到影响,这说明非营利组织绩效考评需要组织内部成员的理解和支持。根据绩效考评体系建设应该遵循透明公开的原则,社区社会组织绩效考评的标准、程序以及结果都要明确并且向被考核人员和公众公开,帮助工作人员厘清绩效考评机制的实质作用,并且根据考评结果调整他们的工作重点和方向,有针对性地改进不足,增强工作人员对绩效考评机制的信心和支持力度。[1]

建立监督监管机制,能够有效反映社区社会组织运行的财务状况、公共组织的筹资、分配以及信息的效率和有效性。绩效信息在内部及外部的公开可以明确向工作人员传达并告知工作成果的实质有效性,能够帮助员工对他们的工作有清晰客观的认识,提供有针对性的指导,进一步提高社区社会组织的

---

[1]　参见叶萍:《社会组织绩效考评指标体系研究》,《广西社会科学》2010 年第 8 期。

工作效率。公开组织的绩效信息,有助于增强社会公众对社区社会组织工作的监督和理解。此外,可以分析组织所取得的实际成果与预期目标之间的差值,管理层可以根据这些差距不断调整和改进,提高管理水平。

(二) 建立社会组织内部控制的绩效数据库

建立西部地区的社区社会组织内部控制的绩效信息化系统和数据库能够增强绩效考评体系的客观性,数据库可以提供直观、有说服力的数据,避免发生数据统计时人为失误导致数据不准确或者数据失真,并且数据库的应用能够提升组织的运行效率,避免时间与资源的耗费。此外,绩效信息化系统和数据库能够更快速有效地向社会公众发布有用信息,促进信息的公开化,准确掌握大众需要,及时反馈公众的需求,为公众提供更好更满意的服务。

四、灵活运用西部地区社区绩效考评方法

我国对于非营利组织绩效考评的研究起步较晚,因此,要在借鉴、移植、改造、完善的过程中不断探求适宜我国情况的考评方法,并且同时要具体情况具体分析,从西部地区的社区社会组织的实际情况出发,结合各自的特点和特殊性,有针对性地建立可行的绩效考评方法。例如定量分析手段,如模糊评价、DEA 分析技术、层次分析法(AHP)等,还有灰色系统理论、粗糙集理论、复杂性理论、混沌理论、遗传算法、神经网络方法等,这些方法可以借鉴并引用到非营利组织绩效评价中。如我国学者邓聚龙首创的灰色系统理论,完全可以运用于非营利组织绩效评价与预测分析。[①]在考核时,要注意角度的多样性和综合性,要全面考虑整体治理。除了与社区社会组织直接相关的组织成员外,与他们相关的人员也应纳入考核范围,使结果更全面、客观。

---

① 参见吴春、王铭:《非营利组织绩效考评初探》,《山东行政学院山东省经济管理干部学院学报》2005 年第 5 期。

五、建立独立专业的第三方考核评估机构

西部地区社区社会组织应当利用各种渠道,如融媒体、公众号、社交软件、新闻媒体、社区公告等形式宣传考核机制的性质和作用,促进公众和工作人员对考核机制的了解,增强对考核机制的支持。此外,从专业性的角度出发,有必要为社区社会组织考核制度建立独立专业的第三方考核评估机构。第三方考核评估机构应具有专业性,且独立于政府、非营利性组织,因此要建立合理、公平的评估体系,使第三方考核评估机构独立于政府和非营利组织,保证评估结果客观公正,以法律的手段提供合法性依据,使考评结果更具有权威性。

第七章　西部地区社区社会组织法律监督体系

　　社区工作作为当今城市治理与社会管理的重要推手,在促进社区经济、文化、环境协调发展,提高社区成员生活水平和生活质量,增强社会治理的统筹力和基层治理的向心力,提升基层社会治理水平等方面,起着不可或缺的重要作用。同样,对社区工作的监督影响基层社区群众自治机制,决定基层现代化治理水平和能力。因此,建设管理有序、服务完善、治安良好、生活便利、人际关系和谐的新型社区必须对社区工作进行监督。西部地区社区社会组织应当深入贯彻善治、良治精神,依法、依规、依章开展工作,需要政府和社会的监督和管理,结合西部地区的实际情况和社区社会组织发展快速、数量相对较少、境外社会组织活动比较活跃等具体特点,借鉴并吸收国外有益经验,针对目前西部地区社区社会组织法律监督和行政监督的问题,需要加快立法步伐,制定专门法律,健全西部地区社区社会组织的法律监督体系,加快建设西部地区社区社会组织的政府财务监督体制,完善我国西部地区社区社会组织的监督机制,推动西部地区社区社会组织的法治化进程以及相关事业的法治化发展,促进基层社会以共建、共治、共享拓展社会发展新局面,实现社会组织治理体系和治理能力的现代化。

第一节　西部地区社区社会组织法律
监督的概念及理论基础

一、西部地区社区社会组织法律监督相关基础理论

（一）多元主义理论

20世纪初,英国学者弗雷德里克·威廉·梅特兰、哈罗德·拉斯基提出"团体真实人格理论",认为平等权的主体是人,多个权力的中心是社会,国家是多元国家,国家权力是多元化的。第二次世界大战以后,美国学者罗伯特·达尔将该理论持续发展为多元民主理论,认为社会是多元化存在的,包括意志的多元性、利益的多元性、冲突的多元性和权力的多元性,民主政治应该是各个不同的主体之间的相互竞争,应该取平衡点达到最好效果。而且还指出,传统的宪法分权制衡和政府之间的权力制约没有发挥社会多元制衡的重要作用,社会的多元制衡制度才是民主政治的关键。只有政府与社会的权力制衡共同发挥作用,民主政治再实行多元化,分散监管机关的决策力,多元主体参与竞争过程,才能保障民主的有效实施。国家权力的行使是社会多元主体为达到自己目标,形成社会契约和结果的存在形式。社会不受国家经济体系的干预而独立存在,由社会的多元主体自我组织和管理,各种社会团体有高度活跃空间,可以限制国家权力的过度使用。

（二）博弈论

博弈论,又称为对策论,是指多个主体之间,为应对某些固定限制性条件下的对局,利用双方各自的观点和理论,用科学的手段和方法提出对策。博弈论是针对竞争现象的方法论,作为应用数学的分支在实践中有较多应用。在特定领域被广泛使用,如现代数学、生物学、国际关系学、政治学等学科大量使

用该理论,主要用于了解竞争行为本质,掌握竞争现象的逻辑关系,调整竞争规则,研究竞争关系中主体、规则的相互作用。

政府与组织之间有四种博弈关系存在。第一,关系的定位。在关系定位方面,政府处于上级,社会组织处于下级,是一种伙伴关系。目前急需建立支撑社会组织伙伴关系赖以存续的法律体制。第二,资金来源。从资金支持角度出发,政府着重查看的是资金的使用效果,而社会组织更看重的是资金的持续提供,需要建立科学的资金支持体系。第三,监督管理。在监督和管理方面,政府强调的是管控的严格性,而社会组织注重自我约束管理,自律和他律应当达到两者平衡。第四,扶持方向。政府强调扶持社会组织的方向和重点,而社会组织注重切实扶持其发展的方法,应当兼顾扶持方向和扶持方法,将两者有效结合起来。

(三) 利益相关者理论

利益相关者的理论主要应用于企业经营管理领域。学者对于利益相关者理论的概念存在争议,认为该理论包括广义和狭义含义。广义的含义,只要是能够影响目标实现的所有个人和组织的利益,以及能够被目标实现过程影响的任何个人和群体都是利益相关者。狭义的含义划分得比较细致,认为企业的发展离不开组织和个人,必须完全依赖组织和个人。[1]利益相关者的分类,有两种代表性划分方法:第一种是根据风险承担的类型,分为自愿承担型和不自愿承担型;第二种是根据组织与企业之间的具体联系,分为重要的和次要的两种。

二、西部地区社区社会组织法律监督的理论基础

(一) 行政授权理论

"授权论"是当代行政法的理论基础之一。学者胡建淼认为,行政授权是

---

[1] 参见陈伟东等:《社区治理主体化利益相关者》,《当代世界与社会主义》2004年第2期。

单项法律、法规、规章直接决定,或通过法律、法规、规章明确的授权性规定,由行政机关间接决定,将某方面或某项行政职权授予行政机关外的组织行使,并独立承担相应责任的行政职权配置方式。程志明认为,行政授权是指各级人民政府根据需要,依法将处理部分行政事务的权力授予下级行政机关或不属于行政机关系统的企事业单位、社会团体和群众性自治组织,各级人民政府的领导也可以授权下属人员代行处理某项行政事务。综上,行政授权是指行政机关在法律、法规明确规定可以授权的情况下,根据行政管理的实际需要,依照法定权限和程序,将行政职权部分或全部授予有关组织,被授权的相关组织以自己的名义行使该职权,并承受该职权行为的法律后果。行政授权论以为人民服务作为出发点和落脚点,向公众提供更多更好的公共产品、公共服务和社会福利作为行政行为的基本目标,强调发挥行政权的功能进而促进国家与经济社会的发展。

(二)产权理论

产权理论在"交易成本"和"科斯定理"的基础上发展起来,英国经济学家罗纳德·科斯是现代产权理论的主要奠基者,他认为市场是一种配置资源的有效的方式,但要使它有效地运转,交易者还必须对所要交换的东西有一种明确的、排他性的、可以自由转让的所有权。对社会来说,重要的不是企业的所有权采取哪种形式,而是这种形式的产权结构能否解决激励问题,是否能够让那些与资本无关的企业成员或多或少分享到一部分企业剩余价值。在科斯关于产权研究的基础上,形成较为系统的现代产权理论,着重于它的经济学方面的含义,即把产权看作一切有助于确定每个人占有、使用、收益和转让财产的权利的法律、规章、惯例和条例。产权是权利人对财产的法律关系的体现,是权利人对财产的占有、支配、收益等权利的集合体。非营利组织的产权比较特殊,非营利组织的产权非私有,即出资人没有产权。而国有财产的产权的所有权主体是国家,也可以由代理人代为行使国有财产的使用权。西部地区社区社会组织的产权属性完全不同于这两种类型,与私人的产权和国家的产权存在巨大差异,社区社会组织的委托权、代理权以及受益权相互分离。西部地区社区社会组织由于自身性质的公益性导致受益人不确定,社区社会组织不是财产的所有者,只是作为代理人接受捐赠,可以对财产进行处分、经营和管理,组织成员也不能对资产实行占有,只能将资金用于社会建设,实现社区社会组织的社会使命和目标。

（三）公共利益理论

公共利益理论在西方管制经济学中居于统治地位。美国经济学家施蒂格勒首先提出,认为政府管制的目的是"为保护生产者利益",管制是政府在公共物品、自然垄断、不完全竞争、信息不对称、不确定性等市场失灵的情况下,对微观经济主体的行为进行直接干预,以此来克服市场缺陷,进而维护公共利益。公共利益理论的基本观念是法律应当反映"公意",代表全体人民或最大多数人民的最大利益。具体到行政立法领域,官员被假设成为维护公共利益、公共秩序和行政效率而行使立法权的利他主义者。公共利益理论的发展经过两个阶段。第一阶段重视的是生产者本身的利益,称为反独占的农业社会运动。认为农夫被下游厂商剥削,下游厂商独占之下形成差别定价,而让独占厂商享有过度集中的经济力量,经济力量形成后又继续在社会以及政治上造成影响力,而政治力量应通过立法阻止独占造成的垄断力。由于对企业的不信任,所以希望立法限制厂商的权利以及控制企业在市场上的活动。第二阶段的理论重点由强调保护生产者改为保护消费者,开始重视消费者的利益。管制的主要目的在于防止造成市场无效或是不公平的市场惯例。当独占产生时,管制的主要目的在于恢复某种程度的竞争,例如因为规模经济而造成的自然独占,管制要监视的是利率与利润背后的福利水平。由此得出的启示在于,政府应以特定的垄断形式生产和提供公共产品,政府作为公共利益的代表,在理想状态下应与社会公共利益保持一致,以实现社会福利最大化为目标。

综上,通过对行政授权论、产权理论、公共利益理论的分析,行政授权论强调发挥行政权的功能,以提供公共服务和社会福利作为行政行为的基本目标,为公众提供更多更好的公共产品。产权理论强调西部地区社区社会组织的资产所有权不能转移,不能实行私有化,组织成员也不能对资产实行占有,只能将资金用于社会建设,实现社区社会组织的社会使命和目标。公共利益理论强调政府作为公共利益的代表,政府监督应与社会公共利益保持一致,以实现社会福利最大化为目标。以上三种社区社会组织法律监督理论为西部地区社区社会组织的法律监督提供理论基础。2021年9月,民政部通过的《"十四五"社会组织发展规划》明确提出,健全社会组织监管体系,推进社会组织制度化、精细化、专业化监管。因此,必须对西部地区社区社会组织加以法律监督,促进社会组织健康有序发展,规范社会组织监管,加强社会组织诚信自律,把社区社会组织作为推进乡村振兴和创新基层治理重要抓手,探索"政府扶持、社会参与、专业运行、项目合作"的发展路径,发挥社会组织在加强社会建设、创新社会治理、提供优质公共服务产品等方面的作用,实现社区社会组织"从有到优""从优到强",推动基层治理能力提升和治理水平现代化。

第二节　西部地区社区社会组织的
监督现状分析

从行政监督和法律监督两方面分析西部地区社区社会组织的监督现状。行政监督是指监管的权力由政府独立行使或者由专门的行政机关行使,依职权进行立法,制定、执行规章制度,对社区社会组织进行监督和管理。法律监督是对社区社会组织正当性的审核标准,也是对社会组织的治理行为和财务行为进行系统约束和监督的有效方法。

一、西部地区社区社会组织的行政监督

行政监督主要是政府作为西部地区社区社会组织行政监督的主体,行政监督过程中依据法定权力和法定程序督促、指导和管理西部地区社区社会组

织及其工作人员的行为。我国西部地区社区社会组织受双重管理,即要受专门登记注册的部门管理和监督、又有对业务进行专门管理的部门管理,以及财政部门、税务部门和审计部门进行督查和管理。

(一) 登记管理部门的监督

政府登记管理部门对西部地区社区社会组织的财务监督实行"预防制"措施,源头上强化对非营利组织的治理。民政部门专职负责大多数社区社会组织的登记注册,工商部门负责部分的社区社会组织登记注册。对社区社会组织登记注册时要求严格,登记部门在登记之前对组织的准入性要件进行严格审查,审查内容包括财务会计制度的存在状况、所从事的事业是否属于非营利组织的范围等。对于不符合登记前审查要求的社区社会组织实行不予登记的处理方式。登记管理部门每年对西部地区社区社会组织的财务管理和经费收支状况进行检查,降低西部地区社区社会组织发生财务问题风险,保证西部地区社区社会组织的规范化、合法化。

(二) 业务主管部门的监督

政府有专门的业务主管部门对西部地区社区社会组织进行监管。从政府对组织的监督管理体制看,西部地区的社会组织接受登记管理部门的监督和管理。监督和管理主要从三个角度开展:第一,对西部地区社区社会组织的年检进行初次审核。在初次审核之前,把相关项目先送达给业务主管单位,经主管部门审核,如果发现问题要及时作出改正,改正无误后征得审查同意,西部地区社区社会组织方可向登记管理机关送报年度工作报告。第二,依据法律和相关规章对西部地区社区社会组织开展的一系列公益活动进行合法性、合规性审查。第三,配合除登记管理机关部门以外的其他执法部门的执法活动,发现违法犯罪行为及时报告业务主管部门。

（三）其他行政部门的监督

为落实各部门对社区社会组织的监管职责,财政部门、税务部门和审计部门按职责分工切实加大对社区社会组织的监管力度。财政部门是权威监督主体,要监督社区社会组织的会计工作。税务部门负责监督社区社会组织的税务情况。审计部门对社区社会组织的审计工作进行有效监督。三个部门各司其职,协调工作。其中,财政部门是最高监管机关,其对社区社会组织进行全面多方位监督,可以概括为以下几点:第一,审查西部地区社会组织的会计账簿的合法性和真实性。第二,监督西部地区社区社会组织的会计报告等资料是否真实、符合程序。第三,制定西部地区社区社会组织会计的规章制度。第四,对西部地区社区社会组织的会计人员的从业资格进行审查。税务部门要加强对社区社会组织的财务和税务情况进行监督,社区社会组织对自身资金收入支出以及使用情况作好明细记录,提高组织获得免税资格的标准,尤其关于税收优惠政策的审查严格按照程序进行。如果西部地区的社会组织的财务活动违背非营利的宗旨或者有其他违法、违规行为,会失去税收优惠的政策评选机会。审计机关依职权督查组织的财务收支状况,对发现的问题调查取证,将审计结果向相关政府部门报告,向社会公众进行公告。

二、西部地区社区社会组织的法律监督

（一）西部地区社区社会组织监督的法律制度

我国为保障和支持社区社会组织的健康发展,相继颁布、实施一系列相关的法律法规。西部地区社区社会组织的相关法律大致可以分为法律、行政法规、部门规章三部分。

1.法律。社区社会组织相关的法律有:1999 年 9 月 1 日,《中华人民共和国公益事业捐赠法》实施,规范捐赠和受赠行为,鼓励捐赠,保护捐赠人、受赠人和受益人的合法权益,促进公益事业的健康有序发展。2001 年 10 月 1 日,

《中华人民共和国信托法》实施,调整信托关系,规范信托行为,保护信托当事人的合法权益,促进信托事业的健康发展。2018 年 8 月 31 日,《中华人民共和国个人所得税法》第七次修正,该法律明确表明,个人对教育事业和公益事业有一定财产捐赠,该个人的个人所得税可以从其中扣除。

2.行政法规。国务院针对非营利组织颁布了一些条例:1998 年 9 月 25 日,国务院第 8 次常务会议通过《社会团体登记管理条例》,加强社会组织建设,激发社会组织活力,促进社会组织健康有序发展。1998 年 10 月 25 日,《事业单位登记管理暂行条例》发布并实施,对事业单位登记的管理进行详细规定。2004 年 2 月 11 日,国务院第 39 次常务会议通过《基金会管理条例》,规范基金会的组织和活动,维护基金会、捐赠人和受益人的合法权益,促进社会力量参与公益事业。2016 年 2 月 6 日,经国务院第 119 次常务会议通过的《国务院关于修改部分行政法规的决定》对《社会团体登记管理条例》进行修订,进一步保障公民的结社自由,维护社会团体的合法权益,加强对社会团体的登记管理,促进社会主义物质文明、精神文明建设。2021 年 7 月 15 日,《中华人民共和国行政处罚法》施行,对行政处罚的程序作出较大修改,如增加了立案程序,细化了法制审核程序,明确了处罚案件办理时限,完善了回避制度和听证程序等。目前为止,这些相关行政法规的规定,是政府主管部门对社区社会组织进行监督管理的重要依据和标准。

3.部门规章。国务院的各职能部门制定有关施行监督的规章制度,为监督部门提供重要法律依据,成为社区社会组织相关法律中不可缺失的部分,民政部及其有关部门也出台多个政策和规章制度。2000 年 4 月 6 日,民政部通过《救灾捐赠管理暂行办法》,规范救灾捐赠活动,加强救灾捐赠款物的管理,保护捐赠人、救灾捐赠受赠人和灾区受益人的合法权益,对社区社会组织的救灾捐赠管理事项进行规范。2021 年 8 月 24 日,民政部办公厅制定《社区社会组织章程示范文本(试行)》,指导基层未达到登记条件的社区社会组织制定章程,引导社区社会组织健康有序发展。2021 年 9 月 9 日,民政部部务会议通过《社会组织登记管理机关行政处罚程序规定》,规范社会组织登记管理机关行政处罚程序,保护公民、法人或者其他组织的合法权益,促进社会组织的健康、可持续、高质量发展。2021年9月30日,民政部部长办公会议审议通过《"十四五"社会组织发展规划》,明确了八方面主要任务:一是加强社会组织党的建设,推进社会组织党的组织和党的工作全覆盖。二是完善社会组织法律制度,发挥地方立法先行先试作用。三是规范社会组织登记,形成社会组织登记"有进有出"工作局面,提升社会组织登记服务效能。四是健全社会组织监管体系,推进社会组织制度化、精细化、专业化监管。五是提升社会组织执法水平,做到执法全程可回溯、重大执法决定法制审核全覆盖。六是加强社会组织自身建设,开展专业化、差异化、个性化特色服务,形成更多有竞争力的服务品牌。七是引导支持社会组织发展,推动社会组织有序承接政府转移职能。八是发挥社会组织积极作用,推动社会组织服务大局、服务基层,实施"培育发展社区社会组织专项行动""社会组织治理体系和治理能力建设工程",实施民政部部管社会组织质量提升工程。《"十四五"社会组织发展规划》进一步规范了社会组织登记管理,推动我国社会组织高质量发展。

(二) 西部地区社区社会组织的法律监督内容

我国关于社会组织的法律法规充分体现政府对民办非企事业单位、基金会等各种社区社会组织的监督,主要通过以下三方面来表现。

1.对社会组织进行约束的原则。此原则是我国对社区社会组织进行管理的重要原则之一,我国法律对此有明确的规定。1998年10月,实施的有关社会组织登记管理的相关条例中有明确的规定,其主要限制社会组织超越权限的经营权,只要是营利性的活动都不可以参加。深入贯彻此项原则的同时,对组织的收入来源以及支出用途的合法性进行审查,规定组织的资金盈余不得在会员之间进行分配。政府可以允许社区社会组织从事某些营利活动,但为保持整个组织非营利性的本质,对组织活动的特殊性也有相关规定。如若要开展以营利为目的的经营组织,必须和其他组织分开核查计算,登记机关要对其他以营利为目的的组织实行专门的审查行为。《"十四五"社会组织发展规划》将健全社会组织监管体系明确为社会组织的主要任务之一,要求推进制度化监管、精细化监管、多元化监管和专业化监管。

2. 对社会组织受赠的财产支出进行管理。根据《公益事业捐赠法》的规定,社区社会组织如果有受赠财产,要将这些财产用到非营利性的相关事业和活动中去,与公益属性的根本落脚点保持高度一致,不违反基本原则。用于救助活动的财产一定是专项捐赠资金。2004 年通过的《基金会管理条例》,明确规定社区社会组织的财产支出和具体的流向,所有活动都要按照法律法规进行。2016 年修订的《社会团体登记管理条例》明确规定社会团体的相关活动:接受的捐赠和资助必须要符合社会团体的基本宗旨,而且要符合该社会团体的业务要求,不能超范围行使财产权,保证依法、依职权行使财产权。

3. 社会组织财务公开、透明。财务公开旨在接受监管,为捐赠财产的企业、人员提供监督渠道,组织要对所接受的捐赠财产进行公开化、透明化使用,面向政府部门有关机关和人民群众时刻接受监督。2016 年修订、实施的有关社会团体登记的管理办法,规定组织从接受捐赠的财产开始,后续一系列活动及财产的来往都要有明确的细则做好记录。为了更好地接受监督,要用适当方式对相关财务支出和使用状况向社会公布。2021 年 8 月,民政部办公厅制定的社区社会组织的章程示范文本明确规定社区社会组织的资金来源和使用,财物和资金的使用、管理应当遵循公开、透明、节约的原则,其中来源于国家拨款或者社会捐赠、资助的还应当遵守国家有关规定,接受有关管理部门和社会公众监督,并将有关情况以适当方式向社会公布。任何单位和个人不得侵占、私分或者挪用组织的财产。以上行政法规和部门规章对社区社会组织非营利性的性质、合理使用资金情况、信息公开透明性作出明确规定,为相关部门的监管提供合法标准和尺度。

第三节　西部地区社区社会组织的
监督问题研究

我国对于西部地区社区社会组织的监督和管理,已经有相对完善的监督管理法律制度。从社区社会组织的自我审查到业务主管部门的初次审核,再到登记主管部门最后的审核,这一过程完整而严密。但是,从这项制度的实际实行效果来看,西部地区社区社会组织的监督和管理仍存在诸多问题亟待解决。

一、西部地区社区社会组织法律监督存在的问题

(一) 立法结构不够明晰完备

有专门的非营利组织法或者专门的结社法规定政府和社区社会组织的关系,是社区社会组织发展和政府对社区社会组织进行监管的基本准则。我国缺乏规制社区社会组织行为的专门法律,尚未颁布"中华人民共和国社会组织法",社区社会组织的监管大多依赖行政法规规定,例如:对民办非企业单位、事业单位、社会团体以及特殊的基金会等的管理进行专门规定的条例。虽然这些行政法规一定程度上达到监督非营利组织财务的目的,但是本质不是国家立法,无法达到法律的高度,不具备法律的约束力。所以,对于社区社会组织的内涵、职责、基本原则等内容都无准确界定,这些问题都缺少明确的法律依据,导致对社区社会组织的法律监管缺乏强制力、约束力。

(二) 立法内容不够准确全面

我国现有的对社区社会组织的相关法律规定中涉及较多的内容都和行政管理有关,即现在对社区社会组织管理重点在社会行为,而对经济和财务的监管仍存在漏洞。如社区社会组织每年的制度检查规定中,登记管理部门和业

务主管机关可以依法、依职权对社区社会组织进行年度检查,但本质来说,这两者仅存的差别就是分工,一个是初次审核,另一个是最终审核,在年检的其他项目中没有太大不同。综合以上这些因素,年检制度对社区社会组织真正意义上的监督还存在距离。因此,法律监督的可操作性尚待提高。此外,法律并没有对财务监督部门的具体职责和权力督查范围作出明确规定,社区社会组织缺少有效监管,监督部门执法的权威性也受到影响。因此,法律规定的内容现实操作中难度较大,立法内容的不准确、不全面导致政府对社区社会组织难以切实、有效进行监督。

二、西部地区社区社会组织行政监督存在的问题

我国对社区社会组织进行监督管理的行政部门冗杂。西部地区社区社会组织的管理体制中,虽然各部门对社区社会组织的财务和管理等作出规定和限制,但并不代表政府及其相关部门的行政监督高效、完备。政府对社区社会组织的行政监督存在以下问题。

(一) 监督主体多元化,监督内容划分不明确、监督力度不强

社区社会组织的权威监督主体有登记管理部门、业务主管单位、财政部门等官方部门。虽然相关行政法规确定监督主体,但是各部门的职责以及具体分工缺乏针对性,监督内容划分不够明确。例如,登记管理的机关和主管业务的部门最重要的区别是初次审核和最终审核,并没有关于监督管理的具体分工,没有对登记管理部门和业务主管部门的监督职责作出规定。此外,税务部门、财政部门和审计部门虽然监督非营利组织的财务工作,并且各有分工,但是因为各部门之间缺乏信息共享的渠道,信息无法共享,难以达成合作,导致对社区社会组织的监督力度不强。

(二) 监督主体与对象关系复杂,监督成效较低

社区社会组织和负责相关业务的管理部门存在利益关系,因此容易导致

部分行政部门成为社区社会组织的监管者后不依法履行职责,导致社区社会组织的监督工作形式化。因此,部分监督主体的监督行为根本动力是利益,缺少监督主体的责任和义务,直接导致实施监督时消极被动。除此之外,我国传统的有关社区社会组织观念,认为相对于业务主管部门来讲,社区社会组织是"下属"或"准下属"的身份或地位,两者之间存在类似于"上下级"的关系。因此,社区社会组织的监督主体与其关系复杂,容易导致监督成效低的现象时有发生。

(三) 监督行为存在形式化倾向

我国大部分的社区社会组织的登记首先要在民政部门进行注册,并且每年定期提交一次财务年检报告。但是由于双方信息不对称,社区社会组织在信息方面占据优势,对于民政部门来说,财务年检报告的信息真实性无从检验核对,部分社区社会组织的年检报告可能经过"加工"。同时,社区社会组织的数量庞大,信息冗杂,民政部门无法积极主动到其内部进行调查,民政部门想要消除或降低这种信息不对称的现象很难,导致社区社会组织的"年检"在实际操作的过程中渐渐成为"例行公事",监督行为向形式化倾向发展。①

第四节　完善西部地区社区社会组织监督的制度设计

在我国社区社会组织的监督制度实践过程中,社区社会组织应当在法定准入、社会责任及法律与社会监督三个不同的方面建成完整的监督体系,根据我国基本国情和现有法律情况,应当完善西部地区社区社会组织法律监督的

---

① 参见雁翔:《我国城市社区服务存在的问题和对策探讨》,大连理工大学硕士学位论文,2004 年。

制度设计。

一、提高法律监督依据的权威性

社区社会组织的立法体系层次不高，没有国家上位法支撑和保障，已有的法律法规失去权威性，实施较为困难。因此，应当提高立法层次，制定与上位法中与公民结社权相连接、专门规定社区社会组织的单行法律，将社区社会组织的法律地位、性质、宗旨、运行监督机制等规定明确，加快推进各类组织的法治化进程。虽然近年中央和地方均加强对社会组织的法律创制活动，指引社会组织的持续发展。然而，我国一直没有一部专门的全国性法律法规规制城市社区社会组织，除个别地方有专门实行的地方性法规，如宁夏的《社区社会组织登记暂行办法》，但地方性法规的层级和涉及面决定其不能对全国适用。虽然对城市社区社会组织的法律治理过程可以参见其他相关法律法规，但是城市社区社会组织的法律治理具有特殊性，同时进行法律监督的权威性无法在其他相关法律法规中体现，阻碍对西部地区社区社会组织的法律监督。

二、明确社区社会组织法律监督的范围和内容

目前，我国对社区社会组织法律监督主要集中在财务、审计监督，财务监督由审计和税务部门进行，但是存在形式化倾向，对社区社会组织的财务监督流于形式，所以要完善税法、审计法、会计准则中关于社区社会组织财务监督的部分，明确社区社会组织的监管范围，真正构建全面、完整的法律监督体系。①以新疆维吾尔自治区乌鲁木齐市为例，某些城市治理问题迫在眉睫，但没有完善的社区治理法律制度作支撑，现存的法律实践操作性也不强。主要有以下问题和不足：一是"城市"的内在含义是什么并不确切，社区内外的具体事务没有界定的标准。二是社区社会组织建设、社会工程建设以及政府

---

① 参见沈国琴、魏朝辉：《非营利组织税收监管问题探析》，《中共山西省委党校学报》2011年第1期。

购买服务等方面缺少法律法规规制。三是对社区人员的住宿管理,乌鲁木齐关于房屋租赁的相关管理规定不够详细,房屋租赁的管理主体不够明确。因此,应当制定具体的地方性法规,出台相应政策,加强制度建设,让社区居民成为社区治理参与人员,提升其参与度和认同感,使社区社会组织治理做到有法可依。

三、保证社区社会组织法律监督的可操作性

我国对社区社会组织的立法在结构、内容上有立法空白,需要加快立法进程,完善相关法律法规。在上位法不明确的情况下,我国社区社会组织的监管依据行政条例和民政部的部门规章,涉及社区社会组织的管理较多,对社区社会组织的盈余分配、支出分配、行政开支、账目信息公开等财务监督内容不多,不够具体,操作性不强。例如,2018 年内蒙古呼和浩特市海拉尔东路办事处发布对社区办的工作要求:1.认真研习街道党工委和办事处关于社区建设的政策,研究并制定重大的政策,指导社区的事业健康发展。2.对社区居委会组织的建设工作进行指导,加强社区服务管理和网络建设。3.指导社区社会组织建设工作,指导社区开展社会公益性活动。4.协调、检查、监督社区工作进展,加强对社区治理中出现的问题进行调查研究,及时想出解决办法和应对策略。5.对各社区年度工作目标的完成进行监督检查,严格执行社区工作人员考勤制度,对社区进行规范化、系统化管理。6.做好社区养老服务站的建设,为养老工作提供理论依据,做好保障。7.负责社会办公经费的收入支出消费和活动经费的管理。以上规定明确对社区社会组织的监督,力图针对社区社会组织的特殊性保证法律监督的可操作性。

四、加强对社区社会组织监督的执行力度

我国政府部门对组织的财务监管除法律制度待完善外,监管部门行使职权的意识薄弱,各职能没有分工协作,不积极行使监管权力,严重降低办事效率。所以,建议出台一部专门对社区社会组织监督的法律法规,调和监督主管

部门之间的关系,用法律法规将监督部门的工作程序、义务、责任等明确规定,强化监督部门专门的职权,提高政府监督部门的法律地位,有利于化解主体的缺失、错位、越权的困境,为监督部门行使监督职能提供法律依据。

在明确政府部门职责的基础上,对政府监督部门失职失责的问题进行究问,出现问题的环节深入调查。如果符合监督失职的条件并对财务造成损害,就要对监督管理部门的严重失职行为进行问责,纠正失职行为的同时提高监督部门的监管意识,确保监管的执行力。例如,内蒙古自治区民政部针对社区社会组织的管理有一系列规定,要求各级监督管理部门要加强已经做好登记注册的组织的管理,对组织活动、资金往来、信息公开等进行专项管理。通过培训激励等方式,指导大家强化自律守法、自我管理,强化相关活动的信息公开制度,使其自觉接受上级以及大众的监督。对于达到等级要求的组织,政府要做好登记扶持和服务的指导工作,引导广大民众自觉监督、及时监督。

五、完善西部地区社区社会组织的政府财务监管体系

第一,建立政府监督部门间的协调机制。为避免主体多元化导致部门之间职权职能划分不明确,具体执行过程中各部门监督工作出现交叉和重叠。政府需要建立监督协调机制,创造利于政府监管职能发展的友好环境,形成监督合力。负责登记的部门和主管业务部门各司其职,尽其责,做其事,处理税收、掌管财政的部门对社区社会组织进行监督管理。例如,2022 年 3 月 14 日,宁夏回族自治区民政厅发布的《关于推进"十四五"社会组织高质量发展的实施意见》指出,要重点加强对社会组织资金的监管力度。规定带头监管模式,执行法律法规信息公开。规制社会组织自我约束自我管理,按照国家标准制定准则。财政部门加强督查,发现问题及时督查、更正、上报,提高免税收的优惠政策的审核标准。对有作弊行为的社区社会组织,主要负责人和主要涉案人员都要承担法律责任。

第二,改革"双重管理体制"。行政机关及事业单位负责社区社会组织的内部业务管理,民政部门负责登记和外部监管的"双重管理体制"本身没有严

重错误,但双重管理体制的职能划分不明确,不适合我国现有的法律体制。因此,改革"双重管理体制"关键是明确登记和管理两个阶段的监管职责,具体就登记和管理监督而言,有以下设想:社区社会组织种类多,登记管理机关专管登记的审核工作复杂,这时民政部门针对共有的问题进行专门管理,对社区社会组织的所有事项进行监管会消耗精力、降低监管执行力,登记之后应该由业务主管部门负责后续工作,业务主管部门专攻业务管理,熟悉度高,专门管理社区社会组织监督效率更高。

第三,完善社区社会组织财务信息的强制性披露制度。社区社会组织财务信息的披露是指把财务状况公之于众,让利益相关人及时、准确掌握相关信息。披露有两种,一种是自愿性披露,是社区社会组织对公众进行的披露。一种是强制性披露,不管相关社区社会组织是否同意,只要符合法律符合规定政府会进行披露。自愿性披露让组织进行自我监督,主动向公众展示信息,让大众了解社区社会组织,提高公信力,得到更多资金捐助。但在我国,大多数社会组织的资金主要由政府拨款,不是公众进行捐助。因此,社区社会组织自愿性披露的原动力不足,即使披露也只会公开有利信息,回避不利信息。对此,政府可以采取强制性披露。政府的职能不断改变、公共服务不断改革过程中,西部地区的社区社会组织扮演重要角色,承担政府的部分社会职能,承担对社会民众的公共责任,履行对社会大众的义务。但是,我国社会监管的环境日趋复杂,政府行使权力处于垄断地位,所以政府为保障社区社会组织健康、持续、高质量发展就必须对财务信息总体情况进行监督管理。

西部地区社区社会组织的监督是长期的过程。社区社会组织的发展和经济发展保持同频、同拍,随着政府职能的转化,西部地区社区社会组织的监督也应当不断优化,通过提高法律监督依据的权威性、明确社区社会组织法律监督的范围和内容、保证社区社会组织法律监督的可操作性、加强对社区社会组织监督的执行力度和完善西部地区社区社会组织的政府财务监管体系等措施,可以构建政府对西部地区社区社会组织完善的监督制度,推动社区社会组织高质量发展,促进西部地区共建共治共享,建设人人有责、人人尽责、人人享有的基层治理共同体,提高基层治理社会化、法治化、智能化、专业化水平,实现国家治理体系和治理能力现代化。

第八章　西部地区社区社会组织
法律救济机制

西部地区社区社会组织具有正规性、独立性、非营利性、志愿性和公益性五个基本特征。针对西部地区社区社会组织的法律救济机制不是自发机制，而是党委、政府、社区社会组织、社区居民根据自身发展需要努力建立起来的人为机制。目前，西部地区社区社会组织的法律救济机制是残缺的，结合西部地区社区社会组织自身经验不断丰富、工作机制逐渐完善、管理和服务手段日益成熟的具体情况和特点，构建西部地区社区社会组织的法律救济体系正当其时，应当加快立法步伐，引入以需求为导向的组织制度，健全我国西部地区社区社会组织的法律救济机制，助力构建"共建共治共享"的新型社区治理共同体，推动基层治理创新，实现西部地区基层治理能力历史性飞跃。

第一节　西部地区社区社会组织法律
救济的概述及理论基础

一、西部地区社区社会组织法律救济基本概述

（一）西部地区社区社会组织法律救济概述

与国外的社会组织相比，我国西部地区社区社会组织有独特内涵，在发展环境、内在机制和民众的认知程度方面有独特的中国特色。2009 年，我国民

政部针对社会组织的构建和监管问题举行交流会议,民政部前部长李学举提到:"'社会组织'是对传统的非政府组织、非营利性组织、民间组织等称谓的改造,是用中国特色社会主义理论深刻认识这类组织的基本属性、主要特征而形成的科学概括。社会组织建设与管理的意义深远。"民政部前副部长姜力在会议小组讨论中提出:"我们所说的社会组织主要包括社会团体、基金会、民办非企业单位、部分营利性市场中介机构及社区社会组织"。

我国的社会组织体系较为复杂,包含两层含义:第一,广义上包括在中国境内的外国非政府组织、社区基层组织、部分专业协会以及经过注册的非政府组织。第二,狭义上包括社会团体、基金会、民办非企业单位、社区社会组织。

（二）来自利益相关者的理论分析

借鉴弗里曼界定的利益相关者概念,可以把受社区社会组织运行的影响,以及对发展社区社会组织有一定作用的个人或群体作为西部地区社区社会组织的利益相关者,例如:地方政府、组织成员以及其他社会力量等。[①]

表 对社区社会组织产生影响的几个因素

利益相关者		合法性	影响力	主动性	参与度	角色功能
地方政府		高	高	中	中	提供信息、资源、政策指导与组织需求回应
社区	正式组织	高	高	中	中	政策宣传与监督管理
	分管人员	中	高	高	高	鼓励与引导组织活动
	居民	中	中	中	中	参与活动
组织成员	领袖	高	中	高	高	发起成立与组织管理
	其他会员	中	高	中	高	参与活动与监管

---

① 参见[美]爱德华·弗里曼等:《利益相关者理论现状与展望》,盛亚等译,知识产权出版社 2013 年版,第 6 页。

续表

利益相关者		合法性	影响力	主动性	参与度	角色功能
社会力量	领域专家	低	中	低	低	培训、讲座等智力支持
	辖区单位	低	中	低	低	提供资源
	新闻媒体	低	中	中	低	宣传报道

如表格所示,根据社区社会组织利益相关者的各项指标进行评估,得出主体与社区社会组织发展综合影响的相关程度,相关程度较高的列为重要利益相关者,例如,地方的政府部门、社区社会组织中的领导人员和相关成员,以及居委会等社区正式组织。影响程度一般或较低的列为一般利益相关者,例如,社会中的其他人员,包括对社区社会组织有所研究的专家学者和宣传媒介中的新闻媒体等。

1. 重要利益相关者

重要利益相关者对特定主体有不可替代的作用,重要利益相关者开展活动会直接影响被考察的主体。①基于此概念,社区社会组织的重要利益相关者在社区社会组织的运行中有关键作用,社区社会组织的重要利益相关者具体包括五大类型:

第一类,地方政府。社区社会组织是社会治理的有效途径,是介于政府与居民个体之间的一种民间组织,其组织架构基本上是从基层向上层逐渐形成,重心逐渐由上层下移到基层。根据我国目前的实际情况,社区社会组织的建设和发展仍然需要政府为其保驾护航,政府的功能主要表现在两方面:1.通过拟订相关政策法规为社区社会组织提供政策指引和保障,颁布一系列法规和政府文件促进社区社会组织的进一步发展,例如温州市、海口市、大庆市等一些城市纷纷下发社区社会组织备案管理暂行办法,明确规范社区社会组织在登记备案时应当遵循的程序,协调社区社会组织与政府部门以及社区正式组

---

① 参见陈伟东等:《社区治理主体化利益相关者》,《当代世界与社会主义》2004 年第 2 期。

织之间的联动关系,让社区社会组织工作的开展有据可依,有据必依,促进社区社会组织的可持续化发展。2.提供资源支持。社区社会组织作为一种新型组织,能够最大限度地发挥社区力量,促进社区稳定。然而社区社会组织在运行时离不开基础设施资源、财政资金资源等各种资源的支持,政府是社区社会组织所需资源最主要的提供者。

第二类,社区居委会。社区居委会是社区中的正式组织,是基层群众性自治组织。其职能在于实现社区居民自治,包括对社区居民进行管理、服务、监督,以及普法宣传、政策宣传、切实保障居民利益、调解社区邻里纠纷、帮助政府维护社会秩序等多样的功能。对于社区社会组织的功用具体如下:1.通过宣传相关政策制度为社区社会组织的运行发展提供良好氛围。社区社会组织的相关法律法规、政策制度的宣传能够使社区民众增强认知度,提升对社区社会组织工作的更多理解,调动社区内民众积极参与的工作积极性,从而促进社区社会组织的良好发展。2.社区居委会在监管方面发挥作用,帮助社区社会组织工作的有序进行。社区社会组织的显著特点是扎根在社区民众当中,根据政府文件进行登记时第一要先经过社区居委会,然后递交相关部门进行审核。另外,社区社会组织机制在运行时社区居委会要进行把关和监督,使其能够有序进行。

第三类,分管工作人员。在大多数社区中负责社区社会组织的人员很多都是来自社区居委会。在专业的社会工作者或区域委员会成员的指导下,社区社会组织发展与"负责人"密不可分。作为分管社区社会组织的人员,他们在促进社会组织政策,鼓励社区居民参与到社区社会组织工作,将社会资源整合和调动到社区中扮演着不可替代的角色,能够及时发现组织工作开展时的需要,观察组织的活动,能够有效协调内部和外部的沟通,为社区社会组织的发展提供更多有效建议,并且也是组织的潜在领导者。

第四类,组织领袖。社区社会组织的领袖能够有效发起社区社会组织的工作,是组织活动的引领者,此外其还有更多职能:社区社会组织在初步建立时离不开初创者——组织领袖的奉献和努力,由于组织领袖的积极促进行动和大量的投入能够构成社区社会组织的基础和动力。相比普通民众有更大的影响力和优势,比如知识背景、经济实力、人脉资源和社会地位等方面。社区社会组织的发展初期,由于重视不够、认知度不强等原因得到的支持力度有限,可能难以建构社区社会组织,此时社区社会组织得以成立更多归功于这些组织领袖所创造的条件。

第五类,组织的一般成员。一般组织成员是社区社会组织的重要载体,组织领袖在发起社区社会组织的基础上,得益于一般组织成员才能使组织的工作有序平稳的开展,使社区社会组织的功用能够发挥到极致。此外,组织成员在机制运行时能够起到监督和管理作用,对社区社会组织机制的建立和实际运行有监督作用,社区社会组织活动开展时一般成员组织成员积极践行、参与,见证了社区社会组织的成立、建设和完善。

2. 一般利益相关者

一般利益相关者与重要利益相关者相比,对于社区社会组织的影响和作用较小,但与社区社会组织有内在联系。一般利益相关者主要包括四大类:

第一类,社区居民。社区居民是社区社会组织的根基和基础,也是社区社会组织最大的潜在组织成员。社区社会组织的运行和发展离不开社区居民的监督和参与,社区居民能够在组织外部更有效、直观、直击要害地发现问题,改进社区社会组织的工作需要充分考量社区居民的建议和监督。

第二类,领域专家。对相关专业性研究的清晰、准确认识是实现社区社会组织可持续发展的重要环节,专家学者的作用不容小觑。第一,专家学者对于社区社会组织有深入研究,能够帮助政府、社会以及民众进一步界定、理解关键问题,为改进社区社会组织的机制提供"智库"作用,为理论的发展进行实践探索。第二,社区社会组织功能的发挥需要社会大众的理解和支持,领域专家的智力输出具有权威性,更容易被大众信赖和理解。

第三类,辖区单位。辖区单位对于社区社会组织的影响比较小,主要是指一些企事业单位,主要的功用在于为社区社会组织提供各种资源。他们的部分资源例如场地和设备,社区社会组织可以利用这些资源便捷快速地为自己所用。另外,辖区内的企事业单位在为组织提供资源帮助,能够增强与组织间的联系和互动,有助于实现与社区的共建共享。

第四类,新闻媒体。社区社会组织的宣传一般通过新闻媒体进行,利用新闻媒体的媒介作用能够扩大组织的影响,使国家政府颁布的一系列政策法规能够有效地在民众当中宣传,增进理解和认知,为社区社会组织在基层的运行有更好的发展基础。另外,应当将发展较为成熟或者取得成效较为突出的社区社会组织作为范本在全社会范围内进行宣传,新闻媒体就是最有效的方式,能够使其他组织借鉴先进组织的经验,扩大成功案例的影响。

二、西部地区社区社会组织法律救济的理论基础

(一) 组织生命周期理论

组织生命周期理论是指社区社会组织成长和发展的不同阶段构成社区社会组织的完整运作,每个阶段有不同的特点,考察社区社会组织时应整体把握。从社区社会组织的规模变化角度,陈佳贵提出六阶段论,他认为,一个组织正常发育的完成需要经历孕育阶段、求生存期、高速发展期、成熟期、衰退期、蜕变期六个阶段。目前,大部分社区社会组织还处于初步阶段,整体架构和运行机制还不尽完善,因此,对西部地区的社区社会组织进行研究,目的在于促进社区社会组织尽快进入最终蜕变阶段,不断趋于成熟和完善。

(二) 资源依赖理论

资源依赖理论的代表学者是杰弗里·普费弗与萨兰奇克。两位学者认为,资源是社区社会组织提高自身生存能力、不断成熟并发展的重要因素。资源包含多个方面,例如资金物质资源、组织工作的参与人员以及组织活动的开展所需的信息资源等。资源是社区社会组织赖以生存和发展的一种内在动力,社区社会组织得到的资源支持越多,组织的能力和整体评价也就越高。

（三）社会组织孵化理论

社会组织孵化理论研究起步相对比较晚、数量较少,对其进行研究的学者主要有以下几位:1.胡仙芝主要从政府的角度出发,在宏观比较的基础上提出,应当尽量地减少以政府为主导对社会组织进行监管,避免过多干预影响社会组织的自主性,为了发展社会组织,政府更多地应该把重点放置在制定相关政策规划,为社会组织的培育提供根本保障。2.吴津认为,社会组织孵化器的功能主要包括:一是为社会组织机制的构建提供帮助;二是给予基础性的帮助;三是提升社会组织在进行社会服务时的效率和能力;四是成为沟通社会组织和政府之间关系的纽带,促进二者合作。

第二节　西部地区社区社会组织救济现状

一、西部地区社区社会组织发展的优势条件

（一）社会认知程度的提高

在社会治理的背景下社区社会组织的功能越来越明显,已成为社会、城市治理不可分割的一部分,社区社会组织是转变政府职能、提升人民幸福感的必然需求,是调节矛盾纠纷和减轻政府对社会进行治理的内在环节。因此,政府逐渐重视社区社会组织的发展和完善,发布一系列文件为社区社会组织的发展提供根本遵循和行动指南。例如,2021 年 8 月 24 日,民政部办公厅制定《社区社会组织章程示范文本(试行)》;2021 年 9 月 9 日,民政部部务会议通过《社会组织登记管理机关行政处罚程序规定》;2021 年 9 月 30 日,民政部审议通过《"十四五"社会组织发展规划》,明确了八方面主要任务;《"十四五"社会组织发展规划》进一步规范了社会组织登记管理。

（二）组织发展经验的不断丰富

我国部分地区的社区社会组织的建设已卓有成效,以西部地区为考察对象,例如内蒙古自治区在发展和监管并行原则的指导下,贯彻落实加大力度对慈善、服务、维权种类社区社会组织进行扶持的方针,对于社区社会组织把改革制度作为工作重点实行两级登记备案制。在该制度下,社区社会组织向街道备案、受街道管理,把社区社会组织置于街道以及其他有资格业务主管的监督之下。宁夏回族自治区民政厅立足社区社会组织职能定位,扩大居民参与社区社会组织服务作为促进社区社会组织发展、推进社会治理体系建设的工作基础,引导社区居民在参与民族区域共建共享中发挥作用,丰富社区居民生活,促进民族和睦、宗教和顺、社区和谐。新疆维吾尔自治区以加强社区社会组织党建工作作为促进社区社会组织发展、推进社会治理体系建设的重要保障,强调发挥党建引领作用,密切党群干群关系,夯实党的执政基础,确保社区社会组织正确政治方向。西部地区政府部门不断探索社区社会组织高水平、高质量发展的经验,有力推进社区社会组织服务能力,有效激发社区社会组织发展活力,为社区社会组织治理体系和治理能力的现代化奠定基础,为西部地区其他地方发展和培育社区社会组织提供样板和示范作用。

（三）组织形式的不断丰富

我国进入新时代的历史方位,经济发展走向高质量发展阶段,民众的需求层次不断提高,为满足社区居民对生活的更高要求,部分文化、体育等娱乐性质的社区社会组织越来越多,为社区居民提供更广泛、更自由参与社会组织的舞台。例如,社区文化服务组织引导各类文化资源向基层倾斜,包括内蒙古自治区演出娱乐协会、广西壮族自治区文化娱乐协会、宁夏回族自治区银川市文化娱乐协会、新疆维吾尔自治区文化娱乐业协会。社区体育服务组织整合社区体育服务资源,统筹建设全民健身场地设施,包括内蒙古自治区残疾人体育协会、西藏自治区老年人体育协会、广西五环星光体育俱乐部、甘肃省青少年体育联合会、青海省体育竞赛表演协会、宁夏回族自治区儿童体育运动协会、新疆维吾尔自治区体育设施行业协会。虽然很多诸如此类的社区社会组织的存在有助于提升社区活力，达到社区社会组织的预期目标，增强组织与社区民众之间的联系，促进社区社会组织达成社会效益。

二、西部地区社区社会组织救济面临的主要困难

第一，政府支持不够，社区社会组织发展得不到保障。我国经济社会发展中，社区社会组织的发展需要政府的扶持和帮助。目前，新疆维吾尔自治区、内蒙古自治区、广西壮族自治区等地区的基层政府对社区社会组织的资金投入、服务监管缺乏精细和规范的治理方式，导致西部地区社区社会组织自身建设滞后、发育程度不高、业务范围狭窄、服务内容和方式陈旧，所以政府应该继续加大力度对西部地区社区社会组织的扶持和帮助，使社区社会组织的发展得到根本、有力的保障。

第二，社区治理机制不完善，社区社会组织发展环境待改善。社区社会组织产生、发展的过程与其所处内部和外部环境的发展密不可分，社区建设是社区社会组织培育和发展的外部环境，社区的建设情况影响社区社会组织。但根据我国实际情况看，社区建设的经验不够，社区建设过程中也存在一些亟待解决的问题。例如社区居委会通常带有行政色彩，社区民众对社区社会组织的认识不够充足，理解程度不够深入，导致参与不够积极，这些问题会牵制社区社会组织的发展。所以目前西部地区社区社会组织的治理机制还不尽完善，社区社会组织的发展环境有待改善。

第三，居民参与度不够，社区社会组织难以持续发展。居民是社区和社区社会组织的根基和出发点，居民的积极参与是实现社区和社会组织发展的根本动力。居民的参与是增强社区的凝聚力、提升社区社会组织的服务能力和组织活力的重要主体。然而，由于单位制解体和城市化进程的加快，社区逐渐体现出"孤立"的特点，也就是"陌生人"社会，社区居民之间的沟通和交往越来越少、互动也越来越少，这就导致居民作为社区的主体，对社区的认同感缺

乏,对于其参与社区社会组织治理是极其不利的,长此以往,就会使社区社会组织难以持续化发展。

第四,自身能力不强,组织瓶颈难突破。政府和社会力量的帮助对社区社会组织犹如车之双轮、鸟之双翼,若想稳定且持续的运行,必须克服自身问题,提高社区社会组织自身能力。主要包括:1.从社区社会组织的内部看,其内部机制不够完备。社区社会组织实现预期目标、充分发挥功用,需要管理机制具有科学性,运行机制具有规范性,组织的整体结构具有完整性。但从实际角度看,大部分社区社会组织的科学性、规范性、完整性明显不足。2.从社区社会组织的成员看,其人员的素质和专业性不够高。社区社会组织治理工作的开展以组织成员为依托,提高工作人员的专业性才能更好地实现西部地区社区社会组织的发展壮大。

综上,建立完善的法律救济机制是实现社区社会组织参与基层治理的必由之路,切实发挥社区社会组织的功能作用,在增强自我服务,解决矛盾纠纷,培育社区文化,促进社会和谐等方面提供优质社区服务,[①]不断促进社区社会组织发展、加强创新社会治理、推进社会治理体系建设,全面实现政府治理和社会调节、居民参与良性互动。

第三节　构建西部地区社区社会组织法律救济机制

社区社会组织的目的在于实现社会使命,满足社区居民日益变化的新要求,增强社区和谐,促进社区秩序稳定,为社会治理提供强大引擎和重要抓手。因此,在对社区社会组织的理论和实践进行总结的基础上,坚持加大外部扶持

---

① 参见周昌祥:《创新基层社会治理的有效方法:以服务为本的社区社会工作》,《社会工作》2014年第2期。

力度和增强自身能力双轨并行,提出完善西部地区社区社会组织法律救济的对策与措施,助力构建"共建共治共享"的新型社区治理共同体,推动基层治理创新,实现西部地区基层治理能力历史性飞跃。①

一、创新思想,提升社会认知

社区社会组织的出发点和落脚点都是公共利益,以居民需求为驱动力,促进社区团结有序,使居民赖以生存的社区环境氛围得到改善。此外,社区社会组织可以帮助政府进行社会治理,实现现代化建设,提升居民主人翁意识,促进居民良性自治。所以,要对社区社会组织的功能进行宣传,转变居民对组织的认识,增强对社区社会组织的认识,通过居民主体的基层共治促进社区社会组织的发展。1.政府是社区社会组织的主要治理主体,因此,政府应当厘清社区社会组织的基本界限,例如社会组织的性质、地位、功能。进而在实际工作中应当充分挖掘社区社会组织自治的主体性,避免过多干预捆住社区社会组织发展的手脚,使社区社会组织在相对自由的环境中逐渐成长。2.社区居民作为社区社会组织的主体,应当尽量调动他们的热情,积极参与社区社会组织的工作,并且利用新闻媒体等媒介引导居民增强对社区社会组织的支持。3.充分寻求专家学者的专业性帮助,以他们的专业性理论为指引,充分发挥专家学者的"智库"作用。

二、落实配套政策,完善法律法规

根据利益相关者理论,政府职能和政府治理方式的转变,影响社区社会组织的发展,拓展社区社会组织的自由空间能够不断成熟、发展。目前,政府是社区社会组织最坚实的后盾,所以政府应当要落实相关政策,形成较为完备的法律法规体系,以帮助西部地区的社区社会组织尽快成长。②以新疆维吾尔自

---

① 参见李明悦:《共建共治共享社会治理理念研究》,东北农业大学硕士学位论文,2019年。

② 参见温庆云:《扶持社会组织发展的几点思考》,《社团管理研究》2011年第2期。

治区为例,社区作为日益成熟的发展体,当地政府日益满足居民需求。然而,从国家法律法规层面上看,我国先前已经颁布了一些法律法规以及地方性法规,但是还没有形成有体系的针对社区治理方面的专门法,且部分法律法规面对当今的社会发展实际存在滞后性,容易导致执行时出现不合适、不配套、难以实现的问题。从新疆维吾尔自治区的具体情况上看,由于其地区自身的特殊性,国家层面关于社区社会组织的法律法规在新疆实施时可能会存在"水土不服"的情况,所以,可以通过法律赋予新疆维吾尔自治区的相关自治立法权限,完善地方性的相关法律法规,以弥补在实践中发现的空白地带,为新疆地区社区社会组织的发展保驾护航。

三、推进政府购买服务,加强合作

政府通过向社区社会组织购买服务,不仅是对社区社会组织进行扶持和帮助,也是使社区社会组织在市场竞争中持续发展的有效途径。可以为组织提供诸如基础设施、资金资源上的帮助,此外,在购买服务的过程中择优选择合作对象,可以促进社区社会组织增强其自身能力。所以,推进政府进行购买服务,可以在加强政府与组织合作的基础上推动社区社会组织的发展。而对于西部地区的社区社会组织,部分组织还是处于培育和发展并行的阶段,此时更需要设计相关措施和项目,提供稳定的资金资助,完善监督管理的机制,健全招标竞标的程序制度等,有利于在政府职能得以转变的同时加强与社区社会组织的合作,从而提高社会治理水平的现代化程度。例如内蒙古自治区关于推动政府购买服务的支持政策,鼓励各级政府部门同等条件下优先向社会组织购买民生保障、社会治理、行业管理、公益慈善等领域的公共服务。要采取切实措施加大政府向社会组织购买服务的力度,逐步提高政府向社会组织购买服务的份额或比例。政府新增公共服务支出,通过政府购买服务的部分,向社会组织购买的比例原则上不低于30%。此类的扶持政策能够促进社区社会组织健康有序发展。

四、加强自身建设,增强持续发展力

社区社会组织自身能力的建设是可持续、现代化发展的根本动力。而社区社会组织充分发挥功能的前提和基础是社区居民的参与,根据居民需求实现社区社会组织的目标是其良性发展的首要前提,及时发现并及时解决社区居民的新需求,确定社区社会组织的工作目标并展开工作和活动。[①]一方面,健全社区社会组织内部治理机构,改善管理模式等,是社区社会组织能够可持续发展的重要条件。以内蒙古自治区为例,内蒙古呼和浩特市民政局开展"三社联动"的工作新模式,包含三部分:一是以社区为依托,二是以社区社会组织为中间载体,三是以社会工作专业人才为支撑。另一方面,提高居民和社区社会组织工作人员参与治理的能力水平,是社区社会组织能够高水平发展的关键。社会政治、经济、文化、教育等领域的研究者们就社区基层治理改革、社会专业工作理论与实践、社会组织能力的提升与建设开展专业培训。接受培训的社区居民自觉组成各种兴趣爱好小组,开展非正式小组讨论、线上和线下解析案例、面对面谈话、一对一谈话的方式,调动社区居民的参与积极性。同时,通过培训社区社会组织的工作人员,增强基层社区治理的意识,丰富社会工作的专业认识,完善社区社会组织自我管理和服务民众的本领。

综上,构建西部地区社区社会组织法律救济机制要充分认清培育发展社区社会组织的重要意义,结合西部地区社区社会组织的地域分布、服务类别、业务领域等实际情况,将社区社会组织培育发展融入乡村振兴和基层治理两大工程之中,科学制定发展规划,利用各种资源,调动各方力量,细化工作措施,积极争取各项政策支持,努力建设团结和谐、繁荣富强、文明进步、安居乐业、生态良好的新时代中国特色社会主义基层治理局面。

---

① 参见王建军:《当前我国社会组织培育和发展中的问题与对策》,《四川大学学报》2012年第3期。

第九章　西部地区社区社会组织
法律治理研究

　　社区作为基层治理的基本单元以及居民生活的共同体,是构建共建共治共享社会治理格局的重要部分。社区社会组织作为非营利性社会组织,在疏导城乡社区治理难题、提高社区服务群众质量等方面具有重要作用。2019年10月31日,党的十九届四中全会明确提出推进国家治理体系和治理能力现代化,要加强和创新社会治理,构建基层社会治理新格局。西部地区社区治理现代化直接影响着基层社会的稳定发展,而法治是推进社区治理现代化的重要条件。西部地区社区社会组织的法律治理,是转变传统治理观念,用法治观念推动发展、化解矛盾、维护稳定和实现高质量发展的综合工程。西部地区的基层社区治理遇到职能交叉、权责倒挂、公众参与薄弱、风险意识不足、工作效率低等一系列痛点。因此,需要自觉将法治思维、法治方式融入西部地区社区治理的各方面与全过程,沿着习近平法治思想指引的正确方向,持续探索新时代西部地区社区治理的策略、方针,搭建社区自治和民主管理之间良性合作的平台,为社区治理的法治化创造条件,进而有效推动社区社会组织服务功能的拓展,促进西部地区社区社会组织治理规范化、法治化、现代化。

第一节　西部地区社区社会组织
法律治理基本问题

一、西部地区社区社会组织的基本情况

1887年,德国著名社会学家滕尼斯将社区定义为:能够给予居民自然意志,以及心态、地缘等条件,从而形成的一个社会有机体,具体包括邻里、村落、家庭、城镇等。随着世界广泛接受"公共治理",中国加速"依法治国"进程,西部地区社区社会组织快速发展,具备了资本实力雄厚、资源动员能力强、协调能力过硬等特点,在文化、教育、卫生、环保、扶贫等多个领域发挥重要作用,对西部地区地方政府治理和国家关系协调发展起到了基础性支撑作用。

根据全国各级民政部门统计显示,截至2022年8月,全国共登记社会组织90.2万个,北京市社区社会组织12378个,天津市社区社会组织6598个,上海市社区社会组织17152个,广州市社区社会组织25205个,山东省社区社会组织11000个,安徽省社区社会组织1537个,重庆市社区社会组织17469个,四川省社区社会组织2277个,陕西省社区社会组织1991个,云南省社区社会组织1937个,贵州省社区社会组织1258个,甘肃省社区社会组织1442个,青海省社区社会组织1181个,广西壮族自治区社区社会组织1647个,宁夏回族自治区社区社会组织953个,西藏自治区社区社会组织385个,新疆维吾尔自治区社区社会组织1072个,内蒙古自治区社区社会组织1983个。其中西部地区社区社会组织共33595个,占全国社区社会组织总量的3.7%。

西部地区社区社会组织包含两类。第一类是经过工商部门登记后,经审核赋予其合法性质的社区民间组织。第二类是未经过工商部门登记,没有合法性质的社区准民间组织。这两类社区社会组织有共同性质,都是主体为个人或社会组织各自或合作进行社区活动,积极响应国家和政府号召,立足自身

宗旨和业务范围,充分发挥资源优势,担起历史责任和新时代使命,在支持民族团结、乡村振兴、疫情防控、为民服务等方面作出积极贡献。

二、西部地区社区社会组织的鲜明特点

西部地区社区社会组织是面向基层社会的服务型组织,包括在政府的主导之下成立的社会组织,以及非政府主导的参与社区建设、日常管理的社会组织。根据 2016 年 6 月—2022 年 8 月笔者考察、调研,按照社区社会组织开展活动的类型和功能,西部地区的社区社会组织主要可以分为:社区生活服务类组织、社区慈善公益类组织、社区娱乐文体活动类组织、社区治理类组织、社区权益维护类组织、社区治安维稳类组织等六大类,总体呈现出以下鲜明特点:

第一,区域性是西部地区社区社会组织最显著的特点。从活动范围、活动主体方面分析,西部地区地域辽阔、交通不便、资源匮乏,社区内聚集较多的少数民族,因此西部地区社区社会组织在开展工作和活动时一般是在社区所在的固定区域内进行。如宁夏儿童体育运动协会主要在银川市金凤区开展活动,内蒙古健康管理师协会主要在呼和浩特市新城区开展活动,新疆维吾尔自治区书法协会主要在新疆维吾尔自治区乌鲁木齐市天山区开展活动,西藏自治区微光社区服务中心主要在拉萨市开展活动,这是顺应社区民众的现实需求和迫切需要,围绕限定区域打造活动基地、创新服务建设,必将在团结民众、利益共享等方面产生积极而深远的影响。

第二,西部地区社区社会组织发展快速,但数量相对较少。改革开放以来,特别是近年来,西部地区社区社会组织发展处于快速增长阶段。2011 年,宁夏回族自治区社区社会组织在各级民政部门注册登记的社区社会组织共92 个,而到 2021 年底这一数量已达 953 个,十年间增加 861 个。2011 年,内蒙古自治区社区社会组织在各级民政部门注册登记的社区社会组织共 301个,而到 2021 年底这一数量已达 1983 个,十年间增加 1682 个。2011 年,西藏自治区社区社会组织在各级民政部门注册登记的社区社会组织共有 7 个,而到 2021 年底这一数量已达 385 个,十年间增加 378 个。2011 年,新疆维吾尔

自治区社区社会组织在各级民政部门注册登记的社区社会组织共有 201 个，而到 2021 年底这一数量已达 1072 个，十年间增加 871 个。2011 年，广西壮族自治区在各级民政部门注册登记的社区社会组织共有 156 个，而到 2021 年底这一数量已达 1647 个，十年间增加 1491 个。2011 年，青海省在各级民政部门注册登记的社区社会组织共有 387 个，而到 2021 年底这一数量已达 1181 个，十年间增加 794 个。尽管西部地区社区社会组织发展很快，但与我国东部发达地区社区社会组织数相比较，数量还是相对较少。如截至 2022 年 8 月，上海市社区社会组织达 17152 个，浙江省社区社会组织达 12271 个，福建省社区社会组织达 12298 个。

第三，西部地区社区社会组织发展不平衡。西部地区社区社会组织发展主要集中在教育、文化、体育、卫生、科技等社会服务领域，而法律、工商服务、生态环境等领域发展相对较少。截至 2022 年 8 月，宁夏回族自治区在各级民政部门登记注册的各类社区社会组织共 953 个，这些社会组织按行业分类来看，从事教育、文化、体育、卫生、科技的社会组织多达 576 个，工商服务类 6 个，生态环境类 11 个，从事法律类社会组织仅有 5 个。广西壮族自治区在各级民政部门登记注册的各类社区社会组织共有 1647 个，这些社会组织按行业分类来看，从事教育类 497 个，文化类 637 个，体育类 101 个，卫生类 145 个，科技类 65 个，法律类 21 个，生态环境类 28 个，登记注册的工商服务社会组织仅有 19 个。西藏自治区在各级民政部门登记注册的各类社区社会组织共有 385 个，这些社会组织按行业分类来看，从事教育、文化、体育、卫生、科技的社会组织多达 132 个，从事法律的社会组织 2 个，工商服务类 4 个，生态环境类社会组织 4 个。内蒙古自治区在各级民政部门登记注册的各类社区社会组织共有 1983 个，这些社会组织按行业分类来看，教育类 587 个，文化类 538 个，体育类 358 个，卫生类 126 个，科技类 67 个，法律类 22 个，生态环境类 29 个，工商服务类仅有 7 个。新疆维吾尔自治区在各级民政部门登记注册的各类社区社会组织共有 1072 个，这些社会组织按行业分类来看，登记注册的教育、文化、体育、卫生、科技类社会组织多达 597 个，工商服务类 17 个，生态环境类

13 个,法律类仅 3 个。

综上所述,西部地区社区社会组织普遍具有以上三点共性,其所发挥的优势不逊于东部发达省份社区社会组织的作用,在政治引领、经济平稳运行、弘扬中国特色社会主义民族文化、保持国泰民安的社会环境等方面发挥着越来越广泛的作用,已经成为西部地区高质量发展的重要力量。

三、西部地区社区社会组织治理法治化的基本内容

在推进法治国家建设的进程中,西部地区社区社会组织在法治化过程中,以合法化和标准化为前提,具体表现在突破地域局限,以政府相关行政组织为引领,社区党委会、社区居委会、社区社会组织、社区盈利组织和居民等多个主体共同参与管理的社区公共事务活动。在此基础上,推进西部地区社区社会组织治理中的法治化、意味着在社区范围内,坚持党的全面领导,遵守宪法和各级法律法规,优化顶层设计,培育专业组织,加强沟通对接,确保西部地区社区社会组织治理法治化模式引得进、留得住、发展好,让"活水"在西部地区社区社会组织充分涌动,使社区建设和发展向法治化、规范化方向发展,包括如下几个方面。

(一)坚持党的全面领导。西部地区社区社会组织治理法治化的关键是加强党的领导,充分发挥党的领导政治优势,把党的领导落实到西部地区社区社会组织治理法治化的各领域和各环节,把西部地区社区社会组织建设好,强化社区社会组织为民、便民、安民、利民功能,让社区成为居民最放心、最安心的港湾。

(二)把握习近平法治思想,更好指导西部地区社区社会组织工作。在习近平法治思想指引下,深入贯彻落实党中央、国务院关于大力培育发展社区社会组织的决策部署,以满足群众需求为导向,以鼓励扶持为重点,以能力提升为基础,引导西部地区社区社会组织健康有序发展,充分发挥社区社会组织提供服务、反映诉求、规范行为的积极作用。

(三)增强政府行政管理与服务公信力,提升社区居民满意度。政府行政

管理与服务的公信力直接关系到社区居民对党和政府的信任、对法治中国建设的信心。西部地区政府在管理和服务社区社会组织的过程中,应着眼提高社区居民满意度,着力实现行政管理和服务水平普遍提升,努力让西部地区社区居民在政府每一个管理和服务行为中看到风清气正,感受到公平正义,切实提升社区居民幸福指数。

(四)构建社区社会组织多元纠纷解决机制。西部地区社区社会组织的情况复杂,群众需求多种多样,针对社区民众的不同利益诉求,政府、司法机关、社区社会组织和其他社会力量应探索化解纠纷的管理和服务方式,重点整合诉前调解、诉讼服务等解纷方式,减轻不必要的负担,把实事办到西部地区社区居民心坎上,推动构建多元化解纠纷的治理格局,优化西部地区社区社会组织的管理和服务方式。

(五)协调社区社会组织的多元管理主体。过去我国对基层社区社会组织的管理主体较为单一,主体只包括政府。推进西部地区社区社会组织治理中的法治化、主体多元化成为必然要求,除了政府这一主体之外,辖区内的居民、社会组织、单位和其他社会力量也已成为参与社区社会组织治理的主体。宁夏银川市西夏区幸福颐养院、银川市金凤区阅海湾企业家联合会、吴忠市利通区新时代文明传播公益服务中心、内蒙古健康与养老服务协会等社区社会组织不断深化对培育发展社区社会组织工作重要意义的认识,大力发动多元主体参与社区建设,吸引更多的资源融入和推动西部地区社区社会组织发展。

(六)提升西部地区社区社会组织运行过程中居民的参与度。以往西部地区社区社会组织的工作运行机制都是按照行政命令的模式运行。西藏惠康养老服务中心、青海省慧灵智障人士社区服务工作站、银川市德恒和谐社区促进中心、乌鲁木齐市社区矫正心理协会等社区社会组织治理法治化更加强调居民参与,要求广泛动员社区居民参与社区公共事务和公益事业,依法开展自我管理、自我服务等活动。

(七)由垂直管理结构向横向互动结构转变。西部地区社区社会组织系统的结构过去是从较高级别的单位向较低级别的单位的垂直管理,只有社区社会组织向上的垂直关系,没有社区社会组织之间的水平关系。新疆维吾尔自治区齐鲁文化促进会、新疆中华传统文化促进会、甘肃省体育文化促进会等西部社区社会组织应在当地党委、政府及有关部门的统一指挥下,健全社区社会组织横向协调联系机制,引导社区社会组织整合公共资源参与基层社会治理。

(八)落实社区社会组织的利民惠民作用。西部地区社区社会组织治理法治化应始终把为民、利民、舒民、安民、娱民作为工作的出发点和落脚点,进一步完善服务体系,拓展服务内容,深化服务内涵,努力提升社区社会组织服务水平,确保居民群众得到更多实惠。如广西壮族自治区搭建广西社区卫生协会、广西红色文化旅游协会、广西网络文化协会等服务平台,宁夏回族自治区搭建银川市社区卫生服务协会、宁夏民族文化交流协会、银川市便民服务网络信息中心等服务平台,新疆维吾尔自治区搭建乌鲁木齐市基层卫生协会、新疆维吾尔自治区文化产业商会、伊宁市网络经营者协会等服务平台,为西部地区社区社会组织服务民众奠定基础。

(九)注重社会效益,更多发挥保障兜底作用。西部地区社区社会组织治理法治化应从改善民生入手,切实构筑底线公平,大力扶持、发展社区公益性、互助性社会组织,如宁夏信义公益社会工作发展中心、乌鲁木齐市残友爱心公益联合会、内蒙古聚力公益联合会等西部地区社区社会组织。全面落实城市居民最低生活保障制度、医疗救助制度和临时救助制度,做好城市低保对象调查、认定、审核、资金发放等工作,加强对失业人员和城市居民最低生活保障对象的动态管理,及时掌握其就业及收入状况,切实做到确保困难群体基本生活。

(十)提升组织保障,加强专业人才支撑。西部地区社区社会组织治理法治化应搭建人才交流服务平台,如广西"双一流"人才交流联合会、甘肃西部人才交流服务中心、青海省人才联合会、银川人才协会、内蒙古人才发展研究院。同时,通过强化业务培训、引导参加相关职业资格考试等措施,着力培养一批热心社区事务、熟悉社会组织运作、具备专业服务能力的社区社会组织负责人和业务骨干,充分发挥人才在参与西部地区社区社会组织治理法治化中"反映诉求、规范行为、提供服务"的积极作用。

综上所述,西部地区社区社会组织治理法治化的基本内容强调发挥社区社会组织作用,有利于改进公共服务供给方式,为基层群众提供多样化、专业化服务。同时,这也是新时代基层社会治理的迫切需要,将鼓励更多西部地区社区社会组织成长发育并持续有效参与基层社会治理,夯实基层社会治理基础,这是对社区社会组织参与治理的要求,也是对构建社区社会组织治理新格局的要求。

第二节　东部地区社区社会组织法律治理经验

"十四五"时期,我国进入高质量发展阶段,社区社会组织发展面临"提质增效"的新考验,社会构成的主体更加多元化。同时,社会构成主体的多元化,使得构成主体相互之间的利益和价值影响更加广泛,进而形成利益共同体。社区的法治化治理能够提高社区治理主体的治理效率,满足社区内居民丰富多元的个性化需求,促进社区内部团结和谐。当前,大力推进国家治理体系和治理能力的现代化,社会的法治化治理被党和国家提到新高度。国内部分地区社区社会组织不断建立和完善治理协调机制,在促进经济发展、繁荣社会事业、创新社会治理等方面发挥了积极作用,为西部地区社区社会组织的法律治理提供了可参考的经验。

一、北京市"五大工程"社区社会组织治理模式

2021年11月9日,北京市在创建幸福社区、促进社区精细化管理方面探索了"五大工程"系统实施方案,促进社区自治和社区服务水平的提高,创造了具有自身特色的社区治理法治新理念。具体包括:

1. 实施"安家"工程。规范社会组织培育服务机构,依托各级党群服务中

心、政务服务中心、社区服务中心、社会工作和志愿服务平台等设施,建设市、区、街道乡镇三级社会组织培育孵化机构,为社区社会组织提供场地支持、资源对接、人才培养等服务。全市街道和具备条件的乡镇应成立社区社会组织联合会,作为枢纽型、支持型平台,协助街道社区联系、服务、管理社区社会组织。

2. 打造"育才"工程。面向社区社会组织负责人和骨干力量开展政策解读和宣讲,将社会组织党的建设、规范化建设、能力建设、项目运作等纳入培训内容。鼓励有条件的区、街乡镇为社区社会组织从业人员购买相关书籍,支持其参加社会工作知识培训和全国社会工作者职业资格考试,通过系统性、专业化训练,培养出一批熟悉社会组织运作、具备专业服务能力的社会组织负责人和业务骨干。

3. 开展"同心"工程。根据社区实际需求,重点推动服务型、公益型、互助型社区社会组织培育发展,着力发挥其在社区治安综合治理、矛盾纠纷调解、社区协商、志愿服务、社区矫正、社区戒毒、社区康复、环境卫生、物业管理、流动人口管理服务等方面积极作用,搭建相关部门、驻社区单位和广大居民群众参与基层治理的平台。

4. 推动"新风"工程。在城乡基层党组织领导、基层群众性自治组织指导下,引导社区社会组织加强社会主义核心价值观教育,通过开展精神文明创建活动,发挥社区社会组织在提供社区服务、扩大居民参与、培育社区文化、弘扬时代新风、促进社区和谐等方面的积极作用,推动社区志愿服务常态化,使居民参与社区生活、享受社区服务更加广泛,对社区社会组织的认可度进一步提高。

5. 创建"品牌"工程。在市、区民政部门指导下,各街道乡镇在有一定基础的社区社会组织中,确定重点,形成具有北京特色的发展格局。围绕品牌建设号召力、品牌影响凝聚力和品牌发展持续力,引导优秀的社区社会组织制定自身发展规划,逐步提升品牌的辨识度和社会美誉度,打造更多"西城大妈""朝阳群众""石景山老街坊"等参与首都基层社会治理的亮丽名片。

二、山东省烟台市"四社联动"社区社会组织服务机制

当前,烟台市正加快推进以社区党委为统领、政府购买服务为保障、社会组织积极参与的社区、社会组织、社会工作、社区志愿服务"四社联动"社区治理服务机制,推动社区社会组织规模由小变大、覆盖范围由窄变宽、作用发挥由弱到强,成为社会治理的重要力量。

1. 整合资源,积极搭建社区"四社联动"工作平台。烟台市针对不同的社区采取不同的方式搭建实施社区"四社联动"工作平台,对于新建社区则是在建设之初就已做好规划,社区社会组织工作室、社区志愿者组织工作室和社区社会工作者工作室一应俱全。老旧社区采用"一室多用、错时利用"的方式,新建社区整合现有的各类社区组织办公场所,极大改进了政府提供公共服务的方式,增强了城乡社区服务功能。

2. 搭建社会组织孵化平台,积极发展和培育社区社会组织。社区社会组织是社区治理的重要力量,也是社区居民参与社区治理的重要平台,社区应积极发展和培育各类社区社会组织。对于现有的居民自发成立的群众性自娱自乐的社会组织,社区通过规范化管理,帮助其制定和完善组织章程,到民政部门进行备案,使之合法化。对于社区新成立的社会组织,则是给予大力的支持。对有意愿牵头成立新的社区社会组织的居民,支持他们把有共同志向、爱好的居民组织起来,制定组织章程,通过注册或备案的方式,成立新的社区社会组织。

3. 推行社区协商工作模式,实现社区居民自我管理。社区治理的核心目标在于满足社区居民多样化和个性化的服务需求,而社区传统的行政化治理模式需要耗费大量时间和精力协助街道处理行政性事务,一定程度上忽视了社区居民的主体性和多样化的需求。①大海阳社区以居民需求为导向,准确把握社区居民的需求,增强了社区服务的精细化与可及化。2021 年下半年,大

---

① 参见唐书琴:《新疆基层社会治理精细化研究》,新疆大学硕士学位论文,2019 年。

海阳社区有独居高龄老人提出午餐问题,希望有一个餐厅吃饭,社区就根据老人们的这一需求首创了烟台市第一个"壹家生活社区厨房",通过本社区的志愿者为本社区的老人服务,为社区51名独居老人提供了精准养老助餐和送餐服务,开创了社区互助养老新模式。

三、浙江省"协同治理"社区社会组织示范建设

2020年3月29日,习近平总书记在浙江就统筹推进疫情防控和经济社会发展工作进行调研时深刻指出,要立足当前、着眼长远,加强战略谋划和前瞻布局,坚持平战结合,完善重大疫情防控体制机制,健全公共卫生应急管理体系,推动工作力量向一线下沉。社区社会组织可以配合社区做好服务群众、管理公共事务等工作,真正实现"推动工作力量向一线下沉"。随着政府职能转变,将适合社会提供的服务性工作交由社区社会组织承担,有利于改进公共服务供给方式,为基层群众提供多样化、专业化服务。

1. 坚持党的全面领导。推动街道党委和城乡社区党组织加强工作领导,建立社区党组织与社区社会组织定期联系制度,开展共驻共建活动。鼓励社区党员担任社区社会组织负责人,把符合条件的社区社会组织骨干培养发展为党员,注重吸纳社区社会组织中的党员负责人担任城乡社区党组织兼职委员。要按照《中国共产党支部工作条例(试行)》的要求,推进社区社会组织中党的组织和工作有效覆盖,确保社区社会组织沿着正确方向发展。

2. 完善地方立法保障。2020年7月31日,浙江省十三届人大常委会第二十二次会议通过《关于推进和规范社区社会组织参与基层社会治理的决定》,以省人大出台决定的方式推进和规范社区社会组织参与基层社会治理,这在全国尚属首例。《决定》从立法层面鼓励社区社会组织参与基层社会治理,进一步明确了这项工作的适用范围、参与形式、工作机制、部门职责以及矛盾纠纷化解、突发事件应对,并推出一系列新举措,为社区社会组织参与基层社会治理指明了方向,为推进和规范社区社会组织参与基层社会治理提供了法治保障。

3.强化宣传引导。各地要进一步深化对培育发展社区社会组织工作重要意义的认识,大力发动社会力量参与社区建设,吸引更多的社会资源融入和推动社区社会组织发展。充分利用报刊、广播、电视、网络等多种方式,广泛宣传社会组织在参与基层社会治理中的积极作用。发挥先进典型的示范引领作用,及时归纳总结发展社区社会组织的先进经验,加大对社区社会组织优秀典型、先进事迹的表扬、奖励和宣传,积极推进品牌社区社会组织和社区社会组织品牌项目建设,营造全社会关心、支持、参与社区社会组织发展的良好氛围。

四、广东省汕尾市"1+4+N"社区社会组织发展特色

2020年8月以来,汕尾市民政局以开展创新城乡社区治理专项改革试点为契机,坚持党建引领,努力构建"1+4+N"社区社会组织发展模式,推动社会组织打通服务群众"最后一米",助力创新基层治理。

1.聚力党建引领。汕尾市将全面加强党的领导贯穿于社区社会组织培育发展全过程,建立市、县(市、区)、镇、村四级党建工作机制。建立汕尾市社会组织党群服务中心,在社区社会组织成立、管理、作用发挥等各个层面,通过实施党建工作"双同步"、派驻党建工作指导员等形式,使全市社区社会组织党的组织建设实现"应建尽建""应纳尽纳""应联尽联",党建工作覆盖率达100%。与此同时,市民政局将培育发展社区社会组织纳入"十四五"民政事业发展规划,制订《汕尾市培育发展社区社会组织专项行动实施方案(2021—2023年)》,实施社区社会组织培育发展、社区社会组织能力提升、社区社会组织作用发挥、社区社会组织规范管理等4项行动计划,重点培育发展枢纽型社区社会组织,辐射带动社区服务类、公益互助类、志愿服务类社区社会组织培育发展。

2.聚力服务群众,努力构建"1+4+N"社区社会组织发展新模式。汕尾市着力构建以党建为引领、城乡社区为载体、社区社会组织为纽带、社区工作者和社会工作人才为骨干、基本民生保障和基本社会服务为主要内容的民政领域"一核四社"社区治理工作机制,推动资源力量和社会服务下沉社区,充分

发挥社区社会组织桥梁纽带作用,引导鼓励规范各类社区社会组织参与社会治理。一方面,农村在乡镇党委领导下,坚持村党组织具体领导统筹,推动建立红白理事会、道德评议会、禁毒禁赌会、村民议事会,同时结合各村实际和群众需求,因地制宜培育成立 N 个功能型社区社会组织。大力推动全市 50%的镇、街道建设枢纽型社区社会组织,发挥平台枢纽作用,示范带动社会组织依法办会、规范运作、发挥作用。另一方面,城市社区在社区党组织领导下,努力打造"红色物业联盟""夕阳红"以及服务儿童和困难群众等社区社会组织。各市、县、区则设立社区社会组织孵化基地,重点扶持镇、街道社会工作与志愿服务协会、居家养老服务站、老年人协会等社区服务类社区社会组织等,已形成"1+4+N"社区社会组织培育发展新模式。

3.聚力基层社会治理,努力激发社区社会组织新活力。汕尾市积极鼓励动员社区社会组织深入基层开展服务,打通服务群众"最后一米"。第一,通过承接社区公共服务事项,融入当地便民利民服务网络,为社区居民提供多种形式的生活服务。第二,引导社会组织通过开展文化、教育、体育、科普、娱乐、慈善等社区居民活动,弘扬优秀传统文化,形成良好社区氛围,增强居民群众的社区认同感、责任感和荣誉感。第三,引导社区社会组织发挥贴近基层优势,广泛动员居民群众参与社区公共事务和公益事业,开展互助服务活动,引导社区居民合理表达利益诉求,培养协商意识,提高协商能力。

五、香港特别行政区基层社会治理经验

20 世纪 60 年代,伴随香港本地经济的起飞,香港社区社会组织在经济发展过程中逐渐占据重要地位。香港特区政府是典型的"小政府"运行模式,整个政府公务员人数 16.3 万人,占香港 700 万总人口的 2.3%,政府的公共开支仅占 GDP 的 17%。但政府管理和服务社会的效率较高,香港特区政府十分注重对基层社会的治理。

香港的社区居民自治组织在社区事务管理和服务中发挥着重要作用。香港社区的社会服务主要由"NGO"非政府组织提供,全香港目前有 NGO 机构

345 个,全职员工超过 4 万人,提供超过 90% 的社会服务。香港特区政府只承担资金提供和效果监管之职责,极大地提高了公共事务的行政效率。

香港特区政府用于各项社会福利和服务的开支占到整个公共开支的近 60%,大量投入民生领域。同时,香港社区的服务项目较为完善,大体包括家庭服务、青少年服务、康复服务、医务社会服务、安老服务、社区发展及违法者服务等七大类,基本涵盖了居民物质生活与精神生活的各个层面,香港的社区居民自治组织在社区事务管理和服务中发挥着重要作用,扮演着政府和民众之间的中间人和缓冲器的角色。

综上所述,学习借鉴国内的社区社会组织治理体系的成功经验,对于推进我国西部地区社区社会组织的法治化、制度化进程具有重要意义。西部地区社区社会组织应强调"多中心治理"与"协作式治理",到 2030 年,基本实现社区社会组织管理制度更加健全,整体发展更加有序,保障措施更加完备,作用发挥更加明显,努力提高西部地区社区社会组织治理体系和治理能力现代化水平,奋力谱写长效发展、民族团结、资源共享、智能管理、精细服务的西部地区社区社会组织新征程、新篇章。

第二节　西部地区社区社会组织法律治理的问题

2021 年 4 月 28 日,中共中央、国务院发布《关于加强基层治理体系和治理能力现代化建设的意见》,意见明确基层治理是国家治理的基石,统筹推进乡镇(街道)和城乡社区治理,是实现国家治理体系和治理能力现代化的基础工程。2021 年 12 月 27 日,国务院办公厅印发《"十四五"城乡社区服务体系建设规划》,文件强调加强城乡社区服务体系建设,是立足新发展阶段,不断夯实国家治理体系和治理能力基础的重大举措。近年来,西部地区社区社会组织发展快速,在政治建设、经济发展、文化交流、社会治理中显示出越来越重要的作用,围绕西部地区经济社会快速发展的新形势和构建和谐社会的新要求,应进一步加快西部地区社区社会组织治理法治建设步伐,突出西部特色,强化问题导向,坚持运用法治思维和法治方式推进社区社会组织法律治理创新,破解西部地区社区社会组织治理难题,实现人人参与、人人尽力、人人共享的社区社会组织现代化治理机制,为构建中华民族共同体、实现"两个一百年"奋斗目标、共筑中华民族伟大复兴的中国梦凝心聚力、团结奋斗。

一、法治理念相对薄弱

西部地区社区社会组织法治理念的落后严重阻碍社区社会组织法治实践的发展和深化。总体来看,法治理念薄弱主要反映在两个方面。一方面,西部地区社区社会组织示范带头作用不明显,部分社区社会组织党组织凝聚力、战斗力弱化,没有管理好、引领好社区民众守法、敬法。另一方面,西部地区社区社会组织对法治理念宣传教育的针对性不足。社区居民的受教育程度、工作性质、家庭背景迥异,对法律的需求重点不同,但是在普及法治理念的时候对此考虑得不够周全,针对性差。比如,可以针对社区的青少年宣传《预防未成年人犯罪法》《未成年人保护法》《义务教育法》;对社区里的老年人宣传《老年人权益保障法》和《民法典》中的居住权、遗赠抚养协议、遗产继承等老年人关心的法律问题;对社区里的农民工宣传《中华人民共和国劳动合同法》《中华人民共和国劳动法》《中华人民共和国劳动争议调解仲裁法》。通过有针对性的普法,着力增强西部地区社区民众的法治观念,使守法成为西部地区社区社会组织和社区民众的共同追求,为全面建设西部地区社区社会组织治理体系和治理能力现代化营造良好法治环境。

二、党的全面领导有待加强

西部地区社区社会组织在履行社会服务、参与社会治理的全过程中存在两个方面的问题。第一,学习马克思列宁主义、毛泽东思想、邓小平理论、"三个代表"重要思想、科学发展观、习近平新时代中国特色社会主义思想等指导思想存在浅尝即止的现象。新疆维吾尔自治区、西藏自治区等西部地区社区社会组织学习党史、党章的时候通常用的是本地语言翻译过去的译本,有的译本无法精准把握党的主要思想,导致社区社会组织工作人员在学习的过程中无法透彻领悟党的思想,存在着选择性学习的问题。第二,没有充分发挥社区社会组织党组织的作用。截至 2021 年 12 月 31 日,中国共产党现有基层组织493.6 万个,比 2020 年底净增 11.7 万个,增幅为 2.4%,其中西部地区的社区党组织覆盖率均超过 99.9%。但是西部部分地区没有重视以社区党组织建设带动社区社会组织党组织发展,导致西部地区社区社会组织的党组织领导群众、团结群众的担当意识较为薄弱,影响党的凝聚力、影响力和战斗力充分发挥。

三、重视习近平法治思想普及

西部地区社区社会组织的法治宣传教育已成为法治建设的常态方式,但西部地区社区社会组织对习近平法治思想的宣传教育存在两个方面的问题。第一,习近平法治思想宣传队伍力量薄弱、工作经费有限,导致西部地区社区社会组织宣传习近平法治思想时普及形式单一、频次较少、覆盖面窄,难以满足基层社区法治宣传形势需求。如,内蒙古助残养老服务中心、广西教育工作者协会、宁夏农村卫生协会、新疆中亚信息文化研究院等西部地区的社区社会组织普法工作人员数量较少,工作压力较大,导致习近平法治思想宣传成效不明显。第二,习近平法治思想宣传教育不够深入民心。法治宣传教育专门选在"3·15 消费者权益保护日""12·4 国家宪法日"等个别有意义的时间,比较固定和单一,已经成为我国普法教育评价指标的短板,西部地区社区社会组织的法治宣传教育也不例外。短期的习近平法治思想宣传教育不足以增强社区居民的法律意识,难以满足其日常法律需求,很难实现社区法治建设的初衷。因此,习近平法治思想的普及非常重要,是社区法治建设的先行条件,特别要注重坚持以人民为中心,坚持建设德才兼备的高素质法治工作队伍,坚持法治为了人民、依靠人民,坚持让人民群众在每一个司法案件中感受到公平正义。

四、政府管理和服务方式有待改进

从现阶段西部地区社区社会组织治理的实际情况来看,政府在行使行政职能的过程中,存在不容忽视的现象和问题。第一,政府缺乏与其他治理主体的协调和互动。尽管社区社会组织的法治治理涉及社区社会组织、社会工作者、社区志愿者、社会力量等多个主体,并且与每个主体的利益紧密相关,但是传统的"自上而下"管理方法尚未完全改变,政府在西部地区社区社会组织治理中仍具有绝对的领导作用,其他主体都围绕着党和政府部门的活动,这种管理结构和服务方式会导致社区社会组织工作人员缺乏主动性、创新性。第二,政府缺乏精细和规范的治理方式。西部地区经济的迅速发展导致社会问题和矛盾接踵而至,政府根据政策和经验来补救社区社会组织出现的各种风险,经常出现组织无序、应对无策等现象。对于这种粗放型、应急型的治理,很难把握重点和难点,容易产生消极作用和负面影响,这是西部地区社区社会组织发展滞后的原因之一。例如,宁夏回族自治区、广西壮族自治区、内蒙古自治区、西藏自治区、新疆维吾尔自治区等西部地区的基层政府面对居民对教育、医疗和老年等公共服务的需求,救济、保护水平较低,各种服务内容和方式还没有达到全覆盖。因此,促进西部地区政府管理和服务水平人性化、协作化、标准化、法治化具有紧迫性、重要性。

五、纠纷解决机制不健全

我国坚持全面依法治国的同时,强调重视社区社会组织在调解与其他主体矛盾和社区居民纠纷的重要作用。目前,世界正处于百年未有之大变局,西部地区随着经济结构、政治结构、社会结构的加速转变,正处于价值观念多元化、社会主体关系多元化、主体利益多元化的社会格局,要求社区社会组织必须承担起纠纷解决的社会专业功能和社会作用。第一,西部地区社区的矛盾纠纷类型主要为家庭、房屋、劳务关系等方面,大都是家长里短、邻里纠纷,可以尽早预判、提早预防。但是西部地区社区社会组织深入基层调研、考察少,无法切实做到矛盾纠纷抓早、抓小、抓苗头,给社区和谐安定和人民安居乐业造成隐患。第二,西部地区社区社会组织在民间纠纷解决的机制中长期缺位,权威专家介入少,当双方当事人的专业知识、社会地位悬殊越大,协商调解不可能顺利开展,解决纠纷就变得愈发困难。第三,西部地区很多当事人仍选择法律诉讼作为解决纠纷的首选途径,但诉讼方式周期较长、程序复杂、费用高昂,有限的司法资源尚不能满足诉讼大众化的需求。比起诉讼,调解、仲裁等非诉讼方式除了高效、灵活之外,还可以有效化解矛盾,节省诉讼资源,切实提升社区治理效能和居民生活幸福指数。

六、监督体制机制不完善

2019 年 12 月,新冠疫情暴发,西部地区社区社会组织快速发展与监督管理服务力量严重不足的矛盾日趋突出。第一,内部监督机制不够完善。在西部地区很多社区社会组织内部没有设立监事会,无法对社区社会组织业务活动进行日常监督和专向监督,如检查社区社会组织财务。对董事、高级管理人员执行职务行为进行监督。当董事、高级管理人员的行为损害社区社会组织的利益时,要求董事、高级管理人员予以纠正。提议召开临时股东会议,在董事会不履行召集和主持股东会会议职责时召集和主持股东会会议。向股东会会议提出议案;依法对董事、高级管理人员提起诉讼。有利于改变社区社会组织无人管、管不了、管不好的状况。第二,外部监督机制不够健全。由于受社会环境、公众意识与关注程度、舆论宣传和信息披露等方面的原因,外部监督对西部地区社区社会组织的作用未能有效发挥。如,党组织对社区社会组织及其工作人员的监督、国家司法机关依据宪法和有关法律对社区社会组织所实施的监督。社会各界通过大众传播媒介来表达对社区社会组织意见,基于社会公众趋于一致的信念、意见和态度的总和而形成舆论,从而对社区社会组织予以批评或褒扬,揭示社区社会组织工作中存在的问题并促使其解决的一种外部监督机制。公民对社区社会组织和工作人员提出批评、建议、申诉、控告或者检举。第三,对境外社区社会组织监管的体制机制不够健全。西部地区有一部分境外社区社会组织,在我国西部开展公益活动日益频繁,带来了项目、资金、多元理念、先进技术和有益经验,为促进我国与世界各国友好交流作出了积极贡献,但是一小部分境外社区社会组织借助项目活动从事意识形态渗透、文化与宗教渗透、边疆稳定渗透的破坏活动,给西部地区社会稳定与国家安全带来了较大的负面影响。根据笔者2013—2018年的考察、调研,广西壮族自治区桂林市、内蒙古自治区、新疆维吾尔自治区、宁夏回族自治区的某些伊斯兰教协会曾经被境外社会组织影响和渗透,做出了破坏当地营商环境和社会秩序、分裂国家和地区的行为,造成西部地区安全风险系数不断增加。尽管政府部门设置了专门监管境外社区社会组织活动的部门,但是境外监管工作与境内监管工作相比,具有一定的特殊性,需要具体问题具体处理。具有一定的专业性,境外社区社会组织涉及的政治纪律、意识形态、经济发展、历史文化、社会行为非常复杂,境外监管部门处理时难度大,需要培养高素质人才队伍,解决社区社会组织内部长期无法解决好的涉及国家利益和社会利益的宗教事务,破坏民族团结、损害人民根本利益、威胁国家主权安全发展利益的综合治理问题。具有一定的综合性,境外社区社会组织涉及的利益主体很多,需要统筹各个部门协调监管。如果不及时解决境外社会组织、境内社区社会组织的监管问题,不利于中华民族构筑共有精神家园、促进各民族交往交流交融、推动西部地区加快现代化建设步伐,给西部社区社会组织建设、民族事务治理和党的民族工作高质量发展带来严重威胁,严重破坏国家安定团结的局面,阻碍中华民族的全面统一和伟大复兴。

七、自身建设滞后、发育进程缓慢

西部地区社区社会组织的发展相比其他地区处于落后阶段。我国有互助和慈善救济的传统情怀,但这些优良传统尚未在西部地区转化为符合社区社会组织发展的民主法治观念。西部地区社区社会组织的建立与官方机构有所不同,与政府有紧密联系,对政府的依靠性强,独立性较差。一是西部地区培育的社区社会组织内部建设滞后。部分西部地区社区社会组织内部机构设置较为简单,缺少主要部门。如协助社区社会组织制定和规划发展方向的专家委员会,协商、征求意见或讨论问题而设立的理事会,对社区社会组织业务活动进行监督和检查的监事会,主持社区社会组织日常事务的秘书处。二是西部地区社区社会组织发育程度不高。部分西部地区社区社会组织资金规模小,业务范围不够大。如内蒙古呼和浩特市天野社区服务管理中心注册资金为3万元,登记证书上显示业务范围为对天野社区业主房屋修缮提供管理服务。宁夏回族自治区银川市兴庆区胜利街家园社区卫生服务站注册资金为5万元,登记证书上显示业务范围为预防保健科。新疆维吾尔自治区乌鲁木齐市社区矫正心理协会注册资金为3万元,登记证书上显示业务范围为对社区服刑人员开展政策及理想信念教育和心理咨询活动,协助政府完成其他工作。西部地区社区社会组织要发挥自身的服务功能,必须不断扩充资金规模和业务范围,资金规模至少达到10万元以上,业务范围发展至10项以上,包括开展与社区建设相关的便民服务、基层党建、基层治理工作及课题研究、专业培训、咨询服务、合作交流,承接政府对社区及城市建设、医疗与健康养老的服务业务,有力推进社区社会组织培育发展,不断提升服务能力。

八、资金管理投入力度不够

西部地区社区社会组织的资金具有总量少、种类少等特点,基于上述特点,西部地区社区社会组织在管理资金的过程中存在以下问题。第一,西部地区社区社会组织筹集资金的渠道主要来源于政府拨款,针对社区社会组织的专项资金资助较少。2022年,东莞市社区社会组织收到政府资助基金504万元,长春市社区社会组织收到政府资助基金200万元,但宁夏灵武市政府专项安排预算15万元保障社区社会组织日常运转,内蒙古乌海市投入10万元资金用于支持培育社区社会组织开展民生服务项目。同时,社区社会组织也很少去积极争取政府的资助,治理社区环境、完善公共服务、开展社区活动均缺少经费支持,导致西部地区社区社会组织整体发展举步维艰。第二,部分社区社会组织财务人员专业知识薄弱,少数人员财经纪律意识淡薄。有些社区社会组织财务人员不具备相应专业知识,财务业务水平有限,身兼多职且人员变动频繁,随意调配资金,不按规定用途使用资金。同时,少数社区社会组织领导、社区社会组织工作人员财经纪律意识淡薄,相关部门监督缺失。因此,建设一支素质优良的财务工作者队伍,可以作为有效管理资金的途径,提高资金使用效率,重点支持社区社会组织治理的各项工作。

九、人才队伍建设质量不高

北京、上海、浙江等东部发达城市的社区社会组织工作人员总体素质较高,但西部地区社区社会组织在人才队伍建设方面仍存在一些问题和困扰。第一,西部地区社区社会组织目前在选拔人才方面缺乏统一的适用标准。在笔试、面试、体检等环节的选拔标准参差不齐,其工资薪酬通常不足公务员、国有企事业单位职员等体制内同类人员的一半。第二,西部地区对社区社会组织工作人员的奖励种类少、数额少。2020—2022 年,宁夏银川市累计举办社区社工人才培训 600 余人次,鼓励支持 400 余人参加全国社会工作者职业资格考试,向初次取得初、中级社会工作师证书人员发放奖励资金 2.1 万元。与东部发达城市相比,西部大多数中小城市和农村地区在人才方面的奖补政策力度不够大,很难留住优秀人才。因此,在西部地区社区社会组织中建设高标准的人才队伍,是社区社会组织服务体系高质量发展的坚实基础。

十、数字科技治理手段落后

西部地区社区社会组织利用物联网、大数据、云计算、区块链、5G、8G 等新一代信息技术与东部相比还存在差距和短板。第一,部分社区社会组织缺乏应用新一代信息技术治理的思维和意识。西部地区已经逐步推进新一代信息技术蓬勃发展,全力构建科技创新高地,如宁夏中卫市云数据中心、银川市中关村创业园、新疆克拉玛依数据中心基地、西藏宁算数据中心、内蒙古中国电信云计算信息园、贵州大数据智慧产业基地。但是与东部地区相比,部分西部社区社会组织运用物联网、大数据、云计算、区块链、5G、8G 等新一代信息技术对数据信息进行处理仍存在缺陷,如自制社区小程序(App)、搭建社区服务平台,导致部分社区社会组织的管理和服务方式无法与时俱进,管理体制缺乏灵活度和可变性。第二,西部地区部分社区社会组织掌握了一部分数据资源,担心共享数据会造成自身利益受损,数据信息的利用率难以提高。

综上所述,西部地区社区社会组织存在的问题如果不及时解决,会导致与东部发达城市社区社会组织发展的差距越来越大,不能尽早实现西部地区基层治理体系和治理能力现代化的目标,不能充分彰显中国特色基层治理制度优势。因此,处理和解决西部地区社区社会组织存在的老问题、新问题,是新时代西部地区社区社会组织法治建设的基础和前提。

审视、谋划、解决西部地区社区社会组织存在的问题,才能创新西部地区基层治理体系和治理能力现代化水平,全面提升西部地区社区社会组织治理科学化、精细化、法治化水平,建设和谐有序、绿色文明、创新包容、共建共享的幸福社区。

第三节　实现西部地区社区社会组织
法律治理的对策与措施

2017 年 10 月 18 日,党的十九大报告指出:"加强社区治理体系建设,推动社会治理重心向基层下移,发挥社会组织作用,实现政府治理和社会调节、居民自治良性互动。"2021 年 4 月 28 日,中共中央、国务院发布《关于加强基层治理体系和治理能力现代化建设的意见》,意见明确推进基层治理法治建设,提高基层治理社会化、法治化、智能化、专业化水平。社区社会组织作为参与西部社会治理的重要主体之一,在承接政府职能转移、弥补市场不足、扩展社会服务供给、推动慈善公益落地方面发挥着重要作用。发展西部地区社区社会组织,是西部城市治理体系和治理能力现代化的题中之义,也是推动西部城市建设的重要力量。因此，应当以法治化方式逐步释放西部地区社区社会组织治理的新动能，推动西部地区社区社会组织加快发展，细化政府服务、促进多元共治、优化外部环境、强化内部治理、提高公共服务的质量和效率，满足人民日益发展的个性需求，实现社会公平、促进社会和谐，发挥社区社会组织作用，助推西部地区社区社会组织治理创新，实现国家治理体系和治理能力现代化。

一、毫不动摇坚持党的统一领导

2021年11月11日，党的十九届六中全会通过《中共中央关于党的百年奋斗重大成就和历史经验的决议》，总结中国共产党百年奋斗的历史经验，强调党的领导是党和国家的根本所在、命脉所在，是全国各族人民的利益所系、命运所系，必须充分发挥党的领导政治优势，把党的领导落实到党和国家事业各领域各方面各环节，确保充分发挥党总揽全局、协调各方的领导核心作用。这昭示我们，加强和创新西部地区社区社会组织治理，进一步推进基层治理体系和治理能力现代化，关键是要加强党的全面领导。第一，坚持党的领导是西部地区社区社会组织高质量发展的根本保证，西部地区社区社会组织在履行社会服务、参与社会治理的全过程中，应更加紧密团结在以习近平同志为核心的党中央周围，牢记领袖嘱托，担当使命任务，为推动社区社会组织有序化发展注入动力。第二，在党史、新中国史、改革开放史、社会主义发展史学习教育中，认真学习、领悟马克思列宁主义、毛泽东思想、邓小平理论、"三个代表"重要思想、科学发展观、习近平新时代中国特色社会主义思想等指导思想，深入总结我们党成功的历史经验，引导西部地区社区社会组织及其工作人员在意识形态、精神涵养、文化素质、生活方式上增强对中国共产党的认同感、荣誉感，内化为道德情感，外化为自觉行动，引领社区居民感恩党、听党话、跟党走，带领社区社会组织知民心、晓民情、解民意。第三，加强西部地区社区社会组织党的建设探索与实践，充分发挥党组织的政治引领和"桥梁纽带"作用，推动社区社会组织担当政治责任、履行社会责任、化解社会矛盾，使党建引领社区社会组织治理的作用得到强化和巩固。①西部地区社区社会组织要把党的领导贯穿基层治理全过程、各方面,健全党组织领导的自治、法治、德治相结合的基层治理体系,推进西部地区社区社会组织适应经济社会发展新形势、人民群众新期待、基层治理新任务,以更高的站位、更大的决心、更实的举措,奋力谱写西部地区社区社会组织服务体系建设新篇章。

二、牢固树立法治理念,引领治理能力提升

2022年7月28日,中共中央宣传部举行"中国这十年"系列主题新闻发布会。中央全面依法治国委员会办公室副主任、司法部部长唐一军表示,党的十八大以来的十年,是全面依法治国思想领航、举旗定向的十年,是谋篇布局、立柱架梁的十年,是踔厉奋发、成就辉煌的十年,推动法治中国建设发生历史性变革、取得历史性成就。近5年来,维护公平、正义、权利、民生愈发成为社会舆论中的热点词汇,这表明公众权利意识已经觉醒,折射出法律在具体落实过程中人民内心的信仰、遵从,社会公众对法律的需求和渴望。当前,西部地区社区社会组织坚持党中央的集中统一领导,全面贯彻党中央决策部署,将社会主义核心价值观融入基层治理,树立中国特色社会主义法治理念,已是社区社会组织治理的政治方向和行动遵循。第一,西部地区社区社会组织必然要让中国特色社会主义法治理念在文化、教育、卫生、环保等多个领域发挥重要作用,促进法治理念根植群众心中,使全体居民都成为中国特色社会主义法治的忠实崇尚者、自觉遵守者、坚定捍卫者,使尊法、守法、用法、护法成为全社会和全体居民的共同追求和自觉行动。②第二,西部地区社区社会组织必然是要让中国特色社会主义法治理念深入服务群众、团结群众、化解矛盾、维护稳定的各个环节,把体现居民利益、维护居民权益、反映居民愿望、提升居民幸福生活指数落实到各项工作依法运行的全过程,使法律及其实施充分体现居民意

---

① 参见陈伟俊:《以新时代党建引领基层治理现代化》,《党建》2019年第7期。

② 参见丁国锋:《论建构我国管理创新型社会的法治保障》,《学术探索》2012年第10期。

志,解决好居民最关心的利益问题,始终把人民安居乐业、安危冷暖放在心上,补齐民生领域短板,让人民共享治理成果。因此,西部地区社区社会组织要奋力把法治化治理、精准化服务理念作为常态化、可持续的奋斗目标,以有法可依、有法必依、执法为民、违法必究的法治主张贯穿服务民众,用办事依法、遇事找法、解决问题用法、化解矛盾靠法的法治方式化解纠纷矛盾,才能确保西部地区社区社会组织的管理和服务机制有秩序、不走样,治理工作呈现稳中求进的状态,满足人民群众对美好生活的向往和追求,在幼有所育、学有所教、劳有所得、住有所居、病有所医、弱有所扶、老有所养等方面取得重大成就。

三、全面普及习近平法治思想,学深悟透"十一个坚持"

党的十八大以来,全面依法治国取得了历史性的成就,发生了历史性的变革,其中最重要的标志性成果就是形成了习近平法治思想,并将此确立为全面依法治国的指导思想。习近平法治思想是内涵丰富、论述深刻、逻辑严密、系统完备的科学理论体系,"十一个坚持"包括坚持党对全面依法治国的领导,坚持以人民为中心,坚持中国特色社会主义法治道路,坚持依宪治国、依宪执政,坚持在法治轨道上推进国家治理体系和治理能力现代化,坚持建设中国特色社会主义法治体系,坚持依法治国、依法执政、依法行政共同推进,法治国家、法治政府、法治社会一体建设,坚持全面推进科学立法、严格执法、公正司法、全民守法,坚持统筹推进国内法治和涉外法治,坚持建设德才兼备的高素质法治工作队伍,坚持抓住领导干部这个"关键少数"。西部地区社区社会组织应当持续深化习近平法治思想的学习、宣讲、实践活动,切实把习近平法治思想贯彻落实到治理工作的全过程各方面,让习近平法治思想真正走入日常生活、走入社区群众,使广大人民群众真正认识到习近平法治思想不仅是必须遵循的行为规范,而且是保障权利的重要武器。第一,西部地区社区社会组织内部应加快建设一支德才兼备的习近平法治思想宣传队伍,培养政治素质过硬、法律功底深厚、实践经验丰富、语言表达能力较强且热爱普法事业的优秀法律工作人员,组建宣传习近平法治思想的宣讲团,让习近平法治思想接地气,满足社区群众的法治需求,解决社区群众的操心事、烦心事。第二,宣传、阐释习近平法治思想的方式要灵活,有机融合"线上+线下"载体,通过发布习近平法治思想宣传页、发送习近平法治思想教育宣传短信、观看习近平法治思想教育专题片、参加习近平法治思想的普法答题等方式,因地制宜开展形式多样的习近平法治思想宣传活动进社区,使社区民众耳濡目染,强化对法治领域错误思想观念的辨析批驳,警惕和防范西方"宪政""司法独立""立法、行政、司法三权鼎立"等政治思潮的侵蚀影响,全力完成中央依法治国委员会办公室督查反馈问题整改任务,推动习近平法治思想不断走实走深。

四、创新政府管理和服务方式,提升政务服务效能

2021年12月27日,国务院办公厅印发《"十四五"城乡社区服务体系建设规划》。文件强调强化政府在社区服务体系建设中的主体地位,优化社区服务功能布局,促进服务资源高效配置和有效辐射。现阶段政府对西部地区社区社会组织的管理和服务方式较为落后,根据西部地区社区社会组织治理的实际运行情况,西部地区社区社会组织治理的法治化离不开政府的积极推动。第一,政府长期以来一直主导着社区社会组织治理结构,但政府和其他治理主体是平等的,应形成一个多元主体共建共治共享格局。因此,对于特定的公共服务应由社区社会组织和市场企业来承担,对于影响全局和其他主体无法参与的战略事务,政府应制定良好的计划和宏观决策,积极承担责任,并与其他主体进行协调,打造以"互学、互帮、互促、共进"为原则的社区社会组织治理体系,推动西部地区社区社会组织治理理念和治理能力的现代化、科学化、前瞻化。第二,积极推动数字化治理模式创新,提升政府管理和服务能力。2022年6月23日,国务院发布《关于加强数字政府建设的指导意见》,意见强调充分发挥数据的基础资源作用和创新引擎作用,提高政府决策科学化水平和管理服务效率,催生经济社会发展新动能。西部地区各级政府应提高基层

社区社会组织治理的精准化水平,实施"互联网+社区"行动,支持青年普法志愿服务队建设,创建社区法治服务驿站、线上宪法民法刑法知识竞赛、模拟法庭、法律文书写作等新平台,运用社区论坛、微博、微信、移动客户端等新媒体,应用5G、8G、物联网、大数据、云计算、人工智能等新技术,构建新型社区社会组织重大决策论证、重大风险防控、重大矛盾纠纷调处、重大信访积案化解等管理服务平台,推进智慧社区社会组织建设,及时帮助社区民众解决困难和问题。①积极开展城市和谐社区建设、农村幸福社区创建活动,不断增强社区居民参与能力、社区文化引领能力、社区依法办事能力,营造全社会关心、支持、参与社区治理的良好氛围,为维护社会和谐稳定、实现中华民族的伟大复兴发挥不可或缺的作用。

五、妥善推进矛盾纠纷化解,探索多元纠纷解决机制

我国处于百年未有之大变局,西部地区处于艰难的社会转型期。随着政治结构、经济结构、社会结构的加速转变,主体利益多元化、价值观念多元化和社会主体关系多元化的社会格局,要求社区社会组织必须承担起纠纷解决的社会功能。在实践中,社区社会组织应整合多种纠纷解决方式,实现功能互补,最终保证西部地区社会的良好运行。第一,西部地区各级政府要做好矛盾纠纷源头化解工作。《关于加强数字政府建设的指导意见》强调坚持和发展新时代"枫桥经验",提升网上信访、网上调解、智慧法律援助等水平,促进矛盾纠纷源头预防和排查化解。西部地区的各级政府应深入基层调研,探索建立矛盾纠纷源头化解的服务平台,加强一体化社区矛盾调处服务站、社区矛盾调处服务自助终端等设施建设,让群众在矛盾解决的过程中"少跑路",提升矛盾纠纷调解效率,扎实做好矛盾纠纷源头预防、排查预警、调解化解工作。第二,西部地区社区社会组织发掘一批常年扎根基层、善于处理矛盾的人民调

---

① 参见倪永贵:《政府与社会组织合作治理模式创新趋向研究——以温州市为例》,《北京交通大学学报(社会科学版)》2019年第4期。

解员、基层法律服务工作者、社会工作者,发挥他们人熟、事熟、情况熟的优势,采取入户、点对点、面对面的形式,引导社区群众合法表达利益诉求,帮助群众解决婚姻家庭、邻里纠纷、小额债务、轻微侵权等矛盾纠纷。第三,西部地区社区社会组织提升社区群众参与度,发动社区群众力量,组建志愿者服务队巡街区、调纠纷,实现小事不出社区,大事不出街道。这不但考验着社区社会组织治理者为群众办事的工作态度,也检验着社区社会组织工作机制的有效性。西部地区社区社会组织要不断探索多元纠纷解决机制,诉讼内与诉讼外双重机制并举并重,立足解决社区群众关注的热点、难点、堵点、痛点,总结提炼社区社会组织治理工作的典型经验,着力在社区群众急难愁盼问题上出实招、见担当,使人民当家作主、基层治理进一步落到实处,快速完善西部地区社区社会组织治理的能力和水平,不断满足人民群众对美好生活的新要求、新期待。

六、建设严密的监督体系,规范制约权力运行

2022 年 1 月 20 日,在中国共产党第十九届中央纪律检查委员会第六次全体会议上,习近平总书记强调坚持完善党和国家监督制度,按照党统一领导、全面覆盖、权威高效要求,坚持以党内监督为主导,做实专责监督、贯通各类监督,形成全面覆盖、常态长效的监督合力。西部地区社区社会组织深入学习这些重要论述,对于建立完整、科学的监督机制具有十分重要的指导意义。第一,完善内部监督机制。不断扩充社区社会组织监事会的成员,在明确工作职责和监督对象的基础上,对社区社会组织开展公益慈善、教育培训、文体娱乐、健康养老、纠纷调解等活动的全过程进行有效监督,确保社区社会组织的治理工作在正确、合理、合法的轨道上运行。第二,加强外部监督力量。要充分发挥党组织、公民、社会舆论、司法机关对社区社会组织的监督作用,保证每个监督主体都能有效地联系在一起,在明确责任的基础上进行互动,并确保科学和民主的决策,逐步建立具有中国特色,以社会主义核心价值观为基础的,

社区居民满意度为主要衡量标准的外部监督评价体系。①第三,健全对境外社区社会组织监管的体制机制。2022 年 7 月 29 日,习近平总书记在中央统战工作会议上强调,促进中华儿女大团结,是新时代爱国统一战线的历史责任。针对部分境外社区社会组织借助项目活动从事的分裂国家行为,政府要从实际出发,把握好原则性和灵活性的关系,善于把方针政策的原则性和监管举措的灵活性结合起来,站稳政治立场、坚守政治底线,针对与社区群众密切相关的困难群体就业严峻、教育发展不平衡不充分、优秀民族文化逐渐衰弱、医疗卫生人才匮乏、住房保障资金投入力度不足等问题,按照问题的轻重缓急主动跟进、动态服务,优化服务方式,注重监管方法,创造性地把党中央决策部署落到实处,真正把不同民族、不同信仰的全体中华儿女团结起来,努力形成牢不可破的强大合力和真团结,展现国内设立的境外社区社会组织和工作人员的良好形象,推动新时代党的民族工作高质量发展,谱写各民族在理想、政治、经济、文化事业上的新篇章。西部地区社区社会组织通过建立严密的监督机制,确保社区社会组织在改善社区人居环境、加快社区综合服务设施建设、改进社区物业服务管理等方面的权力始终在阳光下运行,保证人民赋予的权力始终用来为人民谋幸福,确保社区社会组织与西部地区经济发展、民生改善共创、共享、共荣。

七、增添社区社会组织新活力,推动社区社会组织高质量发展

2020 年 12 月 7 日,民政部办公厅印发《培育发展社区社会组织专项行动方案(2021—2023 年)》。方案要求通过落实党建责任、完善分类管理、规范内部治理等手段,进一步落实社区社会组织各项管理制度,到 2023 年,形成比较成熟的社区社会组织工作机制。西部地区要重视培育新时代社区社会组织参

---

① 参见潘琳:《"互联网+"背景下社会组织多元协同监管研究》,中国科学技术大学博士学位论文,2018 年。

与社会治理的新动能,确保其权利和独立性,并在明确自我定位的基础上发挥更大作用。第一,优化社区社会组织内部治理。一方面必须以法律为依据、以章程为核心、以行规行约为指导,建立健全社区社会组织的内部治理结构;另一方面建立和完善议事、选举、机构、财务、人事等各项内部管理制度,有效发挥权力机构、执行机构和监督机构的职能作用,推进社会治理工作重心和管理服务资源向基层下沉,进一步提升社区居民的组织化程度、强化社区居民治理能力和水平,切实提升基层治理效能。第二,加强和改进党建工作。研究和探索在西部地区社区社会组织中建立党组织的有效形式,改进党组织在社区社会组织中的工作方式,进一步紧密团结社区群众,巩固党和人民群众的血肉联系,充分发挥党组织在社区社会组织中的应有作用,形成人民群众紧密团结在党的周围的政治局面,筑牢我们党最坚实的执政基础,凝聚成夺取新时代中国特色社会主义新胜利的强大力量。[①]第三,推动居民参与社区社会组织基层治理。改变传统"自上而下"的行政控制模型,居民通过社区社会组织治理来表达利益诉求,畅通和规范居民参与渠道,建立合理、合法的社区参与机制来表达居民的兴趣和需求,强化居民对社区利益和社区事务的自觉认同,形成人人有责、人人尽责、人人享有的社会治理共同体。西部地区社区社会组织要重视增添自身建设新活力,力争到2025年形成比较成熟的社区社会组织工作机制,促使西部地区社区社会组织管理和服务更加有效,激发创新驱动内生动力,推动新时代社区社会组织发展既充满活力又健康有序,加快西部地区社区社会组织在政治、经济、文化、社会、心理方面的全方位嵌入,形成具有中国西部特色的社区社会组织治理局面。

八、拓宽资金来源,完善投资、金融保障机制

中共中央办公厅、国务院办公厅印发《关于改革社会组织管理制度、促进

---

① 参见杨丽平:《社会治理创新背景下基层服务型党组织建设路径研究》,内蒙古大学硕士学位论文,2019年。

社会组织健康有序发展的意见》，强调资金是社会组织的"血液"，是社会组织开展各项活动的基础。西部地区社区社会组织的资金具有总量少、种类少等特点。基于上述特点，西部地区社区社会组织应丰富资金来源渠道，完善投资和金融保障机制。第一，政府加大财政保障力度。一方面维持直接补贴、以奖代补、减税、免税等传统的资金保障机制，确保资金的持续稳定增长；另一方面民政部门还必须加大福利彩票公益金投入，资助社区社会组织开展养老机构消防设施升级改造、养老机构服务改革、残疾人社会福利机构设施设备配置、残疾人康复救助工作、福利院孤儿教育等服务项目，提供可持续、制度化的经费保障，提升社区社会组织治理效能，促进西部地区基层治理高水平、高质量发展。第二，对引入西部地区社区社会组织的社会资本仔细甄别、正确引导。建立社区社会组织综合服务平台，鼓励将闲置的宾馆、办公用房、福利设施等社会资产，通过无偿使用等优惠方式提供给社区社会组织开展公益活动。鼓励有条件的企业或个人对社区社会组织开展的公益慈善类服务活动给予一定经费和服务场地支持。鼓励有条件的地方设立社区发展基金会，为初创的社区社会组织提供公益创投、补贴奖励、活动场地、费用减免等支持。引导社会资金投向社区社会组织治理领域，将推动社区社会组织资金管理从注重数量增长、规模扩张向能力提升、作用发挥转型。第三，如今网络信息发达，社区居民信息分辨能力不够，面对各类"量身打造"的骗局，更容易落入骗子圈套。例如，1.社保与养老金骗局。诈骗分子假借认识人社局、社保局工作人员，通过电话或者微信联系老年人，谎称一次性补缴社会养老保险费即可享受养老退休金，然后在收到受害人巨额钱款后携款跑路。2.投资理财项目类骗局。诈骗分子冒充银行、保险公司、证券公司等金融机构的工作人员，以"高回报、高收益"投资为噱头诱惑老年人，甚至以享受提前返利等形式诱骗老年人拉人投资，进行非法集资或是诈骗。3.销售保健产品骗局。诈骗分子瞄准老年人渴望健康的心理，打着销售保健、医疗等养老相关产品的幌子，以商品回购、寄存代售、消费返利等方式吸引老年人投入资金，导致很多老年人损失钱财。因此，西部地区国家开发银行、中国工商银行、中国农业银行、中国建设银行、中国邮政储蓄银行、中国人民保险公司等金融机构应大力发展社区金融服务，提供存款、贷款、汇款、理财等基础服务，同时围绕金融诈骗种类、科学理财、金融防范等基本知识开展宣传活动，详细讲解各种诈骗的危害性，帮助政府和社区社会组织打击集资诈骗、贷款诈骗、票据诈骗、金融凭证诈骗、信用证诈骗、信用卡诈骗、保险诈骗等犯罪活动。西部地区金融机构要走进社区，与政府和社区社会组织形成"平时常联系、有呼必有应、邻里一家亲"的互动局面，持续强化金融服务对基层治理的"造血"能力。西部地区社区社会组织只有不断拓宽资金筹集渠道，构建合理的投资保障制度，打造以人为本的社区金融、投资保障体系，才能建成结构合理、功能完善、竞争有序、诚信自律、充满活力的社区社会组织。

九、选优配强社区社会组织工作队伍，广泛吸纳德才兼备人才

2021年12月27日，国务院办公厅下发《"十四五"城乡社区服务体系建设规划》，强调我国城乡社区服务发展不平衡不充分问题仍然突出，社会组织高素质人才转化率仍需加强，社区工作者就业吸引力、岗位认同感、队伍稳定性有待提升。人才是第一资源，也是促进西部地区社区社会组织治理法治化的关键因素。第一，综合考虑服务居民数量等因素，合理确定社区社会组织工作者配备标准。社区社会组织工作者包括社区党支部成员、居委会干部、社区管理人员、财务人员、志愿者工作队伍，应根据社区人口合理配备工作人员。如，大型社区人口规模3万—5万，住户13000左右，应配备社区社会组织工作者1000人，其中社区党支部成员占20%，居委会干部占5%，志愿者工作队伍占30%，社区管理人员占35%，财务人员占10%。中型社区人口规模7000—13000左右，住户3000左右，应配备社区社会组织工作者260人，其中社区党支部成员占20%，居委会干部占15%，志愿者工作队伍占25%，社区管理人员占30%，财务人员占10%。小型社区人口规模1000—5000左右，住户500左右，应配备社区社会组织工作者100人，其中社区党支部成员占20%，

居委会干部占 20%，志愿者工作队伍占 20%，社区管理人员占 30%，财务人员占 10%。力争到 2025 年，实现西部地区社区居民人人都能享受到教育、卫生、文化、体育、娱乐、就业、社保、养老、社会救助、未成年人保护、环境保护、慈善公益等公共服务资源配置。第二，通过选派、聘用、招考等方式，选拔优秀人才充实社区社会组织工作者队伍。设立一批西部地区社区社会组织实习、实践、孵化基地，组织在校大学生开展实习实践、志愿服务、社会公益等活动，引导在校大学生了解社区居民需求和工作实际，激发高校毕业生到城乡社区就业创业的热情。鼓励高校毕业生组成社区创新团队，对接社区需求，发挥专业特长，积极参与乡村产业振兴、社区信息化建设、社区疫情防控、社区矛盾预防化解等创新项目。逐步形成一支结构优良、专业突出、业务能力强的人才队伍，调动社区社会组织工作者实干创业、改革创新热情，提高依法办事、执行政策和服务社区居民的强大能力。第三，社区社会组织必须及时引进、借调和共同培训社区工作所需要的各种高素质人才。持续不断地改善和提高人才待遇，设计合理的奖励机制，调动社会工作专业人才的积极性、主动性和创造性，使社区社会组织可以成为留住人才的强势位置。如出勤奖、生日费、过节费、住房补贴、交通补贴、通讯补贴、教育补贴等物质奖励，设立每月之星、岗位比武、年度先进工作者及标兵等荣誉激励。西部地区要树立党委政府统一领导、组织部门牵头抓总、民政部门具体负责、有关部门密切配合、社会力量广泛参与的社区社会组织专业人才推进格局，建设正规化、专业化、职业化的人才队伍，保证人民安居乐业、社会安定有序的良好局面，续写西部地区社会发展长期稳定新篇章。

十、深入推进智慧社区创建，健全信息科技保障体系

现代信息技术的发展，是促进西部地区社区社会组织法治治理的有力工具和手段。我国已经建成全球规模最大、技术领先的网络基础设施，4G 基站规模占全球总量的一半以上，5G 基站达到 161.5 万个。十年来，我国信息通信业已经实现迭代跨越，不断夯实数字中国"基座"。通过"科创赋能"提高西

部地区社区社会组织参与社区治理的法治化水平,是西部地区破解基层治理瓶颈的关键所在。第一,建立信息管理系统。如开发橙心优选社区电商、板凳社区云店、小 V 未来社区、社区运动会、达管家社区等简便应用软件建设智慧社区信息系统,提高社区社会组织治理数字化、智能化水平,提升民情沟通、便民服务效能,让数据多跑路、群众少跑腿。第二,整合数据资源。应用 5G、8G、物联网、大数据、云计算、人工智能等新技术,推进"互联网+社区"行动,完善西部地区社区社会组织地理信息等基础数据,共建全国基层治理数据库,推动社区社会组织治理数据资源共享。第三,建立专业领域的信息系统。西部地区以大数据、云计算、物联网和"互联网+"为代表的高科技信息技术不断发展,可以建立信息收集系统、监督评估系统、服务提供系统、沟通协调系统等领域的信息系统,从而使西部地区社区社会组织治理和服务更具渗透性、全面性、人性化和完善性。西部地区社区社会组织通过增强社区信息化应用能力,利用互联网、物联网、区块链等现代信息技术,构筑信息化服务新场景、新常态,力争 2025 年建成全覆盖、无死角、安全可靠的信息化管控体系,构建服务便捷、管理精细、设施智能、环境宜居、私密安全的信息化基层治理局面。

综上,以习近平法治思想为统领,全面深入践行"以人民为中心"的发展思想,凝聚社会共识、引导社会预期、调节社会关系,运用法治精神审视基层社会治理,运用法治思维谋划社区社会组织治理,充分发挥法治在基层社区社会组织治理中的参加、推动、规范、保障作用,提升基层群众法治观念和法律素养,支持社区社会组织在法治化征程中破解难点、热点和关键问题,营造办事依法、遇事找法、解决问题用法、化解纠纷靠法的优质法治环境,形成依法参与、主动参与、规范参与、全面参与的西部基层社会治理新格局,社区社会组织积极参与维护公共利益、提供公共服务、参与协商民主、培育社区文化、救助困难群众等工作,成为推进西部地区基层治理高质量发展的重要平台,增强西部地区社区社会组织的影响力、号召力,满足西部地区广大群众对社区社会组织法治化治理的新要求、新期待。全面形成党委领导、政府负责、社会协同、公众参与、法治保障的社区社会组织治理体制,有效保障国家基层政权坚强有力,基层公共服务精准高效,基层治理体系和治理能力现代化水平明显提高,基层治理制度优势充分展现,打造具有新时代中国特色的国家治理格局,不为任何风险所惧、不为任何干扰所惑,筑牢中华民族共同体意识,走好全面建设社会主义现代化国家新的赶考之路,昂首阔步,迈向第二个百年奋斗目标。

附录1 国外社会组织考察

一、国外社会组织发展概况

（一）国外社会组织概况

自20世纪70年代开始，社会组织作为一股占有举足轻重地位的社会力量，在全世界范围内迅速发展。在发达国家、发展中国家，社会组织在解决社会矛盾方面发挥了巨大的作用，如在贫困人员帮助、社区建设以及环境保护等领域，成为全球化时代国际治理中的坚强支柱。1990年以后，各国内部社会组织和国际性社会组织在数量增长和质量提升等方面都有很大突破，社会组织更加活跃，其作用更加突出。

（二）国际社会组织发展

1. 根据社会组织成员分类

根据社会组织成员分类分为政府间国际组织和非政府性国际组织。政府间国际组织，指一般参加者为主权国家，在其成立过程中，有国际公约对其进行法律约束的国际组织，如联合国的专门机构等。非政府性国际组织，则是因私人间的合约订立而成立的，由相对独立的机构、民间协会和各种志愿团队建立的国际性社会组织，例如，国际红十字委员会、国际奥林匹克委员会等。

2.根据社会组织地域分类

根据社会组织地域分类分为全球性国际组织以及区域性国际组织。全球性国际组织的名称多数出现"世界"、"全球"或"国际"的英文缩写,例如,联合国儿童基金会、国际劳工组织、世界卫生组织。区域性国际组织在其名称中会显示所在地域,如亚太经济合作组织、欧洲联盟等。

3.根据社会组织性质分类

根据社会组织性质分类分为政治性国际组织和专业性国际组织。政治性国际组织成立于工业革命之后,受到欧洲国家多边关系不断影响,为了能够在某些特定领域进行国家之间的交流,深入开展合作项目而成立的组织。如国际电报联盟,是在1865年成立的国际性机构,其在电报和邮政服务领域进行合作。目前,在全球范围内规模与影响力最大的政治性国际组织是联合国。其他如国际图书馆协会联合会、世界贸易组织等。专业性国际组织比政府间国际组织的数量更多,而且成立时间更早。例如,红十字国际委员会,成立于1863年,为了帮助在战争之中受到了十分严重的创伤的士兵而建立的,在发展之中其内涵不断扩展。

(三) 国外若干国家社会组织发展情况概述

从全球范围内看,英国、日本及美国等国家的社会组织发展更加成熟。

1.美国以非营利活动为典型特色的群众社会组织

美国的社会组织总体规模很大,最大特点是动员大批志愿者参加各种非营利活动。特别是共同进行募捐的公益组织、宗教性慈善服务组织、慈善救济基金会等,其发挥作用的领域广泛,而且在工作过程之中,有着自身独有的特点。此外,还有许多在国际上也拥有很大影响力的非营利机构,如耶鲁大学、哈佛大学等。

2.英国以志愿部门为特色的社会组织

英国社会组织最显著的特色是具有很浓厚的志愿与互助服务的色彩。其活动领域集中在教育和人文社科、社会志愿服务等领域。其国内的非营利科技社团最具有典型性,如皇家研究所、英国皇家学会、科学技术研究所等,都经历了长时间的发展。为促进科学技术发展,这些社会组织用各种方式开展活动,以促进科学技术发展。比如利用出版相关的科技创新书籍和报刊、资助有关科学研究活动、组织专家进行研讨会等。英国的社会组织程度仅次于美国,在世界居于第二位。

3. 澳大利亚的社会组织

澳大利亚的公益性组织主要由教堂和协会组成。1970 年开始,澳大利亚政府鼓励社区服务,社会组织在开展社区服务等方面扮演了重要角色。特别是澳大利亚的社会福利性组织与民众的关系紧密,而且更加灵活,能够有效地适应和满足居民需要。政府通常与社会福利性组织建立合作关系,在不同机构之间,通过各种公平公正的竞争机制来选取合作的对象。同时严格履行应当承担的责任,满足民众需要。

4. 日本的社会组织

20 世纪 70 年代,日本的社会组织开始成立,于 20 世纪 90 年代开始迅猛发展。根据有关的数据记录,1996 年,日本存在 25 万多个具有法人性质的社会组织,约有 85000 个组织不具有合法地位。非营利组织大多数都集中于卫生保健、医疗治理、社会群体保障以及国际合作方面。日本政府对公益性组织的管理十分严格,将各种社会组织分成不同门类进行分级管理,制定相对严谨的法律规范进行约束,同时也会将社会组织活动限制在一定的地域范围之内。因为受到如此严格的管制,所以日本国内的社会组织并没有得到很好发展,其规模也相对较小。

5. 新加坡的社会组织

新加坡将社会团体称为社会社团,有民办和官办之分。在新加坡,社会团体的主要形式是民办社团,其数量和规模远大于官办社团。截至 2005 年,一共有 6202 个民办社团,相当于每十万人中一共有 177 个团体。新加坡具有比较完善的法律规范体系,能够对其社会组织进行有效治理。同时政府对于社会团体进行严格管理,《社团法》对社会组织不法行为的后果作了十分详实的规定。新加坡政府还积极推动开展相关志愿服务活动,成立了志愿者服务激励的有效机制。在新加坡,志愿者是最大的人力资源后备力量。通过数据可以看出,新加坡志愿组织内部固定成员和不固定参加者之间比值估计为1∶40到1∶20,如在人民协会之中存在雇员1500多人,一直稳定能够参与活动的人有30000多人。新加坡依靠具有一定知识和专业经验的志愿者去完成社会服务活动。这也是一种社会组织与政府之间互帮互助的典型代表。

二、国外社区社会组织的准入条件

社会组织的建立和地位,在很大程度上取决于所在国家对社会组织的态度和认知。社会制度、经济水平、文化传统甚至外交政策的差异,都可能影响政府对社会组织的政策和治理措施。在世界范围内,关于建立社会组织的法律之间存在很大差异。不同类型的社会组织也将采用不同的管理监督方法,但总体来说,社会组织的管理,大致可分为预防制度和惩罚制度。预防制度是指国家从源头上为社会组织采用许可证登记的方法。未经授权的社会组织不能注册,被归类为非法组织。这种方法完全控制了国家管理下社会组织存在的合法性,从而防止了非法社会组织的出现。惩罚制度是指国家对社会组织的建立和活动采取不干涉的态度。但是,对非法社会组织进行事后调查和惩罚,该制度又被归纳为反向惩罚。尽管采用惩罚制度的国家,对建立社会组织采取不干涉态度,但是社会组织的注册是任何国家都存在的制度。区别在于注册是否伴随某种形式的许可和资格获取系统,资格考试是正式考试还是实质考试。基于这些,社会组织的注册制度可以分为许可证注册制度和部分许可证注册制度。

(一) 许可登记制

许可证登记制度是与"预防制度"相对应的社会组织登记制度,即国家采用资格获取制度建立社会组织。社会组织的设立必须经过法定部门的审查和批准,并执行法定注册程序。许可证登记制度在合法与非法之间划定了明确的界限。那些未经授权的社会组织被归类为非法组织,注册组织和非法组织之间没有中间立场。国家有权禁止非法组织,对非法组织发起人施加行政处罚,并追回非法社会组织的财产。由于检查次数的不同,可以将许可证注册系统分为单个许可证注册系统和双重许可证注册系统。

1. 单一许可登记制

单一许可证注册系统意味着可以从法律机构获得许可证,并进行注册后才能建立社会组织。日本、澳大利亚和韩国都是采用单一许可证注册系统的典型国家。

在日本,社会组织主要采用公益法人的概念。1946 年,《日本宪法》规定了公民的结社自由,在 1987 年《民法》中全面规范了公共利益法人的行为,包括相关的设立程序和第 69 条规定的相关准入条件。除了基本法的规定外,日本还针对某些类型的社会组织制定了专门的法律,例如《商法和工会法》和《促进某些非政府组织法》。省一级政府主管部门根据法律赋予的权力,制定了各种规定。例如,省政府部门制定了审查公共利益法人成立的基准以及注册规则,对公共利益法人的运作进行监督及执行监督的基准。日本地方政府还根据中央政府授权和地方自治法的规定,针对公益法人的行为制定了具体的管理实施细则。

关于设立公益法人的程序要求,日本民法规定:"有关祭司、宗教、慈善、学术、技艺及其他公益的社团或财团且不以营利为目的者,经主管官署许可,可以成为法人。"和我国不同的是,日本没有统一的登记管理机关,只要得到相应省政府的批准,就可以建立社会组织。省级政府主管部门,可以分为国家管理(国家)和地方控制(首都、省、县、市、镇、村)。其建立过程分为三个阶段。第一阶段是面试阶段,发起人和省级主管部门会面,就设立目的、活动范围、资产、组织人员等进行面试,以帮助申请者做好准备。第二阶段是准备阶段,即发起人根据面试阶段的反馈,提供固定数额的书面材料,并接受省级主管部门公益法人准备委员会的成立审查。第三阶段是审批阶段,经省级主管部门行政负责人批准后,可以向发起人发出许可指示。发起人收到指示的日期为设立公益法人的日期。公益法人必须在成立之日起两周内,在公司章程中所指定的司法部注册。此处的注册仅是一种形式。经省政府主管部门批准后,司法部一定会进行注册,并且不会进行二次审核。

关于成立社团的实体要求,须填写有关部门的申请表,并附上以下文件和材料:(1)担保人的姓名、地址和职业。只要是法人机构,就必须包括该机构的正式名称、主要办公地址、通讯地址、公司章程和近期活动。(2)目的。主要是社会组织的主营业务及服务对象。(3)章程的副本、政府或银行签发的证明书以及证明书固定资产、存款和库存的数量、说明活动开始日期和总体活动计划的文件。(4)第一次全体会议的详细报告,并列出与会成员的姓名和地址。可以看出,日本对公益法人的设立,提出了更严格的要求,这使得一些具有"勃勃雄心"的社会组织难以满足相关条件,从而无法获得法人资格。而对从事公益活动的公共组织,只要获得有关部门批准并依法登记,对获得法人资格基本上没有严格的限制。由此可见,日本非常重视公益组织在经济和社会发展中的作用,并对此持鼓励和开放态度。

2.双重许可登记制

双重许可注册制度意味着要建立一个社会组织,首先,需要得到有关政府机构的审查和批准,然后才能由专门的注册机构批准并注册后才能建立。这些国家不仅是东盟组织的主要创始人,而且还是 10 个东盟国家中较发达的国家。这些国家的社会组织发展迅速,它们也面临着非常复杂和不同程度的敏感问题。对于民族和宗教问题,政府对社会组织进行严格的法律管理,以防止社会动荡。

新加坡建国后的很长一段时间里,由于执政党,即人民行动党的领导以及国家社会服务部门监管的加强,各种"自愿工会"的发展一直很缓慢。随着年轻一代领导人上台,新加坡政坛的政治立场变得更加民主,对社会组织的监管也变得更加宽松。其一般理念是在维持社会稳定与许可社会组织发展之间,允许社会组织行动以及在鼓励公民社会发展之间保持平衡。

从形式上讲,新加坡将社会组织分为官方社会组织和私人社会组织。所谓官方社会组织,是指国家为某种原因与需求而成立的社会组织。这种社会组织可以称为"官方中介",是政府与各界人士联系的中间环节和重要途径。所谓私人社会组织,即是由私人牵头,以服务某项公众利益为目的成立的民间社会组织。这类社会组织一般受到新加坡政府的严格管理。在新加坡,成立私人社会组织必须获得有关政府机构的许可,然后再到登记机构办理登记手续。社会组织一旦注册,就必须在报纸上宣布。

与单一许可证注册系统相比,双重许可证注册系统通常具有多于一个相关部门审批的文件。例如,越南社会组织提交的申请材料应包括政府部门与该组织活动领域有关的批准书。新加坡的《社会法》较为严格,注册形式至少要有十个条件:(1)至少 10 个发起人。(2)填写登记证申请表。(3)有宪章。(4)必须有组织者会议的报告。(5)协会所在地地图和照片。(6)协会的土地使用证和办公室账户复印件。(7)工作保证。(8)所有人保荐人身份证复印件。(9)必须提供所有赞助者的账户注册证书。(10)必须提供所有赞助商的简历。尽管在申请时需要更多材料,但新加坡法律对建立社会组织的实质条件没有很高的要求。此外,只要材料齐全,政府通常会批准其成立。

（二）部分许可登记制

部分许可证注册制度,意味着国家对普通社会组织采取放任自流的态度,除了一些需要许可证注册的特定社会组织。通常来讲,无需干预即可将大部分社会组织的活动包括在"私有领域"类别中,而对某些社会组织施加了一定程度的限制,即所谓的"部分注册制度"。"部分注册系统"中的注册不是许可注册系统,而是类似于中文上下文中的"记录注册系统"。两者之间的区别在于,"备案登记"是指已建立的社会组织通过监管机构的审查,以获得一定的法律资格。它不涉及建立社会组织的合法性,而"许可证登记"是社会组织合法存在的前提和基础。

对于部分许可登记系统的实施情况来看,美国纽约州是最复杂和最严格的州,加利福尼亚和马里兰州则是实施部分许可登记制度较为宽松的州。尽管美国尚未出台关于社会组织和公民结社权的特别法律,但保障结社自由一直是社会组织相关立法的核心思想。①

关于建立社会组织的程序,社会组织可以自主选择是否注册,但未注册者不具有法人资格,也不享受免税待遇。目前,美国有超过 100 万个注册的非营利组织,并且每年增长 6 万个;也有将近 100 万个未注册的非营利组织。与许可系统不同,尽管它们没有注册,但仍然属于一个社会团体。获得法人资格后,就可以向联邦或州税务局申请免税,并且税务局会根据其活动目的和其他内容决定给予不同级别的免税待遇。如果裁决不公平,则非营利组织有权向管理办公室或上级法院提出上诉。非营利组织在国外活动或在国外建立分支机构的,应当在外国注册,分支机构的名称应以母公司的全名开头。

就人员要求而言,无论是国民还是外国人,只要年满 18 岁即可成为社会组织成员。董事会至少具有五名董事,监事会人数至少应为三名,且必须具有经过公证的证明。证明的主要内容有:董事精神正常、名下没有破产财产、个人所使用的名称不是注册团体的名称。只要章程中规定的活动目的不是提倡暴力或支付一定的申请费,政府可以对其进行审查和批准。如果社会组织在审批问题时遇到困难,应逐级咨询上级。例如国家税务局非营利组织申请免税,则必须在公司章程中明确规定:所有经营服务收入用于与营业目的有关的业务,如志愿者服务;当该组织终止时,所有剩余财产将移交给类似组织。

三、国外社会组织绩效考评研究概况

非政府组织最早源于西方国家,因此,绩效考核的观念也是源于西方国家

---

① 参见[美]查理德·C.博克斯:《公民治理——引领 21 世纪的美国社区》,中国人民大学出版社 2005 年版,第 64 页。

的非政府组织。根据绩效评价的理论和实际功能的演变,对绩效评价的理论和实践研究也随之改变。将社会组织的绩效考评指标放在重要位置才能真正发挥绩效考评的作用。当然,组织绩效考评的指标是保障绩效考评能够正常运行的可靠保障和衡量尺度,不只是进行绩效考评静态过程中单一的某个考核条款,根据考评结果,对于社区组织或是组织内个人的最终成果和实际工作效率可以作出评价和判断。

国外的非政府组织的绩效评估通常是自下而上,即从基层向上层逐级进行,非政府组织的内部运作过程被视为带有面纱的、无形的"黑匣子",而绩效评估是揭露非政府组织"黑面纱"的工具,是提高非政府组织工作透明度的主要方式。西方社会借助完善的市场经济体制和科学的社会管理体制,在政府和市场之外形成第三部门的稳定发展,行业规范建设取得显著成效。西方发达国家已经对包括私人社会工作组织在内的非营利组织形成成熟的评估体系。考评的具体内容主要包括全面评估、项目评估和人力资源评估三个部分。

绩效考评机制为国外社会服务组织的完善与社会组织自身可持续发展提供动力。所以,我国应该学习、借鉴外国社会组织发展的先进经验,推动建立适合我国的具体社会组织绩效考评机制。20 世纪 70 年代,世界范围内的考核热度被激起,以美国为代表的国家相继推出一系列方案、法案以实行考核机制。

例如,1990 年,美国公共服务私有化,社会不断提出避免"失控"的要求,政府迫切需要形成对非营利性社会组织进行评估的完整机制。评估机制在联邦的《政府绩效与成果法案》得到体现,并且在美国大部分州开始利用这种针对预算的管理机制。同时,美国联合协会指引各协会重视对绩效的考核,对于评估机制的广泛适用有极大的推动作用。自此,由于社会组织的评估机制具有提升工作效率和质量、增强组织管理的有序性、提升公众信任度等作用,国外社会组织的评估机制逐渐成为世界范围内的通用机制。

目前,对社会绩效的研究一般结合三个实质性含义:完成社会使命的价值、对社会产生的一定影响和所得到的社会利益三层含义。同时认为社会绩效的三个组成要素包括:清晰的任务和决策、社会目标的测量和进步评价以及利用信息改进绩效。①我国西部地区社区社会组织研究绩效考评体系时可借鉴吸收国外对社会创业组织绩效考评体系的研究成果和方法。社会组织整合其他领域较为成熟的考评体系与考评方法,并结合自身特点找到普遍适用的考核体系,结合各类研究文献汇总,社会组织方法学的研究可以综合如下图:

表　社会创业组织研究方法汇总

绩效评估方法名称	方法类型	组织的具体类型
理论转变法	侧重过程方法	非营利性质
平衡计分卡	侧重过程+影响方法	非营利性质
敏锐计分卡	侧重过程方法	非营利性质
社会回报评测	侧重过程方法	非营利性质
阿特金森指南针投资者评估	侧重过程+影响方法	营利性质
社会影响持续评估	侧重过程+影响方法	非营利性质
投资社会回报	侧重影响+货币化方法	非营利性质
成本利益分析	侧重影响+货币化方法	非营利性质
贫困和社会影响分析	侧重影响+货币化方法	营利、非营利性质

四、国外对非营利组织的监督制度

西方部分发达国家非营利组织经过较长时间的发展,在治理、运行和政府监督非营利组织的过程中,累积了成功的经验。

（一）美国非营利组织的政府财务监督制度分析

美国用奖罚分明的方式对非营利组织进行管理。一方面,登记成立过程

---

① Lalaine M.Joyas, *Social Performance Managemen, practices and Updates*, Tagaytay City, Philippines: Peer Learning Network, 2009.

采用宽松政策,同时在税收方面给予优惠待遇。另一方面,如果非营利组织在财务方面存在问题,国家税务部门剥夺其税收优惠的权利,同时各级检察院会对非营利性组织进行司法调查,并实施处罚。虽然美国没有专门的法律规范监督,但不表示美国相关法律制度存在问题,它们在不同法律中都有具体约束非营利组织财务行为的细则。

1. 检察官监督制度

美国以提起司法程序的手段实现对非营利组织进行监督的制度是检察官监督制度。非营利组织本身具有公益的性质,其财产同样具有公益性,即任何个人都不能完全拥有非营利组织的所有权。因为所有权受益人不确定,所以个人对非营利组织提起诉讼缺乏法律依据。故美国选择检察官代表公众利益,并且将其认定为"有相关利益的当事人",对组织的财产进行相应的监督审查。一旦非营利组织有不合法行为,检察官可以出于保护公共利益的目的,按照法律法规走诉讼程序对其提起诉讼。检察官的监督职能保障非营利组织财产的合理使用,确保其按照组织的宗旨、意愿和捐献人的意愿使用。并且,在美国不断完善的法律框架下,检察官监督的权力得到保证,检察官监督制度不断发展,日趋完善,在非营利组织财务运作的方面起到积极作用。

2. 国税局监督制度

美国的国税局监督制度是指税务局的监督审查,对财务工作进行有效监督,监督的具体内容包括:第一,审核确定免税或税收优惠的资格。是否享有宽松的税收优惠政策是非营利组织存活、发展的关键要素,可以申请免税收的非营利组织的收入要超过具体规定的营业额,并且只需填报美国税务局印制颁发的组织所得税减免申报表就可以。税收优惠是美国政府对非营利性组织的投资,对非营利组织而言,取消这种投资的威慑力较强。第二,对财务活动的审查。联邦税法授予美国税务局审计非营利组织的账目和记录的权力,同时对权力进行严格约束,国税局必须按照法定程序依法履行职权,避免滥用职权、违法行为的发生。非营利组织向国税局申请免税时,必须填报与财务状况和经营状况有关的信息,具体包括:支出明细账和报告年度收入的类别划分,非营利组织内部人员与接受财产资助人的关系整理,其他有关收入明细情况等。国税局收到这些提供的财务信息后严格对非营利组织财务活动进行审查。

3. 对非营利组织的监督和处罚

美国国税局对非营利组织进行有效监督,一旦非营利组织运行过程存在问题,国税局责令该组织在规定期限内改正,并必须交纳一定数量惩罚金额,否则取消免税资格。所以对非营利组织取消这种税收优惠政策是最严厉的惩罚。因此,国税局的处罚有极高的权威性,国税局的惩罚措施对非营利组织财务运作的监督和管理有重要作用。

（二） 英国非营利组织的财务监督机制分析

9 世纪初,英国出现非营利性的组织,其相关制度和监管体系相对较为成熟,1601 年就诞生了第一部管理慈善组织的法律——《慈善用途法》。英国使用“慈善组织”完全代替“非政府或非营利组织”。英国专家给慈善组织更广泛的定义,其重要意义是公共利益的有效实现,将非营利、非政府以及从事慈善性公益活动的组织囊括在“慈善”大概念内。英国慈善组织发展已有几百年历史,涉猎范围广泛,在救济困难、大力发展教育事业、不断发展宗教事务等领域具有指导性作用。

1. 非营利组织的法律监督制度

英国是世界上第一个对慈善事业进行专门立法的国家,也是慈善法律体系构架较为完善的国家。非营利组织的萌芽在英国出现后,英国对非营利组织的相关立法也随即颁布。1601 年,英国政府颁布《慈善用途法》,是世界上第一个有关民间公益组织的法律,初次规定组织的界限和基本性的原则,包括公益性原则、慈善性原则和民间性原则等。2006 年,英国最新的《慈善法》公布,在多方面实现了大胆的改革创新:首次对慈善进行法律定义,规定只有为公众利益服务的具备慈善目的的事业才能被认可为民间公益性事业。重新规定慈善组织注册条件,明确慈善委员会的法律地位,设立慈善申诉法庭,保护慈善组织合法权益,引入慈善公司组织作为全新的民间公益组织形式,统一募捐许可制度,规范民间慈善组织募捐活动。此法规是英国慈善法律的渊源,也是英国乃至世界政府部门机关对于公益事业进行监督的标杆和指导性原则。

2. 承认习惯法,明确规定非营利组织相关制度

氏族社会时期习惯法的实施得到国家认可后受强制力保护。英国是适用习惯法的典型代表,假如法律对于非营利性的组织没有界定,内涵不明确,组织是否具备非营利性不清晰,法官在具体实践的时候根据历史判例和判案经验判定。如果该组织的非营利性质得到法官的认可,在税收方面可享受优惠政策。为适应经济发展,非营利组织的申请数量日渐增多,是否具备税收优惠资格的诉讼案件也逐渐增加。对此,英国政府采取一系列应对措施,承认和保护习惯法,制定和完善财务制度,规范非营利组织财务制度,有效带动经济发展,促进社会公益事业发展。

3. 规定非营利组织的专门财务管理部门

英国关于慈善的信托法规定设立慈善委员会,作为专门管理非营利性组织的部门。1601 年颁布的《慈善用途法》继续完善和发展并有新的制度创新。该法有以下两个方面的特点:一是规定非营利性组织获得享受税收优惠的待遇必须在管理部门进行登记,接受慈善委员会作为管理部门的监管。二是《慈善用途法》赋予慈善委员会多重身份和专有权力,慈善委员会不仅拥有基本的对财务进行监督和管理的权力,还被授权拥有独立的立法和司法权力,慈善委员会的权力在行政、立法和司法方面都有涉及,复合的监督模式在英国非营利性组织的监管实践中成效显著。

4. 规定非营利组织公开财务信息的制度

英国 2006 年《慈善法》规定,制作报表和会计账单等是非营利性组织应履行的义务,经营状况和政策公开透明,公开面对社会和公众,随时做好被慈善委员会提问的准备,并且慈善委员会提出问题后非营利组织要尽快回复。此外,非营利性组织必须将往年的年度财务报表和年度托管人报告依法报送给委员会,委员会对相关情况掌握后,向社会大众公开对非营利性组织的调查

情况。

(三) 国外非营利组织监督制度的特点

美国和英国的非营利组织的制度建设,都对非营利组织的财务有独具特色的监管制度。

1. 日益完善的非营利组织的法律体系

西方国家的非营利组织概念的提出和成立时间都很早,几百年的不断发展完善,组织法律体系相对较成熟。如美国,将非营利性组织的具体细则,包括登记注册、监管部门的职责,以及组织自身的财务管理制度、对组织违反规定的惩处等写入国家税法和商法,为非营利性组织制度建设和法律规制提供重要法律依据。1601 年,英国针对非营利性组织颁布《慈善用途法》,2006 年修改后颁布《慈善法》,其相关制度和监管体系相对较为成熟。

2. 明确监督主体的职权

明确规定监督主体的监管职责和权力,财务监管才能有效进行。以美国为例,对非营利性组织的违法犯罪行为的事后监督都是以提起诉讼为主要手段,税务局主要是在税法的指导下行使监督权力。为保证各个监督主体各司其职,单独行使职权,国外法律对各监督主体的调查权、执行权等有明确的规制。英国通过立法赋予慈善委员会多重身份和专有权力,慈善委员会不仅拥有基本的对财务进行监督和管理的权力,还被授权拥有独立的立法和司法权力,慈善委员会的权力在行政、立法和司法方面都有涉及。

3. 公开非营利组织的信息制度建设

社区社会组织依靠社会和公众的捐赠,就要为他们提供愿意捐赠的信任基础,让他们对社区社会组织有全面的了解。英国建立的信息公开制度提高非营利组织的公共信任力和社会捐赠效力,助推社会公益事业迅速发展。

4. 多元化监督途径促进多方位监督

国外监管部门对非营利性组织监管的同时促进监督途径多样化,加强社会公众参与力度,实行全面、多方位监督。英美法律中,公众有权利查阅非营利组织的财务报表及应当公开的其他材料。另外,国外法律对加强组织自我约束和自我管理作具体规定。以美国为例,美国的慈善信息局成套制定非营利性组织的自律规范,让非营利性组织实行自查,检查自己的运作情况,相当于增添一道监督程序。

五、国外社区社会组织治理经验梳理

（一）调和社区统治与社区治理——美国

20 世纪 90 年代以后,美国"社区社会组织治理"一词十分流行,这是与社区社会组织统治相对的概念,它表示在社会利益多元化时代社区公共管理的新理念。①社区社会组织统治的权力运行方向总是自上而下的,通过制定政策和实施政策,对社区公共事务实行单一向度的管理,强调对社区社会组织的政治统治,具有很强的意识形态的价值判断。而社区社会组织治理则是一个上下互动的管理过程,它主要通过合作、协商、确立共同目标等方式对社区公共事务进行管理,关注对社区社会组织管理的有效性,强调节约治理的成本,提高治理的效能。

美国的社区社会组织治理一直被认为是一种公民自治的典型形态,社区并不是作为政府的一个基层管理单元(行政区划)而存在。联邦各州乃至各个市、镇,都有其独特的社区社会组织治理方式,但是社区社会组织发展和管理上,基本都采取了"政府负责规划指导和资金扶持,社区社会组织负责具体实施"的运作方式。它们将具体事务交给社区社会组织和民间团体,政府只负责宏观调控。在社区的日常运作中,社区委员会、社区管理者、专业社区工作者、非营利组织和社区居民、志愿者均是社区治理的主体,对社区建设和社

---

① 参见《社会组织参与美国社区治理的经验与启示》,中国经济出版社 2016 年版,第 56—70 页。

区社会组织发展负有职责和义务。

（二）适应互联网网络信息化革命——德国

在德国的社会治理体系中,社区社会组织得到了充分的发展。在德国8300万人口中,约有3000万人口参与某一社区社会组织之中,从事某种社会志愿服务,这就使得社会民众能够通过社区社会组织来发挥参与社会治理的能动性。20世纪90年代,随着互联网时代的到来,互联网社交媒体对社会成员的吸引力十分强大,为德国群众参加社区社会组织活动提供了更加便捷的条件和更多的机会。例如1993年,德国平台型基金会设立,作为一种非官方的社区社会组织,德国的平台型基金会在促进社区社会成员参与社会志愿活动,满足其他社会组织人员需求方面,充分发挥了"桥梁作用"。

德国社区社会组织更加注重互联网思维与传统社会动员方式的有机结合,互联网思维贯穿整个社区社会组织运行的始终。无论是社会志愿服务平台的网络搭建、社会志愿者的信息数据库建设,还是对社会志愿者知识与能力的网络培训,都是基于互联网展开的。①互联网的引入,不仅吸引了互联网中的活跃度最高的青年群体,也提升了社区社会组织的运行效率。与此同时,在互联网的工作背后,需要基金会工作人员与本地的其他社区社会组织、社会服务机构、企业等进行大量的沟通工作和资源收集工作,共同维持社区社会组织运行工作。

（三）统筹多元主体参与社区社会组织治理——日本

1868年1月3日,日本开始实施明治维新,走上了快速发展的历史进程,大批农民移居到城市,带动了城市的发展与创新,并在基层建立了社区社会组织。结果,该组织被合法化为非政府组织,逐渐从具有政府控制权的机构发展

---

① 参见贾西津:《国外非营利性组织管理体制及其对中国的启示》,《社会科学》2004年第4期。

成为连接政府与其他治理主体的纽带和桥梁。受日本传统文化的影响,政府在社区社会组织设立过程中起到重要的作用,已经在各地建立了管理中心,各种类型的中心业务包括:1.管理该地区的各种业务,例如科学、教育、文化和健康、维护的管理和发展。2.向居民征求意见,包括对需求和管理的意见。3.支持和协助公民和私人慈善活动。4.调整计划,确保任务圆满完成。5.为不同阶层、不同需求的居民提供服务和活动设施,在确保基本需求的基础上,继续创新服务项目。社区居民可以根据社区社会组织治理的实际情况自由地向社区管理机构或政府提供反馈和意见。同时,社区社会组织治理的法律体系比较完善,可以依法办事。政府、公民和非政府组织在法律和法规面前享有同等地位,并受制于法律法规约束。

为响应社区管理,日本的一项重大创新是提出了社区货币 R 计划,这种社区服务方式采用了与市场结合的思想。一些福利机构与邻近的商业企业合作发行只能在一定范围内流通的优惠券,失业和无抵押的人可以参加帮助老年人、儿童、建设卫生设施和协助社区志愿者的活动,以获取这些优惠券。根据最初的假设,特定社区内的购物中心和商店会识别这些优惠券并提供等效的服务和产品。尽管最初的目的是解决社会底层和弱势群体的生活问题,但在未来的社会建设中,尤其是在经济衰退中,这种做法已经持续了很长时间。

(四) 政府行政主导、控制社区社会组织——新加坡

新加坡是第二次世界大战后崛起的新兴现代化工业国家,同时也是一个多元文化的国家。1931 年起,新加坡政府通过制度的设计、资源的调配、对社区社会组织和个人的控制指导整个社区的建设和发展,规划社区活动并促进社区活动。政府对社区社会组织治理的干预体现在社区社会组织的具体事务中,特别是将政治权力扩展到基层社区社会组织,实现了对社区社会组织工作的全面干预。

在社区中,社会组织具有自力更生的能力,但是新加坡许多社区和政治选

区重叠。在某种程度上,社区社会组织管理的主体也参与行政管理,并与政府建立一定的关系。因此,国家和政府将不可避免地扩大并渗透到社区社会组织工作中。第一,上级组织包括人民协会、社会发展理事会和市议会,主要负责加强居民的认同感,密切居民的关系,广泛分布和运作良好,维护社区安全,保护环境和解决纠纷,组织相关活动等。第二,居民联络委员会,主要负责制定活动计划。第三,公民咨询委员会,它是居民与政府之间的桥梁和纽带,简而言之,它是政府与公民和其他组织之间的桥梁,以协调居民和组织之间的关系。

附录2 《西部地区社区社会组织法律治理研究》问卷调查

您好！冒昧占用了您的工作和休息时间。我们正在从事一项关于西部地区社区社会组织法律治理问题的课题研究,现需要了解西部地区社区社会组织的种类、现状和参与方式等相关情况,设计了这份调查问卷。问卷采取匿名方式,涉及您的姓名及相关情况,我们一概保密,恳请您本着认真的态度如实填写,您可以将备选答案 A、B、C 等任意选项填入( )内。

衷心的感谢您的支持与配合!

一、您的基本情况

1.您的年龄是( )周岁

A.19 岁以下(含 19 岁)　　B.20—30 岁(含 30 岁)

C.31—40 岁(含 40 岁)　　D.41—50 岁(含 50 岁)

E.51—60 岁(含 60 岁)　　F.60 岁以上

2.您的性别( )

A.男　B.女

3.您的民族( )

A.汉族　B.藏族　C.回族　D.维吾尔族　E.蒙古族

F.壮族　G.其他少数民族(请注明)

4.您的教育水平( )

A.小学　B.初中　C.高中　D.本科　E.硕士及以上　F.其他

二、问卷内容

1.您的兴趣爱好( )(可多选)

A.音乐舞蹈 B.棋牌 C.编织裁剪 D.绘画书法

E.文学欣赏 F.运动旅游 G.电脑 H.其他

2.您参加过社区组织的活动吗?( )

A.参加过 B.未参加过

3.您有兴趣参加社区组织的活动吗?( )

A.有 B.没有

4.您的职业属于( )

A.国家机关、企事业工作人员

B.专业技术人员

C.商业、服务人员、生产人员

D.离退休人员

5.您目前所了解的社区中的社会组织是哪种类型?( )

A.社区养老类组织

B.教育、医疗、卫生类组织

C.就业服务类组织

D.生活娱乐类组织

6.您经常参加社区活动吗?( )

A.1—2次/年   B.3—4次/年   C.5—6次/年

D.6次以上/年   E.未参加过

7.您参与社区社会组织的活动的动机是( )

A.好奇、凑热闹

B.符合自身需要

C.为自身带来实际好处

D.并非自愿参与

8.您每次参加社区活动大约多长时间？（ ）

A.1 小时以内　B.2 小时　C.3 小时　D.4 小时　E.4 小时以上

9.您错过一些社区社会组织活动的原因是（ ）

A.没时间

B.缺少兴趣

C.与自身无关,不关注

D.有不愉快的参与经历

10.您以什么样的身份参加社区社会组织活动？（ ）

A.参与者　B.观众　C.组织者

11.您理想中的社区社会组织的规模是( )

A.20 人以下

B.20—50 人

C.50—100 人

D.100 人以上

12.您希望社区社会组织举办活动的频率大概是（ ）

A.每周多次

B.每周一次

C.每月一次

D.每季度一次

13.您比较愿意参加什么类型的社区文化活动？（ ）

A.文化活动类　B.亲子、邻里互动活动类　C.体育活动类

D.专家讲座类　E.其他

14.您希望参加哪种社区组织的体育活动？（ ）（可多选）

A.文化活动类(如舞蹈、书法等)　B.棋牌类(如象棋、围棋等)

C.民间体育类(如跳绳、拔河等)　D.武术类(如太极、长拳等)

E.田径(如长跑、短跑、竞走等)　F.体操类(如瑜珈、健英舞蹈等)

G.球类(如篮球、网球、足球等)　H.其他

15.您想在社区学习什么内容?( )(可多选)

A.艺术类 B.家政服务 C.防火防盗安全 D.健康与卫生保健

E.旅游常识 F.金融知识 G.网络知识 H.其他

16.您对所在社区开展志愿服务活动的看法是什么?( )

A.倡导互相帮助的精神 B.提倡社会公益的好办法

C.纯粹是做宣传、搞形式 D.没有见过、从没体会过 E.其他

17.您是否赞成社区社会组织举办活动时向居民收费?( )

A.赞成

B.不赞成

18.您觉得参加社区组织的活动对您有什么帮助?( )

A.锻炼身体 B.增进邻里感情 C.放松心情

D.没有作用 E.其他

19.您觉得社区组织的活动对社区有什么影响?( )

A.有利于融洽社区的人际关系 B.有利于社区营造融洽友爱的生活环境

C.营造社区文化 D.没有影响

20.您认为社区组织的活动对促进地区和谐、民族和睦有作用吗?( )

A.有 B.没有

21.您了解您所在社区社会组织的设立标准吗?( )

A.完全了解 B.了解一部分 C.完全不知情

22.您认为社区内的社会组织应如何组建?( )

A.居民自发组建

B.居委会牵头组建

C.物业牵头组建

D.居民与居委会、物业合作组建

E.无所谓

23.您最希望加入哪种社区社会组织?( )

A.文化体育类 B.生活服务类 C.权益维护类

D.教育培训类　　E.其他

24.您认为社区社会组织需要政府、税务机关等考核监督吗？（　）

A.需要　　　B.不需要

25.您认为社区组织活动的项目经费用途主要是什么？（　）

A.活动场所的费用　　　B.活动用品的购买

C.纪念品的制作购买　　D.社区社会组织成员活动补贴

26.您了解所在社区社会组织财务是否进行过审计？（　）

A.是　　B.否　　C.不了解

27.您所在社区社会组织财务收支情况会定期公开吗？（　）

A.定期公开　　B.公开但不定期　　C.不公开

28.您认为所在社区社会组织财务收支情况应采取哪种方式公开？（　）

A.组织内部公开　　B.网站、媒体等向社会公开　　C.仅向管理层公开

29.您所在的社区社会组织是否制定了以下制度和文件？（　）

A.三年或五年发展规划　　B.年度工作计划　　C.服务质量监管制度　　D.无

30.您所在的社区社会组织目前的项目经费使用情况如何？（　）

A.根本不够用　　B.很紧张　　C.基本够用　　D.略有盈余　　E.较为宽松

31.您认为对社区组织活动的评价结果应向社会大众公开说明吗？（　）

A.有必要　　B.没必要　　C.无所谓

32.您认为党的建设在社区社会组织发展中是否重要？应当怎样发挥它的作用？

1._____

2._____

3._____

33.您认为您所在社区社会组织的工作还有哪些方面尚待改进？

1._____

2._____

3._____

34.您认为您所在社区组织的活动还要在哪些方面完善？

1._____

2._____

3._____

2021 年 5 月

主要参考文献

一、著作

[1]王名:《社会组织论纲》,社会科学文献出版社 2013 年版。

[2]夏建中:《社区社会组织发展模式研究》,中国社会出版社 2011 年版。

[3]郑杭生:《中国社会转型与社区制度创新》,北京师范大学出版社 2008 年版。

[4]黄波、吴乐珍:《非营利组织管理》,中国经济出版社 2008 年版。

[5]陈振明:《公共管理学》,社会科学文献出版社 2001 年版。

[6]邓正来、[英]杰弗里·亚力山大主编:《国家与市民社会:一种社会理论的研究路径》,上海人民出版社 2006 年版。

[7]丁茂战:《我国城市社区管理体制改革研究》,中国经济出版社 2009 年版。

[8]扶松茂:《开放与和谐——美国民间第三部门与政府关系研究》,上海财经大学出版社 2010 年版。

[9]李璐:《社会组织参与社会管理》,中国计划出版社 2015 年版。

[10]雷洁琼主编:《转型中的城市基层社区组织:北京市基层社区组织与社区发展研究》,北京大学出版社 2001 年版。

[11]梁莹:《基层政治信任与社区自治组织的成长:遥远的草根民主》,中国社会出版社 2010 年版。

[12]李慧凤、许义平:《社区合作治理实证研究》,中国社会出版社 2009 年版。

[13]徐丹:《社会组织参与美国社区治理的经验与启示》,中国经济出版社 2016 年版。

[14]李迎生:《社会工作概论》,中国人民大学出版社 2010 年版。

[15]徐家良:《社会组织的结构、体制与能力研究》,中央编译出版社 2012 年版。

[16]费孝通:《社会学概论》,天津人民出版社 1984 年版。

[17]王名、刘培峰等:《民间组织通论》,时事出版社 2004 年版。

[18]王名等:《中国社团改革——从政府选择到社会选择》,社会科学文献出版社2001年版。

[19]孙伟林:《社会组织管理》,中国社会出版社2009年版。

[20]刘培峰:《结社自由及其限制》,社会科学文献出版社2007年版。

[21]周少青:《中国的结社权问题及其解决:一种法治化的路径》,法律出版社2008年版。

[22]俞可平:《中国公民社会的制度环境》,北京大学出版社2006年版。

[23]俞可平等:《中国公民社会的兴起与治理的变迁》,社会科学文献出版社2002年版。

[24]何增科:《公民社会与第三部门》,社会科学文献出版社2000年版。

[25]金锦萍:《社会组织财税制度》,华夏出版社2002年版。

[26]王名:《非营利组织管理概论》,中国人民大学出版社2012年版。

[27]康晓光:《非营利组织管理》,中国人民大学出版社2011年版。

[28]刘淑莲:《财务管理》,东北财经大学出版社2010年版。

[29]王名等:《社会组织与社会治理》,社会科学文献出版社2014年版。

[30]王名等:《非营利性组织》,社会科学文献出版社2004年版。

[31]邓国胜:《民间组织考核体系:理论、方法与指标体系》,北京大学出版社2007年版。

[32]陆春萍:《西北地区社会组织发展现状及其管理研究》,中国社会科学出版社2013年版。

[33]俞可平:《中国治理变迁年》,社会科学文献出版社2008年版。

[34]汪习根:《发展、人权与法治研究——发展困境与社会管理创新》,武汉大学出版社2012年版。

[35][美]爱德华·弗里曼等:《利益相关者理论现状与展望》,盛亚等译,知识产权出版社2013年版。

[36][美]埃莉诺·奥斯特罗姆:《公共事务的治理之道:集体行动制度的演进》,余逊达等译,上海译文出版杜2012年版。

[37]艾米·R.波蒂特等:《共同合作:集体行动、公共资源与实践中的多元方法》,路蒙佳译,中国人民大学出版社2011年版。

[38][美]查理德·C.博克斯:《公民治理——引领21世纪的美国社区》,中国人民大学出版社2005年版。

二、期刊论文

[1]王名、张雪:《双向嵌入:社会组织参与社区治理自主性的一个分析框架》,《南通大学学报(社会科学版)》2019年第2期。

[2]葛天任:《建国以来社区治理的三种逻辑及理论综合》,《社会政策研究》2019年第2期。

[3]杨婷、刘飞:《社会组织参与城市社区治理的探索——以四川省成都市爱有戏社区发展中心为例》,《社会治理》2019年第2期。

[4]刘东:《马克思市民社会理论对社会组织融入城市社区治理的启示》,《佳木斯职业学院学报》2019年第1期。

[5]倪永贵:《政府与社会组织合作治理模式创新趋向研究——以温州市为例》,《北京交通大学学报(社会科学版)》2019年第4期。

[6]陈伟俊:《以新时代党建引领基层治理现代化》,《党建》2019年第7期。

[7]李帅:《社会组织参与社区治理研究》,《现代商业》2018年第6期。

[8]高红、杨秀勇:《社会组织融入社区治理:理论、实践与路径》,《新视野》2018年第1期。

[9]马全中:《中国社区治理研究:近期回顾与评析》,《新疆师范大学学报(哲学社会科学版)》2017年第2期。

[10]肖唐镖、谢菁:《"三社联动"机制:理论基础与实践绩效——对于我国城市社区建设一项经验的分析》,《地方治理研究》2017年第1期。

[11]陆继锋:《社区社会组织发展:当前困境与对策分析》,《社科纵横》2017年第1期。

[12]唐文玉:《从"工具主义"到"合作治理"——政府支持社会组织发展的模式转型》,《学习与实践》2016年第9期。

[13]张静:《中国基层社会治理为何失效?》,《文化纵横》2016年第5期。

[14]李枭:《协同治理视阈下的城市社区权力运行机制分析》,《长春大学学报》2015年第3期。

[15]黄晓春:《当代中国社会组织的制度环境与发展》,《中国社会科学》2015年第9期。

[16]潘修华、龚颖杰:《社会组织参与城市社区治理探析》,《浙江师范大学学报(社会科学版)》2014年第4期。

[17]王名、孙伟林:《我国社会组织发展的趋势和特点》,《中国非营利评论》2010年第1期。

[18]王名:《走向公民社会——我国社会组织发展的历史及趋势》,《吉林大学社会科学学报》2009年第2期。

[19]张尚仁:《"社会组织"的含义、功能与类型》,《云南民族大学学报(哲学社会科学版)》2004年第3期。

[20]关信平:《社会组织在社会管理中的建设路径》,《人民论坛》2011年第4期。

[21]门献敏:《社会管理创新视野下我国农村社会组织的角色定位》,《社会主义研究》2012年第2期。

[22]曾红颖:《社会组织参与社会管理现状、问题与对策》,《中国经贸导刊》2012年第2期。

[23]温庆云:《扶持社会组织发展的几点思考》,《社团管理研究》2011年第2期。

[24]苏曦凌:《激发社会组织活力的政府角色调整——基于国际比较的视域》,《政治学研究》2014年第4期。

[25]徐顽强等:《社会管理创新视角下农村社会组织发展困境和路径研究》,《广东社会科学》2012年第6期。

[26]陈洪涛、王名:《社会组织在建设城市社区服务体系中的作用——基于居民参与型社区社会组织的视角》,《行政论坛》2009年第1期。

[27]崔月琴等:《社会管理的组织——社区民间组织的"均衡化"》,《社会科学战线》2011年第10期。

[28]周昌祥:《创新基层社会治理的有效方法:以服务为本的社区社会工作》,《社会工作》2014年第2期。

[29]何欣峰:《社区社会组织有效参与基层社会治理的途径分析》,《中国行政管理》2014年第12期。

[30]王建军:《当前我国社会组织培育和发展中的问题与对策》,《四川大学学报》2012年第3期。

[31]李友梅、梁波:《中国社会组织政策:历史变迁、制度逻辑及创新方向》,《社会政策研究》2017年第1期。

[32]石英华:《借鉴国外政府对非营利组织的管理经验推动我国事业单位改革》,《财政研究》2003年第1期。

[33]金锦萍:《寻求特权还是平等:非营利组织的财产权利法律保障》,《中国非营

利评论》(第二卷)2008 年第 1 期。

[34]陆建桥:《我国民间非营利组织会计规范问题》,《会计研究》2004 年第 9 期。

[35]龚光明、李晗:《美国非营利组织审计委员会制度:介绍与启示》,《事业财会》2005 年第 3 期。

[36]刘汉霞:《我国非营利组织营利活动的税收优惠问题》,《税务研究》2014 年第 3 期。

[37]何建堂:《有关公益性捐赠的税务问题》,《注册税务师》2012 年第 8 期。

[38]刘剑文:《公共财政与财税法律制度的构建》,《政法论丛》2012 年第 1 期。

[39]闫海、张天金:《政府购买公共服务的法律规制》,《唯实》2010 年第 6 期。

[40]李冬妍:《加强政府与非营利组织合作伙伴关系的财税政策探析》,《财贸经济》2008 年第 10 期。

[41]朱梦文:《试论公益捐赠税收优惠制度体现的税法原则》,《经营管理者》2010 年第 6 期。

[42]韩品:《非营利社会组织的"赢利"趋势与税收规则》,《黑河学刊》2004 年第 1 期。

[43]张彪:《论政府对非营利社会组织发展的财务支持》,《求索》2008 年第 9 期。

[44]赵立波:《完善政府购买服务机制推进民间组织发展》,《行政论坛》2009 年第 2 期。

[45]孙燕:《大力发展社区社会组织有效提升社区服务水平》,《社团管理研究》2011 年第 3 期。

[46]张洪武:《非营利组织:社区建设的重要平台和依托》,《中共天津市委党校学报》2006 年第 2 期。

[47]赵巍、齐绩:《中国城市社区非营利组织面临的问题与发展趋势》,《社会主义研究》2004 年第 4 期。

[48]荣建华:《非营利组织税法主体地位探析》,《烟台大学学报》2010 年第 1 期。

[49]沈国琴、魏朝辉:《非营利组织税收监管问题探析》,《中共山西省委党校学报》2011 年第 1 期。

[50]林毅夫、刘培林:《中国的经济发展战略与地区收入差距》,《经济研究》2003 年第 3 期。

[51]孙元:《从社区发展的视角透视非营利组织的发展》,《求实》2006 年第 10 期。

[52]贾西津:《国外非营利性组织管理体制及其对中国的启示》,《社会科学》2004

年第 4 期。

[53]陈伟东等:《社区治理与公民社会的发育》,《华中师范大学学报(人文社科版)》2003 年第 1 期。

[54]陈伟东等:《政府行动与社会行动衔接:中国社区发展战略》,《社会主义研究》2010 年第 5 期。

[55]陈伟东、李雪萍:《社区自组织的要素与价值》,《江汉论坛》2004 年第 3 期。

[56]陈伟东等:《社区治理主体化利益相关者》,《当代世界与社会主义》2004 年第 2 期。

[57]袁方成等:《参与式发展:草根组织生长与农村社区综合发展的路径选择》,《理论建设》2006 年第 5 期。

[58]吴春、王铭:《非营利组织绩效评估初探》,《山东行政学院山东省经济管理干部学院学报》2005 年第 5 期。

[59]张程:《NGO 部门系统绩效考评》,《科技创业》2006 年第 4 期。

[60]仲伟周:《我国非营利组织的绩效考评指标体系设计研究》,《科研管理》2006 年第 27 期。

[61]叶萍:《社会组织绩效考评指标体系研究》,《广西社会科学》2010 年第 8 期。

[62]姜宏青、王玉莲、万鑫森:《我国民间非营利组织绩效内部控制研究》,《山东大学学报》2014 年第 4 期。

[63]张锦、梁海霞、严中华:《国外社会创业组织绩效考评研究述评》,《创新与创业教育》2014 年第 5 期。

[64]刘传铭:《社会组织绩效考评指标体系构建研究》,《理论前沿》2013 年第 3 期。

[65]刘旭亮:《国外加强社会管理的经验教训及其启示》,《领导科学》2012 年第 10 期。

[66]丁国锋:《论建构我国管理创新型社会的法治保障》,《学术探索》2012 年第 10 期。

[67]肖艳:《关于我国社区服务理论发展的分析与思考》,《求实》2000 年第 11 期。

[68]李少怡:《不断完善社区服务 逐渐增强城区功能》,《新湘评论》2000 年第 5 期。

三、学位论文

[1]张晓婷:《青年社会组织参与社会治理的问题研究》,南京大学博士学位论文,

2019 年。

[2]张乔:《社会治理视角下的共青团职能研究》,山东大学博士学位论文,2019 年。

[3]李静静:《"三社联动"模式下社区社会组织培育研究》,华中科技大学博士学位论文,2019 年。

[4]潘琳:《"互联网+"背景下社会组织多元协同监管研究》,中国科学技术大学博士学位论文,2018 年。

[5]戴海东:《马克思市民社会理论视角下社会组织参与基层社会治理研究》,浙江大学博士学位论文,2017 年。

[6]苗红培:《政府向社会组织购买公共服务的公共性保障研究》,山东大学博士学位论文,2016 年。

[7]曾正滋:《中国特色社会主义社会组织协同治理研究》,福建师范大学博士学位论文,2015 年。

[8]黄建:《民主政治视域下中国非政府组织发展研究》,中共中央党校博士学位论文,2014 年。

[9]毛敏:《新生社会组织发展境遇和前景》,南京大学博士学位论文,2016 年。

[10]李慧凤:《社区治理与社会管理体制创新》,浙江大学博士学位论文,2011 年。

后　记

　　进入新时代、站上新起点、迈向新征程,这是《西部地区社区社会组织法律治理研究》完成的时代背景。西部地区基层社会组织充满活力,基层公共服务精准高效,中国特色基层社会治理制度优势充分展现。建成政府依法履责,西部地区群众和各类社区社会组织广泛积极协同参与,自治、法治、德治相结合的基层社会治理体系,为政治稳定、经济发展、文化繁荣、民族团结、人民幸福、社会安宁、国家统一提供有力保障。

　　2015年6月,我有幸获批并主持国家社科基金项目"民族地区社区社会组织法律治理研究",2020年11月顺利结项。在国家社科基金办、宁夏社科基金办、新疆维吾尔自治区法学会、广西壮族自治区法学会、内蒙古自治区法学会、西藏自治区法学会、宁夏回族自治区法学会、宁夏回族自治区民政厅、上海市民间组织管理局、宁夏大学科技处、宁夏大学法学院的大力支持与帮助下,全体课题组成员心无旁骛,潜心笃志地投入全国考察、调研和创作。深入陕西省、内蒙古自治区、青海省、宁夏回族自治区、西藏自治区、新疆维吾尔自治区、甘肃省、广西桂林市、上海市等省、区及23个市、县具有典型西部地区、南部地区特点的社区社会组织,对标"网格管理"和精准管理的创新方法,向西藏自治区、广西壮族自治区、内蒙古自治区、新疆维吾尔自治区和宁夏回族自治区发放890份问卷调查表,挖掘、积累一批西部地区社区社会组织精准管理的"一手"材料,厘清西部地区社区社会组织发展快速但数量较少、境外社会组织活动较活跃、发展有待平衡、提高社区服务能力需求紧迫的基本情况,明晰与东部地区相比,社区理念、治理主体、治理手段以及第三部门作用等方面的差距,为创作《西部地区社区社会组织法律治理研究》蓄力,助推西部地区社区社会组织法律治理结硕果。

在《西部地区社区社会组织法律治理研究》书稿撰写中,我们广泛征求意见、反复研究讨论、多次深入各地调研,承担部分文字编著工作的执笔者们钻坚研微、砥志研思,挥斥方遒、数易其稿。创作进退触藩时,得到很多领导、教授、学生的帮助和支持,他们的真知灼见和智力贡献让我受益匪浅,如饮醍醐。特别感谢宁夏大学国家级一流法学本科专业建设点、宁夏大学法学院、宁夏大学法学院产教融合研究生联合培养示范基地的倾力相助,于栉风沐雨中助力《西部地区社区社会组织法律治理研究》笃定前行。感谢人民出版社。在此,谨向所有关心、指导、帮助、支持本书编写和出版的各位领导、教授、朋友、家人、学生们致以深切的敬意和衷心的感谢!

本书由宁夏大学法学院刘芳教授统改定稿,各章作者分别是:

刘　芳:第一章、第二章、第九章。

张　廉:第三章、第八章。

刘振宇:第四章。

马　玲:第五章。

陈立莹、肖奕辰:第六章。

宋　娟、孙　媛:第七章。

马　茜、袁晓燕:第九章。

朝乾夕惕践初心,砥砺前行创未来。我将继续以法律工作者的坚定理想信念、扎实学识素养和博大仁爱之心,聚焦时代课题,拓展研究思路,精准定位、发挥优势、主动作为,提供智力支持,用好"有利条件",走好"必由之路",勇毅笃行,长风万里,推进西部地区社区社会组织法律治理高质量发展。

2022 年 8 月 10 日

新疆·昆仑宾馆

责任编辑：张　立
封面设计：周方亚
责任校对：秦　婵

图书在版编目(CIP)数据

西部地区社区社会组织法律治理研究/刘芳等 著 .—北京：人民
　出版社,2024.5
ISBN 978－7－01－025871－3

Ⅰ.①西… 　Ⅱ.①刘… 　Ⅲ.①社区管理-法律-研究-中国
　Ⅳ.①D922.182.04

中国国家版本馆 CIP 数据核字(2023)第 152322 号

西部地区社区社会组织法律治理研究
XIBU DIQU SHEQU SHEHUI ZUZHI FALÜ ZHILI YANJIU

刘　芳等　著

人民出版社 出版发行
(100706　北京市东城区隆福寺街99号)

北京九州迅驰传媒文化有限公司印刷　新华书店经销

2024 年 5 月第 1 版　2024 年 5 月北京第 1 次印刷
开本：710 毫米×1000 毫米 1/16　印张：19.5
字数：280 千字

ISBN 978－7－01－025871－3　定价：98.00 元

邮购地址 100706　北京市东城区隆福寺街 99 号
人民东方图书销售中心　电话 (010)65250042　65289539